Rizzoli

W0353231

Nicolò Govoni

Se fosse tuo figlio

Rizzoli

Pubblicato per

Rizzoli

da Mondadori Libri S.p.A.
Proprietà letteraria riservata
© 2019 Mondadori Libri S.p.A., Milano

ISBN 978-88-17-14092-8

Prima edizione: giugno 2019

Questa è una storia vera. Tutte le persone descritte e i fatti narrati sono reali. I nomi dei rifugiati e alcuni dettagli delle loro storie sono stati modificati per proteggere la loro identità. I nomi di alcuni operatori sono stati cambiati per proteggere la loro incolumità di fonti. I nomi dei colpevoli sono stati lasciati tali e quali.

Se fosse tuo figlio

A Leonardo,
per avermi insegnato
a fare il fratello maggiore.

Se fosse tuo figlio
riempiresti il mare di navi
di qualsiasi bandiera.
Vorresti che tutte insieme
a milioni
facessero da ponte
per farlo passare.
Premuroso,
non lo lasceresti mai da solo
faresti ombra
per non far bruciare i suoi occhi,
lo copriresti
per non farlo bagnare
dagli schizzi d'acqua salata.
Se fosse tuo figlio ti getteresti in mare,
te la prenderesti con il pescatore che non presta la barca,
urleresti per chiedere aiuto,
busseresti alle porte dei governi
per rivendicare la vita.
Se fosse tuo figlio oggi saresti a lutto,
anche a rischio di odiare il mondo,
i porti pieni di navi attraccate,
e chi le tiene ferme e lontane,
e chi nel frattempo
sostituisce le urla
con acqua di mare.
Se fosse tuo figlio li chiameresti
vigliacchi disumani, gli sputeresti addosso.
Dovrebbero fermarti, tenerti, bloccarti
perché una rabbia incontrollata potrebbe portarti
a farli annegare tutti nello stesso mare.
Ma stai tranquillo, nella tua tiepida casa
non è tuo figlio, non è tuo figlio.
Puoi dormire tranquillo
E soprattutto sicuro.
Non è tuo figlio.
È solo un figlio dell'umanità perduta,
dell'umanità sporca, che non fa rumore.
Non è tuo figlio, non è tuo figlio.
Dormi tranquillo, certamente
non è il tuo.

SERGIO GUTTILLA

PARTE PRIMA

Non sotto i miei occhi

I

Celebrare la vita

Sii il cambiamento che vuoi vedere nel mondo.

GANDHI

Ottobre 2017

Il corridoio si allunga freddo e mal illuminato. Corpi di varie dimensioni ricoprono il pavimento. Alcuni si muovono, altri no. Ogni tanto si leva il gemito di un bebè e nell'aria aleggia l'odore di corpi fradici e intirizziti. Corpi che sperano di essere al sicuro. Corpi che non osano crederci.

Ho vissuto quattro anni in India e pensavo di aver visto il meglio e il peggio dell'umanità. Mi sbagliavo.

«Bene» dice Giulia. «Fai tu i bambini maschi dagli undici ai quattordici anni?»

Mi allunga una borsa colma di vestiti appallottolati. La osservo senza fiatare. Alzo lo sguardo e incontro il suo. Ho paura, ma gli occhi di Giulia splendono incoraggianti. È la mia prima distribuzione di vestiti ai nuovi arrivati dal mare.

«Ci sei?» dice. «Ascolta, so come ci si sente. Ci sono passata anch'io, ma ora ho bisogno che tu sia presente. Abbiamo solo venti minuti.»

Mi riscuoto. Prendo la borsa. La borsa pesa e me la isso in spalla. Mi addentro nel corridoio, attento a dove metto i piedi: calpestare questa gente nella penombra è facilissimo. Dormono sul cemento, la coperta grigia con il marchio dell'Organizzazione a nascondere i loro tremori. La Gabbia, così la gente chiama questo posto.

La stagione delle piogge sferza il campo profughi. Un anziano siede appoggiato al muro, con una gamba zuppa. Il telone che copre il corridoio ha ceduto, e adesso in quel punto si è formata una pozzanghera. L'uomo pare svenuto, le labbra viola e le palpebre esangui. Potrebbe essere mio nonno. Poi apre gli occhi e guarda la mia borsa.

«Questi sono per bambini» dico, indicando i vestiti che trasporto. «I miei colleghi saranno presto da lei.» Lui tace. «Scusi» aggiungo.

Con il cuore che palpita, riprendo ad avanzare tra i corpi. Mi fermo, però, quando lo sento parlare.

«Cosa?» chiedo voltandomi.

«Ha detto: "Non siamo animali"» traduce un giovane alle mie spalle. Sta osservando la scena da dietro la rete che separa i nuovi arrivati dal resto del campo. Si passa la mano sul cranio rasato come in attesa di una mia risposta.

Io annuisco. Non so cosa dire.

«Muoviti» dice un poliziotto, «*malàka.*»

Riprendo a camminare. Mi accuccio quando scorgo una figura più piccola nel groviglio di gambe e braccia. Da come stanno vicini e rannicchiati, dev'essere una famiglia. Devo svegliarli, ma lo faccio con gentilezza. Di gentilezza, penso, qui ne troveranno poca.

«Ciao.» Poso la mano sulla spalla dell'uomo. Lui apre gli occhi. «Benvenuti in Europa» dico, e mi sforzo di sorridere.

Mi guarda con sospetto e ha un occhio strabico. Non dice nulla, non si volta nemmeno del tutto verso di me. Poi me ne accorgo: annidate sotto il suo braccio dormono tre bambine piccole. Dall'altro lato, quella che dev'essere sua moglie si è appena svegliata. Anche in lei scorgo diffidenza.

«Vestiti» dico, scuotendo la borsa. Accompagno alle mie parole i gesti. «Niente maschietti?»

«No.» L'uomo abbozza un sorriso.

Annuisco e faccio per rialzarmi quando vedo un bambino, gli occhi grandi e vispi, fissarmi da terra. Giace accanto alla famiglia ma, noto, senza toccarli. Provo a indovinare la sua età: dieci anni, dodici al massimo.

Lo indico e rivolgo il palmo della mano al soffitto in una muta domanda.

«Ah, sì» dice l'uomo, senza neanche guardarlo. «Lui.» Poi si volta e torna a dormire.

Mi accovaccio e il bambino si mette a sedere. Gli porgo la mano. Senza esitazione lui me la stringe. La sua pelle è gelida al tatto.

«Come ti chiami?» chiedo.

Scuote la testa. Non ha capito.

Annuisco e sorrido per incoraggiarlo. «Nicolò» dico, puntandomi il petto. Poi indico il suo. «Tu?»

Il suo volto s'illumina. «Hammudi» dice. Punta l'indice verso di sé. «Siria.» Lo rivolge verso di me. «Tu?»

«Italia.» Rido e pesco dalla borsa una maglietta a maniche corte, verde sgargiante. «Va bene?»

Hammudi allunga la mano, prende la maglietta e la stringe a sé. «Bene.» Mi rivolge un sorriso enorme. Parte del suo sorriso resta dentro di me.

Gli porgo un paio di pantaloni di seconda mano e una felpa troppo stretta per lui, ma Hammudi la indossa e smette di tremare. Mi guarda come se avessi altro da offrire.

«Vieni a lezione da me, domani» dico, ma lui mi lancia un'occhiata interrogativa. Un poliziotto urla un ordine in greco dall'altro capo del corridoio. «*Madrasa*» tento, con una delle poche parole arabe che so. «Quando ti lasciano andare, vieni a cercarmi. Ti insegnerò l'inglese.»

Hammudi annuisce. «*Tamam*.»

Insieme agli altri volontari distribuiamo indumenti asciutti a tutti i profughi approdati oggi sull'isola di Samos: quarantadue, stipati su un gommone. Per fortuna, nessuno ha perso la vita nella traversata.

«Tutti hanno ricevuto gli stessi vestiti?» chiede Giulia alla fine, sotto gli sguardi impazienti della polizia.

Mi volto. Ora l'oscurità avvolge il corridoio, nasconde questi esseri umani di cui l'Europa vorrebbe ci dimenticassimo.

«Sì» dico. «Diciannove uomini, quindici bambini e otto donne.»

«Bene.» Giulia si carica due borse in spalla. «Ricorda: quando vivi in un mondo ingiusto, mostrare equità è un atto di ribellione.»

Le sue parole mi danno la carica. A volte ho paura, è vero,

ma sto facendo del mio meglio. Ci provo. Celebro la vita e cerco di farne il miglior uso possibile. A volte ci riesco e a volte imparo. Ma, facendolo, la paura mi passa.

Lancio un'ultima occhiata al corridoio, poi raccolgo le borse e seguo Giulia fuori di qui.

2

Questo non è un Paese per giovani

> La domanda più insistente e urgente della vita è:
> cosa stai facendo per gli altri?
>
> MARTIN LUTHER KING

Quattro mesi prima

Per molti la causa scatenante fu Alan Kurdi, il bambino a faccia in giù sulla spiaggia. Per me fu il vuoto negli occhi di Omran Daqneesh, il bambino nell'ambulanza.

Vivevo in India quando vidi un soccorritore estrarlo da un edificio bombardato. Lo osservai sedere sul sedile arancione, i pantaloncini ingrigiti di polvere e il volto coperto di sangue. Solo, Omran si guardava intorno senza emettere suono. Indossava una maglietta con i personaggi dei cartoni animati e aveva cinque anni. Con calma apparente, si teneva le mani sulle cosce. Poi, l'occhio destro spalancato e il sinistro un po' meno, Omran lanciò uno sguardo verso la telecamera e incontrò i miei occhi. Eccolo, il vuoto.

Avevo ventitré anni e mi ero trasferito in India per aiutare venti bambini in un orfanotrofio. Insegnavo in una scuola svantaggiata, studiavo giornalismo, raccoglievo fondi per i miei fratelli. Eppure, guardando quel video, realizzai che, mentre io mi facevo in quattro per aiutare chi amavo, milioni di altri bambini nel mondo soffrivano le pene dell'inferno senza nessuno che tendesse loro la mano. Pensavo di aver compiuto la mia missione, e invece ero solo all'inizio.

Il vuoto del bambino nell'ambulanza si conficcò nel profondo del mio essere.

L'anno seguente, dopo la laurea, trascorsi gli ultimi tre mesi in orfanotrofio, ogni giorno pervaso da gioia e da un presagio di addio. Ero partito per l'India con il fine d'insegnare ma, quattro anni dopo, sapevo di avere soprattutto imparato. Adesso avevo la possibilità di dare voce a chi ne era privo e sentivo di poter aiutare molti altri bambini nel mondo.

Tornai in Europa a luglio, dopo quattro anni di amore, speranza e profumo di gelsomino. Fu una scelta naturale, ma non per questo meno dolorosa. I miei bambini mi avevano insegnato chi ero e chi volevo diventare.

Trovai un'Europa un po' più stretta e un po' più cattiva, al mio ritorno. "Diventerò il cambiamento" mi ero ripromesso, ma da dove iniziare? E quando? E come? Concretizzare il mio desiderio si rivelò più difficile del previsto.

Mandai il mio curriculum ovunque potessi calarmi sul campo e aiutare chi soffre in Italia. Nulla. Avevo anni di esperienza alle spalle, ma ricevetti solo silenzio. Feci allora richiesta alle università che offrivano master in Cooperazione internazionale, ma anche in questo caso l'attesa si rivelò logorante e vana. Dopo quattro anni di crescita personale, mi sentii risucchiato in un buco nero che pensavo di aver tappato: la procrastinazione e la pigrizia, l'ego e la creatività soffocata. Mi sentivo scomparire.

Avevo un sogno. Avevo individuato l'obiettivo. La domanda era: *come* realizzarlo?

«Voglio solo essere utile» dissi un giorno.

«È pronta tra cinque minuti» rispose la nonna, rimestando la pasta. La nonna non ci sentiva granché.

«Grazie» dissi, i piedi nudi sotto la tavola come quando ero bambino. «Ma il problema è che non so da dove iniziare.»

«Ci vuoi su il formaggio?»

«Ho imparato tante cose in India e pensavo di poterle mettere a frutto qui da noi, ma pare un vicolo cieco.»

La nonna apparve accanto a me. «Formaggio?»

«No, grazie» le dissi. Poi continuai: «Se voglio aiutare più persone devo rafforzare la mia voce, ma come continuare a salire da qui?».

«Vuoi un po' di sugo con il pane?»

«Nonna, sto cercando di fare...» Mi fermai. «Sì, grazie.»

La nonna versò il sugo della sua conserva e appoggiò due

fette di pane fresco nel mio piatto. Iniziai a mangiare e mi sentii subito meglio.

«Sai» disse lei, e io mi preparai a un aneddoto sulla sua gioventù, «quando ero ragazza, io e la mia famiglia abbiamo dovuto lasciare Milano per sfuggire ai bombardamenti. Ci siamo rifugiati in un piccolo paese non lontano da qui. L'ho odiato. Ci trattavano da stranieri, come se la nostra semplice presenza attirasse problemi. Doveva essere una soluzione temporanea, fino alla fine della guerra, ma poi mio papà è morto, e noi siamo rimasti bloccati qui.»

La nonna sbatté le palpebre e distolse lo sguardo. I capelli tinti di nero le ricadevano leggeri sulle spalle. Intinsi il pane nel sugo, senza però portarlo alla bocca.

«Ho dovuto lasciare la scuola e andare a lavorare» continuò, fingendo di avere qualcosa da fare sul piano cottura. «Pensavo fosse la fine dei miei sogni. Pensavo che perdere Milano e il papà fosse il capolinea. Ma qui ho incontrato tuo nonno.» Si voltò. «E poi è nata tua mamma.» Ora sorrideva. «E poi sei nato tu.»

Mi accarezzò il capo e si asciugò le lacrime. Addentai il pane. Sapeva d'infanzia, di pomeriggi umidi e di serate estive trascorse fuori a giocare con i cani, indosso un paio di mutande e nient'altro.

«A volte per salire bisogna scendere un po'.»

«In che senso?» chiesi.

«Formaggio?»

Qualche giorno dopo, arrivò la prima buona notizia: ero stato preso in una grande università di New York. La cattiva notizia? Non me la potevo permettere.

Mi scervellai per settimane in cerca di una soluzione. A vent'anni, partendo per l'India, per pagarmi il viaggio avevo venduto i miei averi. Ora, contando che il mio possedimento di maggior valore era una chiave che portavo legata al polso, sapevo che questa tecnica non avrebbe funzionato.

Un giorno, però, ecco la seconda buona notizia: un'agenzia di stampa sudamericana a cui avevo mandato il curriculum mi propose un colloquio su Skype.

Chiesi alla nonna di stirarmi una camicia bianca e i pantaloni della laurea. Poi, senza scarpe, mi sedetti davanti al portatile.

«Ti mandiamo in Paesi in via di sviluppo» disse l'esaminatrice, «per farti intervistare manager di grandi aziende e funzionari statali.»

«Fantastico.» Sullo schermo vidi il colletto della mia camicia afflosciarsi a contatto con il sudore che mi ricopriva il collo. Lo sistemai con nonchalance. «Grazie dell'opportunità!»

«Poi tu esci di scena ed entrano in gioco le nostre ragazze a vendere la pubblicità.»

«Le ragazze?»

«Ti andrebbe bene incontrarci in sede la prossima settimana?»

«Aspetta» la bloccai. «Le ragazze?»

«Hai detto di voler continuare gli studi, vero?»

«A New York.»

«New York?» L'esaminatrice non fa una piega. «Lavori un anno con noi e puoi andare ad Harvard.»

Appena concluso il colloquio mi misi a scavare. Chi erano questi magnati dell'informazione in grado di offrire stipendi esorbitanti a neolaureati? Perché nessuno aveva mai sentito parlare di loro?

All'inizio faticai a trovare alcunché. Poi rintracciai un nome, quello dell'amministratore delegato, e tutto venne a galla. Il suo nome era Alberto Llaryora e l'azienda AFA Press. Si trattava non di un'agenzia di stampa, ma di un'azienda pubblicitaria che vendeva inserzioni – spesso poco trasparenti – nei Paesi in difficoltà.

Accettare l'offerta sarebbe equivalso alla morte della mia etica giornalistica, eppure in molti m'incoraggiarono a farlo. «A volte» dissero alcuni famigliari, «devi tirare fuori gli attributi e puntare all'obiettivo.»

«Fa' ciò che ti senti» disse invece la nonna.

«Ma tutti mi dicono di accettare il lavoro.»

«Perché t'importa così tanto di cosa pensano gli altri?»

Sospirai. «Non lo so.»

Contro il buonsenso generale, rifiutai l'offerta. Feci richiesta per ricevere una borsa di studio e nell'attesa decisi di fare volontariato. Stare con le mani in mano mi stava consumando. Dovevo vedere, dovevo sapere. Desideravo aiutare.

Ad agosto partii per la Palestina. Lavorai per una piccola associazione che supportava donne e bambini nella West Bank. Sapevano che avevo sponsorizzato un orfanotrofio in India, e volevano che li aiutassi a ricevere finanziamenti. Purtroppo, però, mi mancavano le capacità. Ero privo di contatti con grandi organizzazioni o aziende internazionali. Avevo sempre raccolto le poche migliaia di euro per mandare i miei ragazzi a scuola con grande fatica, e solo grazie al passaparola dei miei lettori. Un anno, per pagare le rette, avevo dovuto persino chiedere un prestito alla nonna, ed ero riuscito a restituirle i soldi a fatica, con estrema lentezza.

Così mi spostai di nuovo. A settembre partii per Samos, in Grecia, insieme a Boat Refugee Foundation, un'associazione olandese di medici e psicologi che operavano nel campo profughi dell'isola – l'hotspot.

A Samos conobbi migliaia di bambini nell'ambulanza, migliaia di bambini con il vuoto negli occhi e nel cuore.

«Il campo è gestito come in una dittatura» mi disse Matt, il medico con cui condividevo la camera, la sera del mio arrivo. «La Manager è appuntata dal governo greco e ha potere decisionale assoluto. Le atrocità dell'hotspot dipendono da lei. Dovremmo essere il cosiddetto "mondo sviluppato", eppure li trattiamo come bestie.»

La brezza marina a cantarmi la ninnananna, dubitai delle sue parole. Come poteva un'isola come quella, un angolo di paradiso il cui mare affacciava sulle coste assolate della Turchia, nascondere un cuore tanto tetro?

Eppure, la mattina seguente sfilai davanti a duemilacinquecento persone costrette a vivere in uno spazio costruito per seicentotrenta. Decine di famiglie confinate, per mancanza di spazio, in tende da campeggio piantate nella foresta, oltre il filo spinato che marcava i confini del campo.

Boat Refugee Foundation mi incaricò della copertura

mediatica della missione e, grazie alla mia esperienza d'insegnamento in India, mi incluse nel team che si occupava di attività ricreative con i minori. Intrattenevamo i bambini del campo per un'ora e mezza ogni mattina, e cinque ore ogni sera, improvvisando laboratori d'arte e proiettando film d'animazione sulle pareti dei container.

A volte, però, sgattaiolavo via per conoscere le famiglie dei bambini che aiutavo. Superavo in punta di piedi i rivoli di feci e urina che colavano dalle tubature guaste dei bagni pubblici e bevevo tazze di tè troppo zuccherato con loro.

Una sera conobbi la famiglia di Soran, uno dei bambini con cui lavoravo la mattina.

«Siamo curdi» disse il padre nel suo inglese stentato. «Ci hanno perseguitati in Siria prima e poi in Turchia, e ora viviamo imprigionati da nove mesi.»

Scossi il capo e sorseggiai il tè che mi avevano offerto accanto alla tenda da campeggio in cui dormivano.

«C'è un solo rubinetto d'acqua potabile in tutto il campo» disse indicando la mia tazza, «e funziona solo per poche ore ogni giorno.» Spostò il figlio più piccolo da una coscia all'altra. Ne aveva sette, di tutte le età, da due mogli diverse. «A volte la fila per i pasti è troppo lunga e quando arriviamo allo sportello il cibo è finito. I miei figli sono rimasti a stomaco vuoto per due giorni, la scorsa settimana. E hai visto i rifiuti?»

Annuii. «Arrivano al ginocchio.»

«Noi proviamo a raccoglierli, ma manca un sistema di smaltimento.» Strinse la mascella. «Si accumulano e diventano nidi di ratti e serpenti, e poi i bambini si ammalano. Quando inizierà a piovere, sarà una catastrofe.»

Bevvi un lungo sorso. Sempre più spesso davanti ai problemi dell'hotspot mi trovavo a corto di parole.

«Più restiamo in questo campo, più vedo qualcosa morire dentro i miei figli» intervenne una delle due mogli. «Devi dire la verità all'Europa.»

C'è un passo dell'*Eneide* che si studia a scuola, quello in cui Enea si salva dalla distruzione di Troia portando con sé il figlio e il vecchio padre. I profughi mi ricordavano lui: uomini con i figli per mano e gli anziani sulle spalle, in fuga da città ridotte in rovina.

«Almeno siete al sicuro, adesso» dissi.

Lei fece un sorriso triste. «Non siamo venuti qui cercando sicurezza. Siamo venuti cercando dignità.»

Il padre si passò una mano sul volto. «Non posso lavorare e provvedere alla mia famiglia. Mi sento un subumano.»

Provavo spesso un senso di profonda impotenza, trascinandomi a casa la notte. Qualsiasi cosa facessi, non ero in grado di migliorare davvero la situazione. E ovunque si stagliavano i teli bianchi dell'Organizzazione, a celare l'umanità di cui il campo profughi aveva già iniziato a derubare i rifugiati.

In compenso, vedere altri esseri umani soffrire così tanto mi insegnò a ridimensionare i miei problemi. Lentamente, cominciai a provare un senso di gratitudine e di empatia: ora più che mai, sentivo il desiderio di restituire al mondo la fortuna con cui ero nato.

Così, anche l'attesa per la risposta sulla borsa di studio perse importanza. Lavoravo con persone affette da stress post-traumatico, che avevano assistito a omicidi, bombardamenti e stupri, che erano fuggite dalla loro terra per finire intrappolate in un inferno. Quando rincasavo, riuscivo a malapena a parlare.

Accadde di colpo. Dopo due settimane, Boat Refugee Foundation decise di concludere la missione e levare le tende senza alcun preavviso. La decisione venne da Amsterdam, da un'amministrazione senza volto.

«Ce ne andiamo per spingere il governo ad assumersi la responsabilità medica del campo» disse la portavoce. «Voi volontari potete unirvi al nostro team di Lesbo.»

«È una farsa» mi disse Matt quella sera in camera. «È tutto un gioco tra ONG. Il nuovo ente medico incaricato dal governo vuole operare indisturbato, e la Manager del campo attende da tempo una scusa per cacciarci. Siamo una voce fuori dal coro. Ma, se davvero ci cacciasse, Boat Refugee Foundation perderebbe credibilità e donatori…» Si infilò gli auricolari e si voltò per dormire. «È tutto un gioco di potere» ripeté.

La mattina seguente, scoprii che i minori non accompagnati erano stati attaccati da un gruppo di uomini algerini in piena notte nel Livello 2, dove vivevano privi di protezione.

Frammenti di vetro punteggiavano il pavimento del container.

«Hanno spaccato le finestre con delle sbarre di ferro» mi disse Omar, un sedicenne cristiano sfuggito alla persecuzione in Iraq. «Ci siamo nascosti nel bagno mentre gli uomini cercavano di sfondare la porta.» Asciugandosi gli occhi, continuò: «Urlavano che ci avrebbero uccisi».

Gli posai una mano sulla spalla. L'aria puzzava di muffa e sudore.

«La polizia è intervenuta con due ore di ritardo» spiegò un altro bambino. «Ci hanno svegliati sfondando la porta e sparando in aria, ma senza identificare gli aggressori. Ora mancano sia la porta sia le finestre.»

«È stata una delle peggiori notti della mia vita» disse Omar guardando nel vuoto.

L'incerto vociare degli insetti cantava di un'estate agli sgoccioli. "Stanno arrivando le piogge" pensai.

«Se ci fosse la pace, torneremmo nei nostri Paesi.»

Avevo fino alla fine della settimana per decidere se restare o partire per Lesbo.

Pensai a Soran e alla sua famiglia, ai bambini con cui facevo attività la mattina. L'unica cosa che mi riusciva era aiutarli a mettere da parte l'inferno, almeno per un po': un semplice contatto umano, un sorriso, una parola scambiata davanti a una tazza di tè sembravano dare a queste persone un sollievo piccolo, ma indispensabile. Potevo andarmene? E, se sì, come?

A pranzo mi sedetti sul lungomare, i piedi penzoloni sull'acqua. Matt e gli altri volontari parlavano del campo, dei locali, delle autorità: qualsiasi cosa, pur di non pensare al senso di colpa che tutti noi provavamo all'idea di andarcene così presto.

«I ristoranti vietano loro l'ingresso. Pensate che ho pure sentito una cassiera accettare i loro soldi al supermercato e poi scherzare con i colleghi dicendo: "Voglio chiamare il Ku Klux Klan".»

Mangiavo il mio panino meravigliandomi della maestria con cui l'isola nascondeva tutto il marciume agli occhi dei turisti. D'altro canto, però, l'odore degli scarichi cittadini appestava la baia.

Matt si strofinò le mani sulle cosce. «Che gran razzisti.»

«Smettila» disse la dottoressa volontaria del team.

«Scusa?»

«Queste sono le stesse persone che hanno accolto i profughi in casa nel 2015.»

«E ora li trattano come insetti.»

«Sono solo stanchi, Matt.» Appallottolò la busta in cui aveva mangiato il panino. «Il governo si è intascato un miliardo e mezzo di euro dall'Europa, abbandonando sia i profughi sia gli abitanti dell'isola.»

Matt tacque.

«Duemilacinquecento estranei in una cittadina di seimila abitanti» continuò la dottoressa. «Per Samos questa *è* un'invasione.»

«Solo perché la gente pensa che siano tutti contadini o estremisti» intervenne una psicologa, «ma molti di loro sono imprenditori, muratori, tassisti e studenti che vivevano vite agiate in case simili alle nostre, prima che le milizie cominciassero a spararg li contro.»

«Anche tu stai facendo di tutta l'erba un fascio, Matt» disse la dottoressa. «C'è anche tanta brava gente tra i samiani»

«Da entrambe le parti» dissi, «molti sono come me e te.»

Era una delle prime volte in cui intervenivo, e mi sentii stupido per la banalità della mia osservazione. Realizzai che, ovunque fossi andato nel mondo, nessuno mi avrebbe mai odiato a causa del mio luogo di nascita. "Che incredibile privilegio" pensai, "la libertà di spostarsi senza dover provare ad altri che le tue origini non ti rendono indegno di accettazione, rispetto e amore."

Dovevo andare a Lesbo, e lo sapevo. Era la scelta più saggia, quella più razionale. Il mio obiettivo era lasciare il mondo un po' migliore di come l'avevo trovato, e per riuscirci dovevo continuare a studiare: frequentare il master negli Stati Uniti, costruire il mio curriculum. E sì, seguire la prestigiosa organizzazione olandese a Lesbo. Dopotutto, questo è il sistema, no? O ti pieghi o ti zittisce.

Io volevo prestare la mia voce ai bisognosi. Dovevo piegarmi. Ma allora perché il mio cuore batteva nella direzione opposta?

«Sei la nostra unica fonte di speranza» mi aveva confidato la madre di Soran un giorno. Le sue parole mi riecheggiavano in testa senza posa.

Al campo, quella sera, i bambini sedevano sulle stuoie, i nasi all'insù a guardare *Up* proiettato sul container dell'Organizzazione, mentre io conversavo di religione con una ragazzina dal capo coperto. Usavamo il traduttore di Google mentre la gente si accalcava per ricevere una tazza di tè bollente.

Respirai l'aria dolce dell'isola, e per un istante l'odore rancido della spazzatura sparì. "Stanno arrivando le piogge" pensai di nuovo.

Un urlo squarciò l'aria. Faticavo a trovarne l'origine nella calca, ma era chiaro che si trattava di un bambino. Era il grido di un dolore lancinante.

Quando Mays emerse dalla folla, il suo viso era una maschera di agonia: la bocca spalancata, gli occhi serrati, la pelle quasi viola. Un bicchiere vuoto giaceva ai suoi piedi. Si era ustionata versandosi il tè addosso.

Mays faceva parte del mio gruppo di ricreazione del mattino. Presi una bottiglia d'acqua dal mio zaino e, senza esitare, iniziai a versargliela sul viso. La sua pelle emanava calore anche senza toccarla. L'acqua le andava negli occhi, nel naso, in bocca, ma Mays continuava a urlare, tremava come una foglia, ed era così piccola. Posai la mia mano sulla sua spalla e sembrò calmarsi un poco. Nel frattempo accorse anche il resto del team, medici compresi, passandomi altre bottiglie. Cercavo di essere forte, ma ero scosso.

Mays piangeva. Le presi la testa fra le mani, per tenerla ferma e per infonderle tranquillità.

«Andrà tutto bene» dissi. «Starai bene.»

Lo dissi ancora e ancora, come un mantra. Lentamente, Mays si calmò. Completamente fradicia, ora tremava per il freddo nella brezza notturna.

I medici le applicarono sul viso una pomata. Nel frattempo, io recuperai una delle coperte usate per la proiezione del film e gliela avvolsi intorno. Anch'io tremavo come una foglia.

Scorsi la madre di Mays nella folla. «Facciamola stendere in...» iniziai a dirle, ma mi fermai. La donna era sotto shock, il suo corpo presente ma la sua mente paralizzata. Fissava la parete del container davanti a sé. Nei suoi occhi si leggeva con chiarezza un pensiero: "Perché ho sottratto la mia bambina a una morte veloce in Siria per sottoporla a una morte lenta qui?".

Se Mays fosse stata una bambina normale, l'avremmo portata in ospedale. Ma Mays non era una bambina normale. A lei spettava una notte di sofferenza nel buio della sua tenda. Potevo solo sperare che le ustioni svanissero senza sfigurarla.

Uscendo dal campo alla fine del turno, sentii che la maglia era ancora bagnata dove il corpo della bambina si era appoggiato al mio.

«Io resto, Matt» dissi senza indugio. Al diavolo il sistema e il curriculum e pure la prestigiosa associazione olandese.

«Lo so» rispose lui. «L'ho capito subito, la prima volta che ti ho visto.»

«Che cosa?»

«Che sei pazzo» rise, «e che hai un cuore grande.»

Continuammo a scendere in silenzio dalla collina su cui si ergeva il campo. Avrei fatto tutto il possibile per prestare fede all'impegno che avevo preso con Soran e la sua famiglia. Non sapevo ancora come, ma sapevo perché: perché era giusto farlo. Perché ero un ventiquattrenne senza soldi, ma pieno di sogni, e non avevo paura di realizzarli. Perché desideravo essere il cambiamento che volevo vedere nel mondo.

Nel fine settimana, Boat Refugee Foundation mollò gli ormeggi lasciando un solo medico statale per l'intero campo profughi. Matt se ne andò con loro. Lo salutai stringendogli la mano e augurandogli buona fortuna e tanto coraggio.

Rimasi e mi unii a una piccola associazione locale, Samos Volunteers, che mi permise di continuare a fare attività con i bambini presso il loro centro ogni mattina.

Mays e Soran furono tra i miei primi studenti.

3
Se questo mare potesse parlare

> Nessuno mette i suoi figli su una barca
> a meno che l'acqua non sia più sicura della terra ferma.
>
> WARSAN SHIRE

Ottobre 2017

Hammudi era paralizzato. Non riusciva a staccare gli occhi dalla barca. Il trafficante aveva promesso un peschereccio, mentre questo era un gommone. Aveva assicurato posto per quaranta persone, ma c'era spazio forse per dieci.

E Hammudi non sapeva nuotare.

Se ne stava lì immobile, accucciato tra i cespugli a fissare il gommone bagnato dalla luna, l'odore del mare esaltato dall'adrenalina che gli intorbidiva il sangue. Indossava un giubbotto salvagente arancione.

«Muoviti» disse lo zio, ma Hammudi aveva perso l'uso delle gambe. Era pietrificato dalla paura. «Muoviti» ringhiò ancora, «o ci fai finire tutti in carcere. Muoviti, per l'amore di tuo padre!»

Hammudi si riscosse. Si asciugò le lacrime che gli rigavano le guance. Si alzò e iniziò a correre. Non era più un bambino, lo ricordò a se stesso. Forse poteva *sembrare* un bambino di dodici anni, ma quello era solo un involucro. Dentro, Hammudi aveva smesso di essere un bambino da un pezzo.

Arrivarono alla spiaggia tutti insieme, lui, gli zii, le loro tre figlie e una quarantina di altri esseri umani ridotti allo stato di animali selvatici: gli occhi piccoli e lucenti, i volti allungati dalla luce lunare e le schiene incurvate dal terrore della polizia turca.

«Fate salire prima il capitano» aveva detto il trafficante scaricandoli nei boschi due ore prima. «Poi donne e bambini.»

Hammudi provò una rabbia accecante al ricordo di quell'uomo. «I trafficanti sono come gli avvocati» scherzava la gente. «Se dai loro abbastanza soldi, saranno chiunque tu vuoi che siano.» E così era stato, almeno il giorno in cui l'avevano pagato. Tutto risate e anelli d'oro, la carogna. «Sarà come andare in barca a vela» aveva promesso con voce suadente. «L'Europa vi accoglierà a braccia aperte.» Il trafficante odorava di fumo da narghilè alla mela e mentiva, proprio come tutti gli altri.

Anche il capitano non era un vero capitano. Era semplicemente un altro siriano incaricato di guidare il gommone pagando metà della tariffa e sapendo che, una volta in Grecia, sarebbe stato processato per tratta di esseri umani.

Hammudi era un rifugiato. Lo era stato anche in Siria, per tutta la vita. Quando appartieni altrove, la gente ti disprezza. Nessuno ti è leale, e tutti mentono. Per questo aveva smesso di essere bambino, perché non gli conveniva.

Non voleva neppure andarci, in Europa, ma dalla Siria era stato costretto a fuggire: troppa morte, troppo dolore, troppe cicatrici sul suo corpo. Gli mancava, però, ci pensava ogni giorno. Pensava alla casa dei nonni e a sua sorella lasciata indietro. Pensava a suo padre. A sua madre, invece, cercava di non pensare.

Hammudi sedette sul bordo del gommone, la cugina più grande tra le gambe e la zia, con le bambine più piccole, seduta al centro insieme alle altre donne. Di fronte a lui c'erano tre bebè in fasce che dormivano beati. Il trafficante aveva dato loro dei sonniferi, per evitare che allertassero la guardia costiera con i loro lamenti. Nell'aria si levavano solo i sussurri della gente e il rumore delle onde che lambivano la spiaggia.

Il capitano accese il motore, e il suo ruggito meccanico lacerò la notte. Gli schizzi d'acqua frustarono il volto di Hammudi in una pioggia di spilli salati, e fu subito chiaro che la barca sarebbe colata a picco sotto il peso di quaranta persone. Eppure, l'isola greca dov'erano diretti si stagliava vicina all'orizzonte. Potevi scorgere le luci delle case in lontananza.

Uno strato di sudore gelido gli ricoprì il corpo come una

seconda pelle. Vestiti bagnati e sudore: questo è l'odore di ogni migrante in mare. Un odore che gli resta addosso per sempre, insieme al ricordo del terrore e della speranza.

Il faro della guardia costiera turca li investì all'improvviso e il cuore di Hammudi perse un battito. «Io non ci torno in prigione» disse, ma le imprecazioni e le preghiere della gente sommersero la sua voce.

Il capitano virò d'un tratto per seminare l'imbarcazione che li inseguiva, e un'onda scura travolse tutti quanti a bordo. Una donna incinta crollò a terra. Era morta? Svenuta? Poi una seconda onda bagnò i passeggeri, e la donna si risvegliò vomitando. Ora tutti urlavano.

Hammudi temeva di morire da un momento all'altro. Si sentì pervadere dalla tristezza: era come un altro mare, ma stavolta dentro di lui. Proprio come quello qui fuori, anche questo si estendeva a perdita d'occhio, pesante e onnipresente, e le sue onde violacee si alzavano sotto la luce della luna. Hammudi capì che avrebbe temuto quel colore, il viola delle onde, per il resto della sua vita.

Il motore gracchiò e si spense. Il capitano cercò di farlo ripartire, ma il gommone si limitò a scivolare sulle onde per qualche metro prima di fermarsi. Piombò un silenzio assordante, quasi come dopo l'esplosione di una bomba. Avevano imbarcato tanta acqua che Hammudi era costretto a tenere in braccio la cugina.

«Siamo bloccati» disse qualcuno. Riconoscere i volti era impossibile.

Hammudi capì che il mare, dopotutto, qualcosa di buono ce l'aveva: se piangi, l'acqua si confonde alle lacrime, e chi ti guarda non può accusarti di essere un moccioso.

«Ora ci riportano in Turchia» disse una donna, la voce rotta dai singhiozzi. «Mi uccido, piuttosto che tornare in prigione.»

Le luci greche parevano essersi spente, e pure la luna si era nascosta dietro le nubi. Sembrava che il mare fosse ovunque, intorno, sotto, perfino sopra il gommone. Hammudi batteva i denti dal freddo.

«Siamo in acque europee» disse qualcun altro.

«Come lo sai?»
«Guardate la guardia costiera turca.»
Tutti si voltarono a guardare e il gommone s'inclinò.
«È sparita.»
«*Alhamdulillah*» disse la donna incinta a mezza voce. «Lode a Dio.»
Il capitano provò a riaccendere il motore. Niente. Il gommone continuava a imbarcare acqua. Avrebbe dovuto essere un momento di celebrazione, e invece si tramutò in un vero e proprio incubo. D'un tratto, una cella turca e le botte delle guardie parevano una benedizione rispetto al fondo del mare.
Il capitano estrasse il cellulare dalla borsa di plastica che portava al sicuro sotto il giubbotto salvagente. Lo accese e la luce dello schermo gli inondò il volto. Era una maschera di rughe e inimmaginabili responsabilità.
«Pronto?» disse in arabo. «Pronto? Siamo bloccati in mezzo al mare. Siamo quaranta. Stiamo affondando.»
«Per favore!» urlò una donna.
«Pronto?» disse il capitano. «Non so l'inglese.»
Qualcuno allungò il braccio. Il capitano scrutò quella mano sospesa un istante prima di consegnarle il cellulare. Quando se lo mise all'orecchio e la luce le rischiarò il volto, Hammudi vide che si trattava di una bambina, probabilmente afghana. Tremava e non riusciva a parlare. Poi si fece forza e scambiò qualche parola con l'interlocutore.
Restituì il telefono al capitano.
«Arrivano» disse, in un arabo stentato.
Nessuno parlò. Nessuno si complimentò con lei. Solo le onde continuavano a conversare come se niente fosse.
«Grazie» disse Hammudi, rompendo il silenzio. La bambina incontrò il suo sguardo prima di rannicchiarsi sotto il braccio della madre.
Dieci minuti dopo, l'imbarcazione stava affondando. La cugina di Hammudi piangeva nascondendo il volto nella sua felpa. I bebè dormivano ancora.
Una luce li abbagliò: la guardia costiera greca. Gli uomini iniziarono a urlare e sbracciarsi. Accadde tutto in una

manciata di istanti: la barca s'inclinò un'ultima volta e parte della poppa s'inabissò, scagliando decine di persone nell'acqua. Alcuni iniziarono a nuotare verso la guardia costiera, altri cercarono di risalire, peggiorando così le condizioni del gommone. Hammudi si gettò nella direzione opposta per allontanarsi dall'acqua, ora nera come la pece.

Un nugolo di salvagenti assicurati a delle funi guizzò attraverso il fascio di luce e cadde in mare. I primi arrivati li afferrarono e sparirono alla vista. La luce ora risplendeva più intensa che mai.

"La guardia costiera dev'essere vicina" pensò Hammudi. Strinse la cugina a sé e, quando i salvagenti riapparvero in cielo, afferrò una corda senza lasciarla andare. Una donna tentò di strappargliela, ma Hammudi resistette con tutte le forze che gli restavano. Una volta preso il salvagente, vi si infilò insieme alla cugina. Ci stavano in due, tanto erano piccoli. Poi si lasciò cadere in acqua.

Quando la mano guantata di un operatore si strinse intorno al suo polso, Hammudi sentì una morsa allentarsi intorno al cuore. L'odore del lattice riuscì persino a calmarlo un poco. Li tirarono a bordo, in salvo, all'asciutto. Ritrovarono gli zii e le cugine poco dopo.

Nessuno morì quella notte.

Al porto, li caricarono in un furgone dai vetri oscurati. Prima di salire, Hammudi lanciò uno sguardo al grazioso villaggio in cui erano approdati: i lampioni gialli e caldi, i ristoranti sul lungomare. Inspirò l'odore di pesce fresco prima che le portiere del furgone si chiudessero. "In un posto così" si disse, "ci tratteranno bene."

L'interno iniziò presto a puzzare di urina e feci. Hammudi si toccò i pantaloni e si portò le dita al naso. Se l'era fatta addosso. La vergogna che lo pervase fu peggio dei pugni dalla polizia turca.

Il furgone giunse a destinazione dopo un breve viaggio. Un poliziotto spalancò il portellone urlando e una luce bluastra gli ferì gli occhi. Hammudi si schermò il volto con una mano mentre stringeva il polso della cugina con l'altra. Scesero tutti, sotto lo sguardo di decine e decine di persone radunatesi per vedere i nuovi arrivati. Un bebè si era svegliato e ora piangeva disperato, mentre il gelo si faceva largo tra strati di indumenti fradici penetrando fino alle ossa. La calca intorno levava grida indistinte, e ovunque il filo spinato fendeva la luce dei lampioni che illuminava rifiuti ammassati in ogni angolo. Il loro tanfo impregnava l'aria.

Poi iniziò a piovere.

«Benvenuti nell'hotspot» disse un uomo in arabo, «la vergogna d'Europa.»

Si scambiarono un'occhiata, e Hammudi memorizzò il suo volto: occhi verdi e cranio rasato.

La polizia li condusse in un'area isolata dove si apriva un corridoio lungo e stretto.

«Sedetevi» disse una donna, con l'aiuto di un traduttore.

«Sul cemento?» chiese il capitano del gommone.

«Siediti» rispose lei. Era bassa e gracile, ma la sua voce risuonava colma di autorità.

Una serie di europei ben vestiti e privi di espressione li perquisì, li visitò in modo sommario e li interrogò. Hammudi faticava a tenere gli occhi aperti. Si nascose il capo tra le ginocchia. Quando lo risollevò, vide il capitano del gommone in manette e due poliziotti trascinarlo via.

«Queste persone sono la tua famiglia?» chiese un uomo, accucciandosi accanto a lui. Sulla divisa era appuntata una targa dall'aria ufficiale, ma Hammudi non sapeva leggere.

Si voltò verso gli zii e le cugine, intenti a ricevere bottiglie d'acqua da altri operatori. Avrebbe voluto rispondere che la sua famiglia era morta, invece annuì. Come per premiarlo, l'uomo lo numerò a pennarello indelebile sulla pelle nuda. Hammudi infilò di nuovo la testa tra le gambe.

Un uomo con il logo dell'Organizzazione sul petto lo svegliò e gli porse una coperta. Gli zii e le cugine ne avevano già ricevuta una ciascuno, e si erano addormentati per terra. Hammudi si avvolse nella flanella grigia, i vestiti gelidi pesanti sulla pelle, e si distese accanto a una pozzanghera.

4
Incontro

«Niente maschietti?» dice una voce, chissà quanto tempo dopo.

«No» risponde lo zio.

Hammudi apre gli occhi. Una figura in controluce si china su di lui. Abbagliato dalla luce artificiale del corridoio, Hammudi sbatte le palpebre e strizza gli occhi per vederci meglio. Il ragazzo gli porge la mano, rivolgendogli il primo, vero sorriso dopo tanto tempo.

Il bambino leva il capo e, nella follia del campo profughi, i suoi occhi incontrano i miei.

5
Un bambino alla volta

> Vi è una candela nel tuo cuore, pronta per essere accesa.
> C'è un vuoto nella tua anima, pronto per essere riempito.
> Lo senti, non è vero?
>
> RUMI

Ottobre 2017

Dopo la prima distribuzione ai nuovi arrivati, dormo come un sasso. Dormo quattro ore, certo, ma della grossa, e questo è ciò che conta.

Mi sveglio presto per preparare l'attività di stamattina. Faccio colazione a base di yogurt, miele e pesche sotto un cielo plumbeo ma caldo, poi taglio fili di spago e rettangoli di carta colorata. Metto la scatola con gli aghi al sicuro, in tasca. Oggi rilegheremo quaderni con i bambini del gruppo che gestisco.

Esco dalla casa comune dei volontari e percorro le viuzze cittadine, sbuffi di fumo e caffè a marcare i bar che punteggiano la strada. Tra un locale e l'altro, negozi sfitti e fatiscenti mi guardano passare. La crisi economica ha colpito l'isola senza pietà.

Mentre mi avvicino al campo, le case si diradano lasciando spazio a cespugli di camomilla e alberi di fico, e poi eccolo, l'hotspot emerge, i suoi contorni frastagliati a contrasto con il verde della collina.

Il Centro Alpha, dove Samos Volunteers fa lezione ai profughi adulti, si trova a due minuti dal cancello sud del campo. Entro salutando i volontari e mi dirigo nella stanza numero 4, dove trovo Sarah ad aspettarmi.

«Dormito bene?» chiede sorridendo.

«Sorprendentemente sì.» Ripongo la pila di ritagli e lo spago sul lungo tavolo di plastica che usiamo per le attività. «Poco, ma senza sogni.»

«Sono felice che non mi chiedano di distribuire ai nuovi arrivati.» Sarah prepara il materiale per i bambini, che arriveranno a minuti. «Ne ho avuto abbastanza la mia prima volta qui.»

«2016, vero?»

Sarah annuisce e un'ombra le oscura il viso. «Era terribile. Il campo non c'era ancora, e le autorità tenevano la gente al porto. Arrivavano centinaia di persone ogni giorno e si fermavano meno di una settimana prima di essere trasferite. Ne sono morte tante. Ho visto un bambino morire, una volta.»

Rabbrividisco.

Sarah si riscuote e i suoi occhi blu tornano al presente: «In ogni caso, questo era prima che i Paesi europei chiudessero i confini».

«Prima dell'accordo tra l'UE e la Turchia.»

«È per questo che sono tornata. Ora imprigionano le famiglie anche per un anno, li trattano come criminali fino a prova contraria.» Sarah si sposta i capelli biondi dietro un orecchio. «E i bambini non hanno niente, neanche la scuola.»

«Cosa facevi prima?»

«La logopedista per l'esercito americano. La mia famiglia è repubblicana, viviamo in una fattoria in un paesino più piccolo di questo, in Wisconsin. Avevo un buon lavoro e tutto ma...» Fa una pausa. «Ma questa è la mia chiamata. Tutti si aspettavano che mi sistemassi, ma non ci sono riuscita.»

La conosco appena, eppure Sarah mi pare già un misto tutto suo di contraddizioni e sorprese. Insicura ma tenace, profondamente religiosa ma aperta al credo altrui, a un tempo vecchio stampo e progressista. La ammiro. Vorrei dirglielo, ma qualcuno bussa alla porta.

«Avanti» diciamo a una voce.

Mays apre la porta un poco e infila dentro la testa. "Posso entrare?" dicono i suoi occhi timidi e il sorriso carico di aspettativa. Ci manca una lingua comune con cui capirci, ma il suo viso dice tutto.

«Forza» dico. «Buongiorno.»

Mays spalanca la porta, e con lei entrano dieci bambini

dagli undici ai quattordici anni provenienti dalla Siria, dal Kurdistan, dall'Afghanistan, dall'Iraq e dal Congo. L'eccitazione di un'ora e mezza di attività lontana dall'hotspot anima i loro movimenti, e così si siedono veloci, quasi facendo a gara per afferrare gli sgabelli.

Batto le mani. «Benvenuti a un altro fantastico giorno in classe.»

Mays mi sorride e io di rimando. Noto con piacere che le ustioni stanno via via sparendo dalle sue guance.

«Oggi prepareremo il vostro primo quaderno» dice Sarah. Nessuno ci capisce, quindi gesticoliamo in modo esagerato. Deve apparire buffo, perché alcuni ridono delle nostre pantomime.

"Quello in cui riesci a strappare un sorriso a un bambino che soffre" mi dico, "è un giorno ben speso."

Mi volto verso la porta, ormai chiusa dietro l'ultimo arrivato.

«Che c'è?» chiede Sarah.

«Nulla.» Mi volto. «C'era un bambino a cui ho dato i vestiti stanotte. Gli ho detto di venire qui, ma non è venuto.»

Come si chiamava? Ah, giusto. Hammudi.

«Forse li hanno trattenuti nella Gabbia.»

«Forse.»

Ci mettiamo all'opera. Mostro ai bambini come rilegare le pagine bucando la carta con l'ago e facendo passare il filo, mentre Sarah disegna un esempio di copertina sulla lavagna. Ripeto il procedimento, ora più lentamente per assicurarmi che tutti abbiano capito. Quando distribuiamo gli aghi, mi rendo conto che la mia spiegazione è stata superflua. La maggior parte dei bambini rilega il quaderno in un minuto, rivelando una destrezza manuale di gran lunga superiore alla mia. Poi si mettono tutti a disegnare e colorare la copertina.

Mays guarda il nome di Sarah scritto sulla lavagna e si stringe nelle spalle. Molti di questi bambini hanno perso il diritto all'istruzione con l'inizio della guerra nei loro Paesi. Alcuni non sanno leggere e scrivere nemmeno nella loro lingua, a scuola non ci sono mai andati.

Le prendo la mano e l'aiuto a scrivere il suo nome: MAYS, a

caratteri cubitali, appena sopra la farfalla che ha disegnato in copertina. Mi colpisce pensare che, forse, questa è la prima volta che scrive il proprio nome.

Alla fine, i bambini ammirano le loro creazioni con occhi lucenti, mentre io e Sarah raccogliamo gli aghi, grati che nessuno abbia cavato occhi durante l'attività.

Soran, il bambino curdo con la cui famiglia sono solito bere il tè, indica le pagine all'interno del suo quaderno, poi mi guarda dritto negli occhi e rivolge i palmi delle mani al soffitto, come a dire: "E ora?".

Li accompagniamo all'uscita. Il Centro Alpha ammette solo adulti, a eccezione di questi dieci bambini per un'ora e mezza ogni mattina.

Torno in classe e chiudo la porta alle mie spalle. Sul tavolo giace il quaderno di Mays con la farfalla e il nome a caratteri cubitali. So che l'ha lasciato lì perché teme di sporcarlo in tenda, senza una borsa in cui conservarlo.

«Non riempiranno mai queste pagine» dico, sfogliandolo.

Sarah mi guarda strano. «In che senso?»

«Le scuole locali li rifiutano.» Ripongo il quaderno sul tavolo.

Insegno a questo gruppo da quasi un mese, ormai. Sono stanco di cucire quaderni e fare maschere di cartapesta. Posso offrire di più, e questi bambini hanno bisogno di tutto ciò che si possa offrire loro.

Sarah ci pensa su. «Potremmo fare una vera lezione domani, come se fossimo a scuola.»

«Davvero?»

«Hai insegnato in India, no?» osserva. «E io sono una logopedista.»

«Non dovremmo chiedere a Giulia, prima?»

Sarah tace. Temo di aver smorzato il suo entusiasmo.

«Forse no» mi affretto a dire.

Lei mi fissa per un istante, poi annuisce. Trascorriamo le due ore seguenti pianificando la lezione dell'indomani: insegneremo l'alfabeto. Prepariamo grandi lettere dai bordi arrotondati e stampiamo carte mnemoniche raffiguranti mele, api e gatti da accompagnare a ogni lettera. Abbiamo pure trovato una canzone su YouTube per rendere l'apprendimento più accattivante. Siamo gasatissimi.

Mi pare di camminare sulle nuvole, mentre corro al campo per le attività del pomeriggio con i più piccoli, quelli di età compresa tra i quattro e gli otto anni.

Nasir mi saluta con un cenno del capo, vedendomi risalire la collina.

«Com'è la situazione oggi?» chiedo, una volta in cima.

«Solito schifo» dice lui. «Theresa May e i leader europei hanno dato il via libera alla seconda fase di Brexit.»

Rido. «Intendo nel campo.»

«Oh» fa lui, stendendo un telone sulla polvere. «Qui è una pacchia. La famiglia nel container vicino al mio si è appena liberata della scabbia. Hanno dovuto fare a pugni con tre uomini per conquistare il diritto alla doccia, ma l'importante è che ora eviteranno di passare la notte lamentandosi.»

Nasir viene dalla Siria, ci sa fare con i bambini e nutre un'ardente passione per il mercato azionario. Prima della guerra, faceva l'assistente di volo, un lavoro che gli ha permesso di vedere il mondo e imparare l'inglese. Con i suoi ricci curati e l'energia della rivalsa negli occhi, Nasir freme per potersi rifare una vita in Europa. Eppure vive imprigionato nell'hotspot da oltre un anno e mezzo, e ha da poco ricevuto il primo rifiuto alla richiesta di asilo. Perché? Chi lo sa.

«Che si fa oggi?» Lo aiuto ad assicurare il telo a terra, posizionando delle pietre agli angoli.

«Braccialetti di pasta.»

Faccio schioccare la lingua. «Come la scorsa settimana.»

«Intramontabili.»

Nasir intona una canzone in arabo, e come un pifferaio magico, richiama decine e decine dei bambini più piccoli del campo. Risalgono la collina ridendo e urlando il suo nome: «Nasir, Nasir, Nasir!».

Sette di loro mi saltano in braccio aggrappandosi a ogni lembo di tessuto disponibile. Mi pare di essere un albero da frutto in piena estate. Con gentilezza me li stacco di dosso e li prendo per mano. Bisogna fare attenzione, con bambini privati di tutto. Il loro improvviso, profondo e quasi disperato attaccamento può sembrare tenero dall'esterno, eppure è spesso segno di un bisogno patologico, causato dai traumi e dalla mancanza di attenzioni che hanno subìto in passato. Questi bambini colmano la propria insicurezza instaurando rapporti di dipendenza con estranei, e quando poi se ne separano il loro trauma si aggrava a dismisura. L'ho imparato sulla mia pelle, in India. Gli altri volontari mostrano meno accortezza, prendono i bambini in braccio e li baciano a ogni occasione. Solo Nasir li segue con cura, mantenendo una sana distanza.

Ci sediamo in cerchio sul telo e, a gruppi, assistiamo i piccoli mentre cercano di infilare fili di spago nelle penne rigate. Stare con loro richiede grande pazienza e prontezza di riflessi: non sai mai quando la violenza vissuta in guerra tornerà in superficie, scatenando risse improvvise e flashback angoscianti. Basta un gesto piccolissimo: se fai movimenti troppo bruschi, loro alzano le mani per proteggersi – questa è l'entità delle loro ferite.

Quando gli altri sono già a metà delle loro collane di pasta, un bambino appare oltre il bordo della collina, sale sul telo e senza dire una parola si siede tra le mie gambe.

Mi lascia perplesso per un secondo, ma la maglietta che indossa mi pare familiare. Poi si gira e riconosco il suo sorriso: Hammudi.

«Niente scuola oggi?» chiedo.

Mi lancia un'occhiata interrogativa.

«Niente *madrasa*?»

Scuote il capo.

«La tua famiglia non vuole?»

«La mia famiglia...» dice, e poi si passa due dita sulla gola. La sua famiglia è morta.

«Mi dispiace.» Le mie dita fingono di camminare a mezz'aria. «Chi ti accompagna?»

Il suo sorriso s'incrina appena. «*Ammo.*»

Ora sono io a lanciargli un'occhiata interrogativa. «Chi?»

«*Ammo.*»

«Chi è *ammo*?»

«Fratello padre.» Le parole gli escono a fatica.

«Tuo zio?»

Hammudi annuisce.

«Tuo zio ha detto che non puoi venire a scuola?» Davanti al suo silenzio, chiedo: «Posso parlarci?».

Una scarica di timore attraversa il suo volto. «No!»

«Niente paura» dico, ma la sua reazione ha fatto scattare un campanello d'allarme nella mia mente.

Trascorriamo l'ora seguente preparando braccialetti. Mentre Nasir ripiega il telo, Hammudi mi porge la sua creazione.

«Grazie.» Me lo infilo al polso, accanto allo spago nero che indosso da anni.

Hammudi lo indica e rivolge il palmo della mano al cielo.

«È un ricordo di casa» gli spiego.

«Casa?»

Sorrido. «In India.»

Hammudi pare non capire. Poi tocca la piccola chiave che pende legata allo spago nero.

«Questa è una promessa.»

Hammudi mi guarda e per un istante pare abbia capito. Poi si allontana correndo. Al margine della collina, si volta e sventola la mano rivolgendomi il sorriso più ampio che abbia mai visto. Pare abbia centinaia di denti bianchissimi, e ognuno sprigiona energia infantile.

«Domani *madrasa*» grida.

Torno a casa, mangio pane arabo, olive e tzatziki, mi faccio la doccia e, esausto, m'infilo a letto.

Gran parte degli altri volontari si prepara ad andare a ballare. Molti di loro lo fanno ogni sera – bevono fino a perdere i sensi. Per alcuni si tratta di un meccanismo di difesa, per sfogare la tensione accumulata nell'hotspot; altri, invece, sono semplicemente in vacanza. Dopotutto, ci troviamo su un'isola greca in cui l'estate si rifiuta di morire. I profughi, per alcuni, sono solo di contorno.

Mi sveglio di buon'ora, pronto a insegnare la prima vera lezione ai bambini del Centro Alpha.

Leggo il programma della giornata, solo per rimanere deluso: Giulia mi ha assegnato al magazzino, e Sarah sta distribuendo il tè. Accanto alla casella della classe vedo il nome di volontari mai sentiti prima, senz'altro appena arrivati.

Mi sento amareggiato. La scarsa continuità che Samos Volunteers offre a questi bambini mi fa rabbia. Hanno bisogno di struttura, e invece vedono nuovi volontari quasi ogni giorno.

Trascorro la mattina a piegare calze e infilarle negli scatoloni. Nel pomeriggio torno al campo per le attività con i più piccoli. Hammudi si siede di nuovo accanto a me.

«Sei andato a lezione stamattina?» gli chiedo.

Scuote il capo. Sorride, ma c'è qualcosa che non va nel profondo dei suoi occhi.

Il giorno dopo, finalmente, nel programma vedo il nome di Sarah e il mio assegnati al gruppo dei bambini di Alpha. Stavolta, al primo sbuffo di fumo e caffè per strada, mi fermo e bevo un doppio espresso. Sono pronto.

Entro ad Alpha e apro la porta della stanza numero 4. L'aria odora di alcol e detergente per i pavimenti.

«Tesa?» chiedo a Sarah, che se ne sta come un soldatino accanto alla lavagna.

«Un po'. Tu?»

«Lo ero» dico, «appena sveglio. Ora sono un concentrato di caffeina e grandi speranze.»

Questo la fa sorridere, vedo la sua agitazione scemare un poco.

I bambini entrano e fanno a gara per afferrare gli sgabelli, nonostante bastino per tutti. Due maschietti paiono sul punto di prendersi a pugni. Intervengo e li faccio sedere ai due estremi del tavolo di plastica. Poi distribuiamo a ciascuno un quaderno – un vero quaderno da cartoleria – e una matita. Loro li guardano come se fossero un tesoro inestimabile. Li toccano, li sfogliano, annusano persino la punta di grafite.

Sarah ha già appeso le carte dell'alfabeto alla lavagna ed entra subito in modalità logopedista: dove prima si vedeva una ragazza un po' impacciata, ora si trova una donna sicura di sé e delle proprie capacità.

La classe ascolta ma, quando viene il momento di ricopiare le lettere sulla carta, realizzo che alcuni di questi bambini sono incapaci anche solo di tenere in mano la matita. Mi trovo davanti a una generazione di potenziali scienziati, artisti, dottori e ingegneri. Il pensiero che i loro talenti possano finire sprecati mi spezza il cuore. E se la cura per il cancro fosse intrappolata nella mente di qualcuno che non può permettersi un'istruzione?

Passo da ognuno di loro e provo a guidarne le mani tremanti. Mays, che ha scritto il suo nome una sola volta, pare già più sicura di sé e aspetta con trepidazione il suo turno per mostrarmi i suoi sforzi: ABCDEFG leggo sul quaderno, e la piccola mano non pare intenzionata a fermarsi.

Il miracolo di vederli scrivere e ottenere la loro attenzione dura per dieci minuti, forse. Poi, in un batter d'occhio, subentra il caos.

Soran si mette a litigare con un bambino arabo, altri due alzano la voce e altri ancora si fanno prendere dalla frustrazione e lasciano cadere la matita. Solo Mays continua imperterrita.

Sarah mi lancia un'occhiata, vedo il panico strisciare nei suoi occhi.

Vado alla lavagna. «Ragazzi» dico. Mi ignorano. «Ragazzi» ripeto, più forte. Nulla. «Ragazzi!» grido, ma le piccole pesti continuano a fare baccano come se niente fosse.

Allora mi sporgo sul tavolo, e sussurro: «Ragazzi».

La classe si acquieta. Non di colpo, ma piano piano, il silenzio si sparge di bambino in bambino. Dieci paia di occhi mi guardano stupiti, in attesa che io faccia o dica qualcosa – qualsiasi cosa.

«In piedi» dico, mimando l'azione. «Facciamo un gioco.»

I bambini si alzano senza indugio.

«A» dico, e formo la lettera con il corpo.

Mi guardano quasi sconcertati. Solo Soran imita la mia postura.

«A» ripeto, e stavolta mi punto un dito alla gola, mimando la voce che esce. Poi indico loro: «A».

«AAAA» fanno eco alcuni.

«A» pronuncio ancora, e mi metto in posizione.

«A» ripete la classe, i corpi a formare dieci lettere con le braccia in alto, le punte delle dita che si toccano sopra la testa.

Lancio un'occhiata a Sarah, che mi mostra il pollice in su. Non sono certo un logopedista e la fonetica non è il mio forte, ma coinvolgere bambini difficili mi riesce bene – basta mostrare loro che ci stai mettendo tutto te stesso. Se ci credi davvero, ci credono anche loro.

Ci alterniamo così per tutta la lezione, Sarah gettando le fondamenta e io erigendo i primi, vacillanti muri. Nessuno ricorda mezza lettera, uscendo dalla stanza numero 4, ma non importa.

«Il primo passo per insegnare ai bambini profughi» dice Sarah a fine lezione «non è mostrare loro che possono imparare tutto, ma che possono *imparare*.» Arrossisce e aggiunge: «O almeno credo».

«Dobbiamo rifarlo. Anzi, dobbiamo farlo tutti i giorni. Anzi, dobbiamo farlo tutti i giorni con un programma alla mano, con costanza e con un obiettivo in mente.»

«Siamo solo volontari» dice lei, ma poi aggrotta le sopracciglia, quasi meravigliata di se stessa. «Siamo insegnanti, ecco cosa siamo.»

Il mio cuore si gonfia. «Ora sappiamo che funziona. Giulia dirà di sì. Mettiamo insieme un piano per il prossimo mese e proponiamoglielo.»

«Per i prossimi due mesi.»

«Andata.»

Trascorriamo i tre giorni seguenti a formulare il piano educativo per la classe, mentre Giulia ci piazza a pulire o smistare i vestiti ricevuti in donazione.

Il paradigma di Samos Volunteers è la sostituibilità dei suoi volontari, tutti fanno tutto con turni a rotazione. Non mi sento migliore di chi fa le pulizie, ma so che il mio talento è ispirare i più piccoli a conoscere. Svolgere qualsiasi altro incarico mi fa sentire inutile.

La terza mattina, alle sette, mi ritrovo a distribuire il tè nel campo. Inizia a fare freddo, l'umidità ti sale al cervello a ogni respiro.

Hammudi si presenta con una grande caraffa di plastica usurata. Indossa la maglietta verde che gli ho dato nella Gabbia, la notte del suo arrivo. Vedendomi allo sportello sorride e mi tende la mano. La sua pelle è ancora gelida al tatto, come la prima volta.

«Tutto bene?» chiedo, riempiendo la caraffa.

«No» dice lui, l'enorme sorriso immutato.

«Perché?»

«Il campo» risponde spalancando le braccia.

"Campo." Mi chiedo se sia la prima parola che ha imparato in Europa.

«Hai ragione.» Gli porgo la caraffa. «Questo posto fa schifo.» Accompagno le mie parole a un'espressione disgustata.

Hammudi ride, regge la caraffa bollente in mano, ma vedo che non accenna ad andarsene.

«Niente scuola?» chiedo allora.

Guarda a terra per un secondo. «Io voglio» dice. «Ma *ammo*...»

Sospiro versando un'altra tazza di tè. La fila pare infinita, decine di persone attendono il proprio turno in ciabatte nelle pozzanghere.

«Senti» dico tra una tazza e l'altra, «aspettami qui fuori quando ho finito.»

Hammudi scuote il capo. Non ha capito. Allora punto alla sua caraffa e poi indico il resto del campo, dopodiché punto prima lui e poi il pavimento. Hammudi annuisce e sparisce tra la folla.

Un'ora dopo, prima ancora che abbia riempito le ultime tazze della fila, me lo ritrovo davanti allo sportello, il solito sorriso in volto.

«Ora di incontrare *ammo*» dico.

Di nuovo, quell'ombra nei suoi occhi.

Gli poso una mano sulla spalla. «Non preoccuparti. Andrà tutto bene.»

Hammudi esita, ma poi mi fa strada verso casa sua. La famiglia abita in una tenda da campeggio nel bosco, oltre il filo spinato del campo, senza elettricità né servizi igienici. Mi fa segno di aspettare e sgattaiola nell'apertura della tenda. Lo sento confabulare. Voci secche seguono le sue parole. Infine riemerge, e lo zio con lui.

«*Salam alaykum*» dico. Gli porgo la mano.

Mi squadra con l'occhio strabico prima di stringermela. «*Alaykum salam.*»

Odora di sigaro e legna bruciata. Noto i resti di un falò davanti all'apertura della tenda.

«Hammudi *madrasa*» dico, mimando l'azione di leggere e scrivere.

«No» risponde.

Preso alla sprovvista, attendo che elabori, ma invece cala il silenzio. Con la coda dell'occhio vedo che Hammudi tiene lo sguardo a terra.

Mi schiarisco la voce. «È importante che lui...»

«Problema» dice.

«Che problema?»

«Il *campo.*»

Annuisco. Anch'io impedirei a mio nipote di attraversare un luogo in cui la violenza è all'ordine del giorno per andare a lezione.

«Mi prendo io la responsabilità» dico, senza esitare. «Ogni giorno lo accompagno avanti e indietro. Lo terrò al sicuro. E gli insegnerò l'inglese.» Mi metto la mano sul cuore. «Promesso.»

Lo zio aggrotta la fronte.

«Se studia e va all'università» aggiungo, «troverà un buon lavoro, e se trova un buon lavoro...» Mi sfrego pollice e indice nel segno universale dei soldi.

Ci stringiamo la mano. Questa volta è un patto.

Hammudi aspetta di essere lontano dalla tenda prima di alzare lo sguardo e lanciarmi un sorriso.

Esulto quando vedo il nome di Sarah e il mio accanto alla casella dell'attività del mattino. Mi lavo, mi faccio la barba, mangio una lauta colazione con frutta di stagione e pure una tazza di caffè preso al volo per strada.

Ma, quando arrivo all'hotspot, non c'è traccia di Hammudi. Attendo per dieci minuti, poi me ne vado a malincuore. Pensavo di aver convinto lo zio, e invece ho fallito.

«Non è venuto?» chiede Sarah al Centro Alpha.

«Chi?»

«Chiunque tu stia provando a salvare dal campo.»

Apro la bocca per risponderle e sento due piccole mani che mi si posano sugli occhi, da dietro. Le tocco: la pelle è gelida. Senza lasciarmi il tempo di indovinare, Hammudi mi scopre gli occhi e fa capolino da sopra la mia spalla. Il suo sorriso illumina la stanza.

«Benvenuto» dico, e gli stringo la mano con esagerata formalità.

Lui ride, e Sarah gli porge matita e quaderno. Sta per sedersi al tavolo, ma poi si ferma e si volta. «Grazie» dice.

Gli faccio un cenno del capo in risposta.

La nostra seconda sessione di fonetica va a gonfie vele. Ripassiamo l'alfabeto lettera per lettera, cementiamo le vocali con giochi ed esercizi di gruppo e insegniamo nuove parole. Hammudi si prodiga per mostrarsi entusiasta. Scrive come se stesse impugnando un coltello, ma alza la mano in continuazione cercando l'approvazione sul mio volto.

Tutti i bambini del mondo meritano cure e protezione, ma questi, questi sono semplicemente eccezionali. Sono sfuggiti alla guerra e sono sopravvissuti alla migrazione, hanno sopportato angherie che posso a stento immaginare, eppure ardono di vita. Lo vedi, lo senti: la vita brilla più vivida in loro.

«Ha funzionato!» esclamo a fine lezione.

«Certo» dice Sarah. «È venuto perché si fida di te.»

«Intendevo il nostro piano per l'alfabeto. Però, sì, anche quello.» Batto le mani. «Stasera ne parlo con Giulia.»

«Funzionerà» dice Sarah. Poi tentenna. «Deve funzionare.»

Vivo in un vecchio edificio abbarbicato sul lato cittadino della collina, nel fitto di un dedalo di vicoli e viuzze popolati da gatti randagi, insieme ad altri undici volontari.

Giulia, braccio destro del fondatore di Samos Volunteers, coordina il team. La trovo seduta al tavolo di cucina, le dita veloci sulla tastiera del portatile e, accanto, un piatto di spinaci mangiato a metà. Alza lo sguardo sentendomi entrare.

«Com'è andata la classe, oggi?»

«Bene.» La cucina odora di muffa.

«Alfabeto?»

Arrossisco. Come fa a saperlo?

«Buona idea» dice, e torna a battere sulla tastiera.

Mi mordo l'interno della guancia e mi siedo davanti a lei. «A proposito…»

Giulia alza lo sguardo, ma continua a scrivere.

«Potremmo fare di più per i bambini del mattino.»

«Ti ascolto.»

«Io ho insegnato per anni in India, Sarah è una logopedista certificata…» Devo calmarmi, sto gesticolando troppo. «Potremmo creare una classe.»

«Abbiamo già una classe.»

«Intendo una *vera* classe, con un programma e un obiettivo e gli stessi insegnanti ogni giorno.»

«Tu e Sarah?»

«Sì.» Cerco di rilassarmi. «Abbiamo entrambi esperienza con bambini in difficoltà, e preferirei mettere a frutto le mie abilità anziché dividere calzini l'intera mattina.»

Ho fatto un errore, lo capisco dalle sue labbra increspate.

«A nessuno piace stare al magazzino» dice Giulia.

«A molti piace. A molti piace essere liberi dalle responsabilità. Lo trovano rilassante, possono chiacchierare e scherzare in compagnia.»

«Ognuno di noi deve fare tutto.»

«Giulia» dico, e mentre lo faccio so di aver già perso. «Mi sento sprecato.»

I suoi occhi mi passano da parte a parte. «Siamo tutti uguali qui.»

«Stiamo sprecando il talento dei volontari.» Mi sto scavando la fossa, lo so, ma lo dico lo stesso. «Questi bambini meritano di meglio.»

Trascorro i cinque giorni successivi a piegare calze.

La sera chiacchiero con gli altri volontari e poi mi infilo a letto esausto ma insoddisfatto. Ho forse sbagliato a lasciare Boat Refugee Foundation? Avrei dovuto continuare con un'associazione più grande e specializzata? Ogni sera penso di mollare, ma è l'immagine di Hammudi chino sul quaderno a farmi stringere i denti.

Il quinto giorno, mi decido a mandare a Giulia il piano preparato da me e Sarah. Lei pare ignorare il mio messaggio.

Poi, però, i nostri nomi appaiono sul programma della classe il giorno successivo, e quello dopo, e quello dopo ancora. È così che so che ha deciso di credere in noi.

Sarah e io diventiamo i punti focali delle attività del mattino. Insegniamo alfabeto e fonetica, geografia europea e rudimenti di biologia, passando per le regole della strada, l'igiene personale, i danni del fumo e delle droghe.

La classe si rivela più impegnativa di quanto avessi mai potuto immaginare. I bambini soffrono di traumi profondissimi, aggravati dalle condizioni dell'hotspot, e spesso ricreano al Centro le scene vissute in guerra. Quando accade, a fine lezione trovo Sarah con gli occhi lucidi e il capo tra le mani, seduta sul marciapiede. «Non ce la faccio» dice. Ogni volta pare sul punto di gettare la spugna, ma poi la mattina dopo torna sempre, pronta a riprovarci.

In quanto a me, desidero solo offrire a questi bambini una chance. Nonostante la tristezza e la rabbia che si portano dentro, so che l'istruzione può cambiare il corso della loro vita.

Con me è andata così: quando ero un adolescente in preda a una crisi che rischiava di distruggermi, fu proprio un'insegnante a salvarmi la vita.

6

Il ladro di biciclette

Troppo spesso sottovalutiamo il potere di un tocco, di un sorriso, di una parola gentile, di un po' di simpatia, di un complimento sincero o del più piccolo gesto d'amore, tutte cose che potrebbero trasformare radicalmente la vita di qualcuno.

LEO BUSCAGLIA

Ottobre 2017

Trascorro le settimane seguenti pensando al passato. Anche ora, in questa sera di fine ottobre, ci sto pensando. Penso agli esseri umani che hanno formato e deformato chi sono. Penso a mio padre, con cui ho smesso di parlare. Penso alla nonna, che mi ha insegnato la compassione. E penso a Nicoletta, che mi ha mostrato che non è mai troppo tardi.

Accanto a me e Sarah, sul terrazzo della casa dei volontari, Melissa, la Manager di Alpha, sorseggia un bicchiere di vino scadente. La temperatura si sta abbassando di giorno in giorno. Speravamo che con il clima ostico diminuissero anche i nuovi arrivi ma, nonostante il freddo e il mare mosso, i gommoni continuano a tentare la traversata.

«Fossi in voi» dice Melissa, «espellerei i piantagrane dalla classe. Gli altri bambini hanno diritto d'imparare senza dover sopportare le bizze di alcuni.»

«Capisco il tuo ragionamento» dice Sarah, come sempre conciliante, «ma è per i bambini più traumatizzati che siamo qua. Sono loro ad avere più bisogno di sicurezza.»

«E poi» aggiungo, «se qualcuno mi avesse riservato questo tipo di trattamento da bambino, ora non sarei qui. Per fortuna ho incontrato qualcuno che mi ha afferrato per la collottola ogni volta che tentavo di gettarmi dal dirupo, e questo ha fatto la differenza nella...»

«Nasir è stato arrestato» dice Giulia, alzando lo sguardo dal cellulare.

Cala un silenzio tombale. Mi stringo nella felpa: in un secondo è arrivato l'inverno.

«Che è successo?» chiedo.

«Ha ricevuto il secondo rifiuto alla richiesta d'asilo.» Giulia legge ad alta voce, il volto illuminato dalla luce bluastra dello schermo. «La polizia ha controllato i suoi documenti e l'ha messo dentro.»

Il vino pare essersi irrancidito. Le storie di abuso nella prigione di Samos si sprecano: gente pestata a sangue, denudata senza discrezione e tenuta in manette per giorni. Pensare a Nasir, l'idolo dei più piccoli, in condizioni simili, mi fa accapponare la pelle.

Saliamo in macchina in fretta e furia, diretti alla centrale di polizia. Una volta arrivati, troviamo un altro gruppo di volontari già nell'androne.

«Fuori dai piedi!» sbraita un poliziotto. «*Malàka*.»

«Vogliamo solo dargli questi» dice Brodie, mostrando un pacchetto di biscotti. Brodie fa parte di Samos Volunteers da oltre quattro mesi. Si toglie gli occhiali e si asciuga il sudore dal volto.

«Siete famigliari?» chiede il poliziotto.

Nessuno risponde.

«Allora fuori dai piedi.»

«Forza» dice Giulia, «andiamo.»

Ci sediamo su un muricciolo davanti alla centrale. Noto i volti cinerei del gruppo arrivato prima di noi e d'istinto rabbrividisco. Restiamo in silenzio a lungo.

«Eravamo in sette in macchina.» È Brodie a parlare, dopo diversi minuti. «Ci hanno fermati e l'hanno arrestato. È colpa nostra.»

Giulia sbuffa e scuote il capo. Sembra sul punto di dire qualcosa, invece si alza e rientra in centrale. La sua borsa giace floscia sul muricciolo accanto a me.

Non so perché, ma guardarla mi riempie di un senso di rammarico. Oltre la porta a vetri, vedo che parla e gesticola sporgendosi verso il poliziotto. Pare un litigio. Poi esce a passo spedito, le ciocche biondo sabbia gonfie come un cespuglio intorno al viso.

«Abbiamo cinque minuti» dice, raccogliendo la borsa.

Incontriamo Nasir in una stanza permeata dall'odore di sigaretta. Sembra che cento uomini invisibili stiano fumando intorno a noi, ma siamo soli. Un agente apre la porta e Nasir entra dietro di lui. La prima cosa che vedo è la solita luce, viva e vegeta nei suoi occhi. Mi sento rincuorato.

Si siede e dice: «E queste facce meste?».

Brodie gli passa il pacchetto di biscotti, ma il poliziotto lo intercetta e se lo infila sottobraccio. Brodie si asciuga gli occhi e posa le mani sul tavolo. Il tavolo è l'unico mobile nella stanza, insieme alle sedie su cui sediamo. Ci separa da Nasir come una sentenza non ancora pronunciata. Lui, davanti a noi, si sforza di sorridere.

Poso anch'io le mani sul tavolo, e quando lo faccio il suo sorriso sparisce, il tempo si riavvolge. Torno adolescente, mi sento intrappolato e stanco e solo, e mi dispiace sentirmi così, perché ho tutto fuori e nulla dentro.

La stanza si allarga e l'odore di fumo svanisce, ma il tavolo rimane lo stesso.

«Dov'è lo zaino?» continuava a chiedere il maresciallo.

«Le ho già detto che non lo so.»

«Ti hanno visto uscire dalla casa con uno zaino in spalla.»

Faticavo a guardarlo negli occhi. «Mentono.»

L'interrogatorio andava avanti da quasi due ore. Sapevo che gli altri due moschettieri, i miei compagni di bravate, stavano ricevendo lo stesso trattamento in stanze attigue. I postumi della sbronza mi impedivano di pensare con chiarezza, speravo solo che D'Artagnan non ci mettesse nei guai.

«Potremmo mandarvi al carcere minorile.» Il maresciallo calò l'asso, scrocchiandosi le dita.

«Non abbiamo fatto niente.» La luce lattea del mattino mi feriva gli occhi. Cambiai strategia: «Sa che il suo agente ha bestemmiato in macchina? Sa che ci hanno tolto i cellulari senza una spiegazione? Sa che il suo agente ha spintonato uno dei miei amici?».

Lui puntò i gomiti sul tavolo, il mento sulle dita intrecciate, e mi guardò in silenzio.

«Eravamo solo stanchi, senza un posto dove stare» gli dissi, abbassando il capo. «Abbiamo visto quella casa, siamo entrati e ci siamo sdraiati a terra. Ci siamo coperti con la plastica del cantiere e ci siamo addormentati. Non abbiamo rubato nulla, lo giuro.»

«Se chiedo ai tuoi amici, confermeranno questa storia?»

«Sì.»

Appena fuori dalla centrale, presi una boccata d'aria senza provare alcun sollievo. Mi pareva di vivere sott'acqua, dove tutti i rumori sono attutiti e l'ossigeno si alza irraggiungibile in bolle d'argento. Ero solo un bambino, ma mi sentivo fallire in tutto ciò che facevo. Qualcosa dentro di me si era rotto, ma io ero incapace di aggiustarlo.

Tornato a casa, mi confidai solo con la nonna.

«Ce la puoi fare» affermò lei, convinta. «Sei fantastico e ce la puoi fare.»

Per un istante le credetti. Il mattino dopo, però, scesi in cantina e scelsi una delle mie venti biciclette. Le avevo trovate sole e impaurite per strada, e così le avevo raccolte per tenerle al calduccio. Immettendomi nel pigro traffico mattutino, pensai che era ora di iniziare a venderle. Ci avevano arrestati il giorno sbagliato, non per il motivo sbagliato.

Arrivai a scuola in ritardo. L'odore di polvere nei corridoi, gli infissi marrone scuro delle porte, la semioscurità della tromba delle scale – ogni dettaglio mi faceva sentire in gabbia. Trascinandomi verso la mia classe, potevo quasi vedere la smorfia che l'insegnante avrebbe fatto vedendomi entrare. L'idea del suo giudizio mi faceva torcere le budella, eppure c'era una parte di me che lo attendeva con impazienza.

«Ben arrivato» disse, vedendomi entrare. «Sei in anticipo per la lezione di domani.»

«Scusi.» Feci per andare a sedermi.

«Dove vai?»

«Al banco.»

Lei posò un foglio sulla cattedra. «Questo è il tuo tema.»

Mi avvicinai e lo raccolsi. «Grazie.»

«Ti va di leggerlo davanti alla classe?»

Non sapevo cosa rispondere. Era un tranello? Voleva umiliarmi?

«Perché?» domandai soltanto.

«Perché hai fatto un buon lavoro.»

Come con il maresciallo, faticavo a incontrare i suoi occhi. Perché mi stava aiutando? Nonostante i miei ritardi, la mia rabbia e i miei sbagli, la mia insegnante di italiano non voleva darsi per vinta. Cosa ci vedeva in uno come me?

Iniziai a leggere. Incerto all'inizio, balbettando. Poi, riga dopo riga, sentii un'energia nuova accendermi le vene, un moto incontrollabile: stavo sorridendo. Lo capii dal suono della mia voce.

Finito di leggere, alzai lo sguardo. I nostri occhi si incontrarono e ci sorridemmo da sopra il foglio protocollo.

È stato allora: in un momento ci siamo riconosciuti e scelti per sempre. Anche nel buio, anche nell'incertezza, lei, Nicoletta, aveva deciso di credere in me.

Gli altri insegnanti mi credevano una causa persa. "Signor Nessuno", così mi aveva ribattezzato quella di francese. «Non andrai da nessuna parte nella vita» diceva quella di fisica. «Al massimo confezionerai merendine in fabbrica.»

A Nicoletta, però, non importava. Da bambino amavo leggere, scrivere, dipingere, ma la scuola aveva ucciso la mia fame di conoscere e inventare. Mi ero scontrato con un sistema obsoleto e volto all'omologazione che, anziché creare qualcosa di nuovo, mi forzava a ripetere ciò che riportavano i libri di testo riga per riga.

Mi feci bocciare due volte, prima di incontrare Nicoletta.

«Finirai disoccupato» dicevano i professori.

«Ma tanto non c'è lavoro» ribattevano i politici.

«E non ce ne sarà mai» concludeva la televisione.

Quelle voci mi erano riecheggiate in testa per tutta l'adolescenza. Per anni, non avevano fatto altro che dirmi che valevo zero, e io, alla lunga, avevo finito per crederci. Ero diventato il Signor Nessuno.

Ero poco più di un bambino, ma mi sentivo in esilio

nella mia stessa pelle. Il cervello di un sedicenne si forma a grande velocità, ogni parola affonda nella sua trama, ogni elogio viene assorbito e ogni umiliazione lascia una cicatrice. Troppi bambini vittime di abuso psicologico da parte di adulti in posizioni di potere sviluppano complessi di inferiorità e sprecano i propri talenti da adulti. Il modo in cui parli ai bambini che dipendono da te diventa la loro voce interiore.

Io, per ripicca, diventai un ribelle. Se il sistema mi rifiutava, io avrei rifiutato il sistema.

Iniziai a scontrarmi con i miei famigliari. «Sei una delusione» mi dissero. «Eri un bambino così bravo. Come hai fatto a diventare così?»

Mi scontrai con le autorità, i coetanei, gli amici. Fallii pure in amore. Mi sentivo una scheggia impazzita. Per quanto tentassi di fermarmi, mi risultava impossibile. La cittadina in cui ero cresciuto pensava male di me, e io volevo smentirla comportandomi peggio. Per proteggere me stesso dal deserto che mi stavo creando intorno, mi convinsi che non mi importava, mi resi indifferente: fa meno male, se te ne freghi.

L'unico luogo in cui mi sentivo al sicuro erano i libri. La letteratura mi insegnò ad accettare chi ero. "Siamo tutti un po' strani" pensavo, meravigliato, alla fine di ogni libro. "E va bene così."

E furono proprio i libri a fare da ponte tra Nicoletta e me.

Un giorno, sul banco, trovai l'edizione tascabile di *Siddharta* di Hermann Hesse.

«L'ho già letto» dissi.

«Non questo» rispose.

Sulla prima pagina aveva scritto una dedica: "Tu non sei perso, sei solo in cerca".

Quando tutti gli altri avevano gettato la spugna, quando pregavano in silenzio che scivolassi nel pozzo nero in cui mi ero infilato da solo, Nicoletta fu l'unica ad afferrarmi per i capelli e riportarmi alla luce. Mi ribattezzò "Cercatore" e mi salvò la vita.

Nicoletta mi mostrò che nessun ragazzo è perduto, se ha

un educatore che crede in lui e che sia pronto, quando sbaglia, a dirgli: «Tu sei meglio di così. Puoi farcela».

I miei genitori mi hanno dato la vita, è vero, e i nonni mi hanno cresciuto, ma Nicoletta mi ha insegnato a vivere bene. Come lei con me, adesso anch'io cerco la scintilla sepolta negli occhi di chi troppe volte si è sentito ripetere: «Non vali nulla», quando invece vale il mondo intero.

Spero di essere diventato la persona di cui avevo bisogno quando ero bambino.

7
Nella classe dei ragazzi selvaggi

È più facile spezzare un atomo che un pregiudizio.

ALBERT EINSTEIN

Ottobre 2017

Liscio il tavolo con i palmi delle mani e il passato si stempera verso gli angoli della stanza. L'odore di fumo torna a riempire l'aria. Nasir siede con gli occhi bassi.

«Non hai fatto nulla di male» dice Giulia.

«Sono un clandestino» constata semplicemente, sforzandosi di sorridere. «Mi deporteranno.»

«Puoi appellarti alla Corte Europea.»

«Certo» dice, facendosi forza. «Ma certo, ragazzi, funzionerà.»

Brodie tamburella con le dita sul tavolo, l'unico suono in una stanza altrimenti muta.

Il sorriso di Nasir a quel punto cede. «Se la guerra in Siria non ti uccide, lo fa l'umiliazione in Europa» dice. «E questa è una morte più profonda.»

Uscendo dalla centrale di polizia, prendo una boccata d'aria fredda e ringrazio per la mia libertà. I miei passi sembrano più leggeri, ma il mio cuore è più pesante.

«Perché gli hanno rifiutato l'asilo?» chiedo. La domanda mi frulla in testa da quando l'ho conosciuto.

Giulia si accende una sigaretta. «La sua famiglia era benestante prima della guerra e, insomma, guardalo. È intelligente, di bell'aspetto e istruito. Ha trascorso quasi un anno in Turchia lavorando per pagarsi la traversata. Non lo considerano *abbastanza* vulnerabile.»

«Giulia» dice Melissa con esitazione, «tu hai smesso di fumare.»

«Non oggi.»

Più tardi, mi ritrovo nella stanza che condivido con gli altri volontari, gli occhi spalancati sotto un soffitto macchiato dall'umidità. Il sonno sopraggiunge lento prima e d'improvviso poi, nello stesso modo in cui l'hotspot passa dall'essere preoccupante al rivelarsi terribile.

La mattina seguente, scaccio il pensiero di Nasir in prigione e mi preparo a una nuova settimana in classe. Devo concentrarmi su chi posso aiutare.

Dopo aver memorizzato l'alfabeto, oggi gli studenti impareranno a scrivere il loro nome. Sarah e io abbiamo preparato le lezioni con cautela, organizzandole giorno per giorno.

Va tutto a monte quando la stanza numero 4 si trasforma in un campo di battaglia: la canzone dell'alfabeto esplode in una rissa tra arabi e curdi. Soran schiaffeggia Mallik e Hammudi solleva uno sgabello sopra la testa, pronto a colpire. Mays e le altre bambine li guardano restando in piedi, con la schiena al muro.

Le urla di Sarah si rivelano inutili, davanti alla furia cieca della classe: lo sgabello vola, un bambino cade a terra e inizia a piangere. Devo intervenire separandoli fisicamente.

Ho lavorato con i minori per anni e ho visto innumerevoli litigi, ma questo è diverso. Non si tratta di un'azzuffata tra ragazzini. La loro è una brutalità che trascende l'età anagrafica: hanno dieci, dodici anni, ma dentro covano il rancore, il rimpianto e la disperazione degli adulti.

Quando dividiamo i bambini coinvolti nella rissa, Sarah si ferma a parlare con Soran e Mallik. Io porto fuori Hammudi e lo faccio sedere nella sala comune del Centro Alpha. Il baccano di dozzine di uomini che giocano a scacchi e bevono tè mi impedisce quasi di sentire la mia stessa voce.

«Cosa è successo?»

Hammudi volta il capo dalla parte opposta.

«Per favore, parlami. Perché hai lanciato lo sgabello?»

Il suo petto si alza e si abbassa a ritmo frenetico, le lacrime gli rigano il volto. Stringe i pugni fino a farsi sbiancare le nocche.

«Sei al sicuro, qui» dico. «Capito?»

Hammudi chiude gli occhi. Il suo corpo siede davanti a me, ma lui è lontano anni luce. Lo guardo e vedo il lento disfacimento di un essere umano. Perché dovrebbe fidarsi di me?

«Torniamo dentro» dico con un sospiro.

Lui resta immobile, di nuovo senza guardarmi, ma quando entro in classe tengo la porta aperta e lui mi segue.

Trovo Mays con le spalle al muro, proprio come l'avevo lasciata. Mi guarda e pare voler dire: "Siamo davvero al sicuro, qui?".

Vorrei avere una risposta, ma la verità è che non lo so. In giorni come questo, creare un'alternativa sicura all'hotspot per questi bambini sembra un obiettivo impossibile.

Ho fatto forse il passo più lungo della gamba, cercando di trasformarli in qualcosa di simile a una classe?

Chiedo consiglio a Neda, una volontaria di origini iraniane, emigrata da bambina negli Stati Uniti, che si è da poco unita al gruppo.

«Risolvere la tensione etnica nella tua classe?» mi dice. «Ah! Non puoi. Spesso, quando lavoriamo con persone che soffrono e ci stanno a cuore, ci bendiamo gli occhi davanti alle loro lacune.»

«Non capisco.»

«Vedi, Nicolò, a volte lavorare con queste persone non fa altro che allontanarmi da loro. Ci sono quelli che danno tutto per scontato e pretendono di più; altri che non capiranno mai perché opprimere le loro donne o picchiare i loro figli sia sbagliato… E sono la mia gente.» Le sue parole mi fanno sentire a disagio. «È essenziale differenziare tra cultura e religione. La religione è un'idea, la sua interpretazione varia da persona a persona. Ma la cultura viene dalla terra, ed è radicata in ognuno di loro allo stesso modo.»

«Stai dicendo che non posso insegnare ai ragazzi a non tirarsi le sedie?»

«Sto dicendo che l'Islam non è una religione violenta, ma il Medio Oriente è una terra violenta. Saranno pochissime le persone che riusciranno a integrarsi davvero in Europa.

Il resto trascorrerà la propria vita rintanato in casa – se sono donne – e ammazzandosi di lavoro – se sono uomini.»

«I bambini sono diversi» dico. «Hanno tutta la vita davanti.»

«Sono d'accordo. I bambini sono gli unici ad avere una possibilità di trovare la felicità in Europa, ma stanno marcendo nell'hotspot giorno dopo giorno.»

Mi tornano in mente le lacrime amare di Hammudi. «In un campo profughi, a dodici anni sei già vecchio» sussurro, quasi tra me e me.

«Cosa dici?»

La guardo per un momento. «Che non posso darli per persi.»

Insieme a Sarah, inizio a escogitare un piano per l'integrazione etnica. Studiamo la storia della Siria, dell'Iraq, del Kurdistan e dell'Afghanistan per comprendere le cause dei litigi tra i nostri piccoli allievi, ma non troviamo risposta: la maggior parte degli scontri pare nascere in modo del tutto accidentale. Basta che un bambino sbatta contro un altro, ed eccoli battersi per la loro vita.

Iniziamo a strutturare le lezioni per creare una routine, il senso di una sicurezza che si ripete ogni mattina. Chiediamo a Giulia il permesso per estendere le lezioni di un'ora, e ne approfittiamo per organizzare escursioni. In questo modo, speriamo di coltivare un senso di comunità. Ci crediamo. Ci crediamo davvero.

Un giorno li portiamo al porto a uno spettacolo di clown. Hammudi però se ne sta in disparte: «Finché ci sono i curdi, io non ci vengo».

Vedo Soran staccarsi dal resto della classe e camminare verso di noi. Il mio cuore accelera. Il vento soffia, carico di tempesta e puzza di pesce.

Mi alzo e faccio per dirgli di tornare da Sarah, ma Hammudi ha già scagliato in aria una parola che né io né il bambino curdo capiamo. Il tono basta a far sì che Soran estragga le mani dalle tasche. Quando Hammudi cerca di alzarsi a sua volta, glielo impedisco facendogli pressione sulla spalla.

Cade il silenzio. Il vento soffia con minacciosa insistenza, i pescherecci ondeggiano disordinati e l'aria sa di salsedine e carburante. Per un istante, penso davvero di poterli riappacificare. Poi Mallik appare da chissà dove, e sono costretto a lasciare la presa su Hammudi per afferrarlo e prevenire lo scontro.

A questo punto, mentre tengo Mallik, Hammudi mi sfila accanto sibilando quelli che non possono che essere insulti. Soran ci viene incontro senza battere ciglio o proferire parola, e Hammudi aumenta il passo. Devo lasciare Mallik per mettermi in mezzo.

«Finitela» dico.

Mallik mi scivola accanto calciando Soran nello stinco, Soran lo afferra per il bavero e Mallik inizia a piangere. Balzo in avanti per separarli, il vento soffia gelido infilandosi nei miei vestiti, mentre Mallik scalcia per assestare altri colpi, e Hammudi si butta alla cieca su Soran. Più tento di calmarli, più scopro un odio di cui si nutrono senza saperne nulla: per un istante, questi bambini cessano di essere bambini e diventano ciò contro cui mi batto ogni singolo giorno, con tutto il fiato che ho in corpo – diventano l'hotspot stesso. Per un istante mi sento totalmente, indicibilmente sconfitto. Questo è un incubo, il mio incubo, che si fa carne e lacrime e vento e sferza il loro futuro, il mio futuro – il nostro.

Come posso proteggerli dal mondo, dall'hotspot, se non riesco a proteggerli nemmeno da loro stessi? Nei loro lamenti strozzati risuona il dolore di interi popoli, di generazioni segnate dagli abusi, di nonni privati della propria terra e morti in esilio, di fratelli e sorelle stuprati e uccisi senza una ragione. E la domanda è sempre la stessa, echeggia ancora e ancora senza perdere un'oncia del proprio veleno: "Perché? Perché? Perché?".

È un peso insostenibile per un bambino essere l'ultimogenito della razza più odiata al mondo.

«Basta!» urlo.

La rissa si placa. Da come i miei studenti mi guardano, devo avere una voragine negli occhi. Ho il respiro affannato, le braccia spalancate, e la guerra davanti. Le bombe a noi occidentali paiono sempre lontane, ma questi bambini erano lì, e una parte di loro se le è portate appresso.

Torniamo ad Alpha sotto un cielo nero. Hammudi, che cammina lontano dal gruppo, si accende un mozzicone di sigaretta. Fuma, e i suoi movimenti mi riempiono di tristezza. “Forse ha ragione Neda” mi dico. “Forse la situazione è immutabile.”

Mi lascio cadere al tavolo di plastica della stanza numero 4.

Sarah mi si siede accanto. «Per cosa vale la pena di sorridere, in questo preciso momento?» mi chiede.

Scuoto il capo di fronte al suo incrollabile ottimismo.

«Davvero» insiste. «Per cosa?»

Ci penso su. «Almeno Mays si è divertita con i clown.»

«Esatto.» Accavalla le gambe sotto il tavolo. «Non esistono ricerche a supporto di ciò che facciamo. Nulla che affronti la problematica di insegnare in un contesto informale, privi del materiale necessario, a dei bambini che hanno vissuto ciò che nessuno al mondo dovrebbe mai vivere. Tutto quello che facciamo è nuovo, e la sua riuscita dipende da noi.»

«Per come lo spieghi, suona molto più ganzo di come mi pare oggi.»

«Aiutare questi bambini non è *ganzo*. E non è nemmeno un atto di carità. È un atto di giustizia. Se ci pensi, l’hotspot è opera dell’uomo: per questo può essere sconfitto dalle azioni di altri esseri umani.»

«Ma Neda...»

«Lascia perdere Neda» dice, e pare quasi una persona nuova. «Ogni bambino può imparare. Diventa più difficile con gli anni, certo, ma è sempre possibile.»

Annuisco. Ha ragione Sarah. «Centinaia di volontari passano da questo campo, ma a volte spetta a due persone cambiare le cose.»

Sarah sorride, incerta. «Forse tocca a noi.»

Mi sento rinvigorito. Nonostante l’acquazzone che batte l’isola, mi alzo e picchietto con le nocche il tavolo di plastica.

«Andiamo» le dico.

«Dove?»
«A conoscere le loro famiglie.»

Trascorriamo il nostro tempo libero passando di tenda in tenda. Sarah confabula con le madri dei nostri studenti, io bevo il tè con i padri, rigorosamente zuccheratissimo. Incontriamo ex braccianti e poeti ritrovati, casalinghe orgogliose e timide avvocatesse. Sediamo sulle coperte sintetiche con il marchio dell'Organizzazione, che qui compare un po' ovunque: sulle pareti, sulle stuoie, sugli zaini dei bambini – i rifugiati esibiscono sulla propria pelle il costo degli aiuti che ricevono. Soprattutto, scopriamo il tessuto famigliare dei bambini a cui insegniamo. Alcune madri soffrono di depressione e vivono sdraiate a terra; alcuni padri ridono e scherzano come nulla fosse, ma poi ammettono di svegliarsi in preda agli incubi la notte. Ogni tazza di tè ci rende insegnanti un po' migliori, e presto ci dimentichiamo del perché stiamo visitando la comunità e ci godiamo semplicemente la compagnia di queste persone.

L'enorme famiglia di Soran, piena di donne e bambini, diventa la nostra preferita.

«Il diritto d'asilo viene concesso quando vengono negati i diritti fondamentali dell'uomo» dice il padre, Mohammad, una sera. «Il diritto alla vita, al voto, all'identità, all'istruzione, alla salute. Non è necessaria una guerra. A noi sono negati tutti questi diritti, eppure ci tengono prigionieri da quasi un anno.»

Le madri ci stanno preparando la cena. Un profumo insieme dolciastro e pungente riempie la tenda. Da come parlano, si muovono, ma soprattutto dalla loro cucina occidentalizzata, capisco che erano benestanti prima del conflitto.

«Non sappiamo cosa ci accadrà domani» interviene Soran in un momento di silenzio. «La nostra vita è in *bilico*.»

«Buon uso della parola» dico.

«I vostri figli sono bravi studenti.» Sarah si bilancia uno dei centomila bambini sul ginocchio. «Significa che i genitori stanno facendo un ottimo lavoro.»

Mohammad sorride, si posa una mano sul cuore e stringe

la mia in un gesto colmo di gratitudine. La madre di Soran, i capelli biondi scoperti e raccolti in una crocchia, serve il cibo davanti alle nostre gambe incrociate: scodelle piene di riso fumante, di sugo al pomodoro, di ceci, di manzo e di pane arabo appena sfornato. È tutto delizioso e noi mangiamo voraci.

Li salutiamo poco dopo il calare del sole, e attraversiamo il campo per tornare a casa. Vicino alla Gabbia, il container della polizia del campo, trovo Omar, un ragazzo di sedici anni con cui ho legato molto, arrivato qui senza famigliari ad accompagnarlo.

Siede a terra, il dorso appoggiato alla cabina vuota delle Nazioni Unite, intorno a lui un nugolo di bambini dai due ai sette anni. Puntuale come ogni sera, Omar sta raccontando una storia, improvvisando voci diverse – ora profondissime, ora acute e squillanti – ed esibendosi in smorfie divertenti. Ci sa fare, i bambini lo interrompono in continuazione e fanno a gara per sederglisi in braccio.

In quel momento, il camion dei nuovi arrivati varca il cancello principale e la gente si accalca a guardare. La polizia e i militari si dispongono intorno al perimetro, nascondendo alla vista Omar e i bambini. Io mi ritrovo con gli altri accanto alla recinzione, la ressa è tale che muovermi è impossibile. Qualcuno mi spinge da dietro, poi la folla si apre lasciando passare un poliziotto: stretto nella sua presa, un ragazzo.

L'agente lo strattona, lo sbatte contro la recinzione. Il ragazzo ha le mani alzate, ma un secondo poliziotto si unisce al primo colpendolo sulla nuca con il dorso della mano. Il ragazzo è Omar, e i suoi bambini guardano la scena a occhi sbarrati. I poliziotti, intanto, lo portano nella Gabbia, prendendolo a calci.

«Non è stato Omar a spingere il poliziotto!» dice uno dei piccoli, non tanto a me quanto a se stesso. «Un bambino gli è caduto addosso, tutto qui.»

Quando Omar esce dalla Gabbia, mezz'ora più tardi, ad accoglierlo trova me, Giulia e una squadra di volontari che ho chiamato in cerca di rinforzi. Ci vede, ma ci evita, una danza d'ira e disperazione nello sguardo, prima di scomparire nei meandri del campo. Poi, lontano dai nostri occhi, prende un coltello e s'incide il braccio sinistro: tre tagli profondi, a segnare la sua pelle di ragazzo che ha visto troppo e conosciuto troppo poco.

Non è in Siria o nelle moschee d'Europa che si coltiva il terrorismo, ma in campi come questo, dove persone perbene, spaventate, vulnerabili vengono trattate come criminali, dove le loro identità vengono spazzate via giorno dopo giorno.

Quando lo rivediamo, Omar perde sangue, e i suoi vicini di tenda lo stanno portando in infermeria.

I bambini siedono su una panca, ad aspettarlo.

Se è vero che si può sconfiggere il terrorismo, c'è un solo luogo in cui pensare di farlo: le scuole. La mia missione è disinnescare le bombe del futuro con l'amore del presente. Devo mettercela tutta.

Sarah e io continuiamo a impegnarci per creare un senso di comunità, in classe e fuori. Studiamo le ricerche più importanti e attuali in tema di educazione e impostiamo un percorso di studio per le materie che vogliamo insegnare. Continuiamo a visitare le famiglie e incoraggiarle perché facciano rete, perché inizino a sostenersi tra loro. Ogni tazza di tè mi insegna qualcosa di nuovo.

Faccio la conoscenza della famiglia di Mays e capisco il perché del suo quasi totale mutismo: da quando hanno ricevuto il primo rifiuto alla richiesta di asilo, il padre e i fratelli soffrono di depressione. Hanno tappato le finestre e nel loro container l'oscurità regna sovrana.

Il loro tè mi insegna il vero significato della povertà. Ho sempre pensato che essere poveri avesse a che fare con la mancanza di risorse materiali, ma sedendo a terra, nella pulizia quasi maniacale di quel cassone circondato da rifiuti, inizio a vedere la situazione attraverso i loro occhi. La povertà non colpisce solo ciò che è visibile, ma la persona nel suo insieme: questa famiglia parla di vergogna, umiliazione, paura, isolamento, inferiorità. Per loro, povertà significa sentirsi senza voce.

Gli unici a non invitarci mai per un tè sono gli zii di Hammudi. Ogni volta che li andiamo a trovare, aprono la zip della tenda con circospezione e ascoltano le nostre chiacchiere da dentro, senza lasciarci entrare.

Hammudi non sembra mai essere con loro.

Tra una tazza di tè e l'altra, arriva novembre, e con lui l'umidità dell'autunno sull'isola. I cicloni imperversano a largo della baia, e i loro sbuffi minacciano di razziare l'hotspot lasciandosi alle spalle una scia di devastazione.

In una mattina piovosa, nella stanza numero 4, Sarah propone: «Oggi faremo un gioco nuovo».

Gli studenti si lanciano occhiate curiose mentre mostro loro dei cartelloni colorati. Su ognuno campeggia un'affermazione tradotta nelle lingue della classe: arabo, farsi, curdo, francese.

«Ogni volta che alziamo un cartellone che vi rispecchia» dico, «alzatevi in piedi.»

Soran, entusiasta come sempre, si alza in piedi.

«Frena i cavalli, amico mio!»

Lui ride e si risiede. Contiamo tre secondi di silenzio, poi solleviamo il primo cartellone, che recita: "Amo la pizza".

Circa metà classe si alza in piedi, mentre l'altra metà pare confusa. Forse non sanno cosa sia. Attendiamo qualche secondo, così che i bambini possano metabolizzare la scena: si sono alzati studenti di ogni gruppo etnico, religione e ceto sociale. "La pizza unisce" mi dico, sorridendo tra me.

Faccio cenno di sedersi e svelo il secondo cartellone: "Amo imparare".

Mays scatta in piedi come una cavalletta. La maggioranza degli studenti segue il suo esempio. Solo Hammudi e Soran restano seduti, più in segno di sfida l'uno verso l'altro che per ribellione nei nostri confronti.

Alzo il terzo cartellone: "A volte ho paura".

Il silenzio avvolge la stanza. Nessuno si muove.

Lenta, Mays si alza in piedi. È l'unica a farlo, ma, a giudicare dall'espressione degli altri, il messaggio deve aver colpito nel segno.

"Ho grandi speranze."

La classe si alza in piedi. Hammudi no, se ne sta a gambe divaricate, il capo chino. Poi si alza e fa per andare alla porta, ma si ferma con la mano sulla maniglia, senza abbassarla. Non dico niente e faccio cenno alla classe di sedersi.

Quarto cartellone: "Mi manca casa".

Di nuovo, l'intera classe si alza.

Hammudi, in piedi davanti alla porta, mi sta guardando. Gli faccio un cenno col capo, e la luce nei suoi occhi cambia – un cambiamento impercettibile, ma reale.

Abbasso il quarto cartellone. Cerco gli occhi di ogni studente, uno per uno, prima di mostrare loro l'ultima scritta. Quando lo faccio, l'aria pare più rarefatta, come in montagna. Tutti si alzano. Hammudi lascia andare la maniglia e fa un passo lontano dalla porta, verso di noi. Si leva un singhiozzo malcelato. Il silenzio è completo, io ho la pelle d'oca.

A fine lezione, appendo il quinto cartellone sul muro: "Posso farcela".

«Il vero nemico non è la guerra nei loro Paesi» dico a Sarah, una volta rimasto solo con lei, «ma l'hotspot: il cortile sul retro di casa nostra. Questa è l'Europa, la *grande* Europa, eppure le nostre strategie politiche stanno rovinando questi bambini.»

«E la cosa più triste» aggiunge lei «è che questi bambini un giorno diventeranno adulti, e vivranno tra noi.» Sarah si aggiusta la fascia per i capelli e mi mostra una ricerca che ha trovato qualche giorno fa: «Parla del "processo di normalizzazione", un meccanismo di sopravvivenza che desensibilizza le persone. La loro vita fa così schifo che il loro cervello è costretto a ricalibrarsi e alzare la soglia di tolleranza dei comportamenti aggressivi».

«Adattamento patologico» riassumo. «I nostri bambini usano la violenza a causa della violenza a cui sono esposti ogni giorno.»

Sarah ride. «I *nostri* bambini?»

«L'ho detto?»

«Mi piace.»

Certo che sono nostri. Samos Volunteers si focalizza sulla

distribuzione dei vestiti e sull'istruzione agli adulti – quanti più riescono a infilarne in una classe, tanto più sembrano soddisfatti. Di fronte a una situazione di sovraffollamento costante, si arrendono al principio della quantità anziché lavorare per l'inclusione e l'integrazione del singolo. Nella stanza numero 4, invece, tentiamo di costruire fiducia e un'idea di stabilità. Si tratta di un bene difficile da quantificare e senz'altro intangibile, ma altrettanto reale.

Dopo la lezione sui cartelloni, i litigi in classe diminuiscono, e la maggior parte degli studenti riesce a mantenere l'attenzione per dieci minuti di fila. Devo trattenermi per non urlare al miracolo.

«Hammudi non tira sgabelli da una settimana» dico a Sarah un pomeriggio, mentre andiamo a far visita alla famiglia di Soran. «Dov'è il nostro premio Nobel?»

Ridiamo e ci sentiamo più leggeri. I nostri piedi sfiorano appena il cemento sulla ripida salita del campo.

Una volta nella tenda, la madre di Soran ci versa il tè bollente.

«Grazie» dice.

«Per cosa?»

«Per proteggere mio figlio.»

Mohammad beve un piccolo sorso. «State diradando la nebbia nella sua mente.»

Sarah gli lancia uno sguardo interrogativo.

«Per voi l'Europa è casa» spiega lui. «Per noi significa la speranza della sicurezza, ma anche che le nostre, di case, sono perse per sempre. Attraversiamo il confine senza occhi e, una volta arrivati, incontriamo gente che ci disprezza e che potrebbe chiamare la polizia senza alcuna ragione. Le poche informazioni che riusciamo ad afferrare ci arrivano da internet e dai social network, e sapete quanto poco siano affidabili.»

«Fatico a immaginare come vi sentiate» dice Sarah. «Per voi l'Europa dev'essere gigantesca e terrificante.»

Lancio un'occhiata a Soran. Lui ricambia lo sguardo e sorride.

Dire che i sorrisi dei bambini profughi sono colmi di speranza non è solo falso, è disumanizzante. Sminuisce la loro sofferenza. Nel sorriso di Soran scorgo gioia, ma anche timore ed esitazione. E domande, tante domande. Le avversità ti rendono più forte, non più speranzoso, e tantomeno felice.

Uscendo dalla tenda, vediamo una madre cambiare il suo bebè su un cassonetto della spazzatura: i bagni chimici del campo sono troppo sporchi.

«Hai mai visto qualcosa del genere in India?» mi chiede Sarah. So che vorrebbe costringersi a guardare, ma non ce la fa.

«Sì» rispondo. «Ma qui è diverso. Nelle baraccopoli i bambini sono poveri, ma l'India è la loro terra ed è colma di storia e cultura. Per quanto la vita lì sia dura, nella tua terra puoi esistere, perché le puoi appartenere. L'hotspot è molto più che un posto orrendo: non è un posto. Quando vivi in un luogo inesistente, smetti di esistere anche tu.»

Il giorno dopo, Sarah e io decidiamo che è finalmente giunto il momento. La classe ha compiuto due mesi ed è abbastanza stabile da diventare ufficiale.

«Buongiorno a tutti» dico battendo le mani. «Oggi sceglieremo il nome della nostra classe.»

«Sarete voi a scegliere.» Sarah stappa il pennarello della lavagna. «Oggi si vota!»

Per alzata di mano, ogni bambino candida un possibile nome e noi usiamo Google per tradurlo e proporlo al resto della classe. Alcuni sono improponibili, per esempio "Team Ninja", ma altri spiccano. Il più bello, a mio parere, è "Dreamers".

Dopo un breve dibattito, i bambini iniziano a votare. All'inizio si schierano per nazionalità, ma poi capiscono che il motivo della votazione è un altro e scelgono il nome che davvero preferiscono. I finalisti sono proprio "Team Ninja" e "Dreamers". Lancio a Sarah un'occhiata disperata all'idea che il primo possa vincere.

Mays coglie il mio sgomento e si sporge verso il gruppo delle bambine, che complottano un secondo prima di alzare la mano all'unisono.

«Sì?»

«Abbiamo deciso il nostro voto» dice Mays.

«Cosa preferite?»

E così, grazie alle femminucce e al loro fronte compatto, la classe per bambini rifugiati diventa la classe dei Dreamers – i nostri piccoli sognatori. Sarah e io ci scambiamo uno sguardo esultante, e i piccoli scoppiano in un applauso.

La classe dei Dreamers ricorda un campo di battaglia, è vero, ma ne vale la pena. I nostri bambini sono sopravvissuti a orrori inimmaginabili, eppure chiedono una sola cosa: una chance.

Nella baraonda generale, Hammudi mi fa un cenno. Non sorride, ma è qui con noi, e questo mi basta.

È presto per cantare vittoria, me ne rendo conto. C'è ancora tanto lavoro da fare, e chissà come farlo. Ciò che so, però, è che ci proveremo con tutti noi stessi. Proveremo a creare sicurezza, pur sapendo che undici bambini sono una goccia nell'oceano. Hammudi è una goccia nell'oceano, e lo è anche mostrargli che mi importa abbastanza di lui da tentare di portarlo a scuola, ancora e ancora.

È una goccia nell'oceano, lo so. Ma in giorni come questo pare l'oceano in una goccia.

8
Ciò che abbiamo perso nell'incendio

Le azioni umane non vanno derise, compiante
o detestate: vanno comprese.

BARUCH SPINOZA

Luglio 2011

Quando l'esercito aprì il fuoco sui manifestanti, Hammudi e suo padre si trovavano in piazza.

Era il luglio del 2011. Lui era seduto sulle spalle di *baba*, e vedeva un mare infinito di teste brillare sotto il sole. Mezza città era uscita a protestare: decine di migliaia di donne e uomini con cartelli, striscioni e un desiderio irrefrenabile di cambiamento. La brezza sapeva di gardenia e limoni in fiore.

«Vogliamo...» diceva una voce invisibile al megafono.

«Libertà!» ruggiva la folla in risposta.

Hammudi sentiva il cuore accelerare ogni volta che la gente urlava all'unisono, e per tranquillizzarsi sfregava le cosce contro la barba di suo padre.

Spiegato davanti a sé, *baba* reggeva uno striscione ricavato da una vecchia tenda trovata a casa dei nonni, a Damasco. L'avevano pulita e pitturata insieme, proprio in vista di quell'occasione. *Baba* gli aveva detto, con gli occhi luccicanti, di volergli mostrare la vera forza della Siria, e Hammudi si era sentito partecipe. Si era sentito speciale.

Avevano dipinto lo striscione insieme, dieci giorni prima del Massacro di Ramadan.

«Vogliamo...»

«Libertà!»

Il boato dava i brividi. Hammudi aveva il cuore colmo di una sensazione indescrivibile. Forse, si disse, era la speranza. Una donna accanto a loro si copriva il volto con un cartello e urlava a squarciagola.

«*Baba*» domandò Hammudi, «perché si nasconde?»
Doveva chinarsi e parlargli nell'orecchio per farsi sentire.
«Perché sta piangendo.»
«Ha paura?»
Baba scosse il capo e i suoi capelli solleticarono il naso di Hammudi.
«Vogliamo...»
«Li-ber-tà!»
Il bambino insisté: «Ha paura di Bashar?».
«Ora non è il momento» disse *baba*, camminando nella calca.
Hammudi si tirò su di nuovo. La donna sventolava un cartello di cartone che recitava: "La gente vuole rovesciare il regime". Manifestava a capo scoperto, e come lei molte altre. Alcune portavano croci al collo, mentre altre indossavano il burqa. La luce del sole rimbalzava accecante sulle pietre calcaree dei palazzi, tuffandosi nei loro occhi incendiati.
«Vogliamo...»
«Libertà!» gridò *baba*.
La folla incedeva con lentezza verso l'esercito schierato. A sprazzi s'intravedevano i soldati armati di fucile, ma erano troppo lontani per incutere alcun timore.
Poi, il corteo si fermò.
Baba toccò il ginocchio di Hammudi. «Non piange perché ha paura di Assad» gli disse. «Piange perché ha avuto paura per tanto tempo senza poterlo dire. Ora, invece, lo stiamo urlando.»
«Avevi paura anche tu?»
Baba non rispose. Hammudi attese invano, poi appoggiò il mento sui suoi capelli e vagò con lo sguardo. Sulle spalle di un uomo, un po' più avanti nella folla, sedeva una bambina. Hammudi la guardò e sperò che si voltasse. Si concentrò quasi come se potesse chiamarla con il pensiero, ma la bambina non si girò.
Alle spalle dei soldati campeggiava un graffito: ASSAD O BRUCIAMO IL PAESE.
«Vogliamo...»
«Libertà!» gridò Hammudi.
E l'esercito iniziò a sparare.

La donna che piangeva cadde per prima e la folla la travolse. Correvano tutti nella direzione opposta, ora: decine di migliaia di persone urlanti sotto il fuoco amico. Alcuni manifestanti iniziarono a lanciare pietre contro i soldati, e *baba* si mise a correre con lo striscione stretto in mano.

Hammudi cadde, rotolò nella polvere e si raggomitolò proteggendosi il volto. *Baba* urlò il suo nome. Il mondo si tinse di nero per un momento, finché Hammudi si scoprì gli occhi e vide una giungla di scarpe imperversare intorno a lui. Poco lontano, lo striscione che aveva preparato con *baba* giaceva sotto le suole di tutte quelle persone in fuga. Allungò la mano per afferrarlo, ma qualcuno lo strattonò cercando di trascinarlo via. Hammudi tentò di divincolarsi, ma la presa era ferrea, così si lanciò in avanti e agguantò lo striscione, se lo strinse al petto e si voltò.

«Hammudi!» urlò *baba* sollevandolo.

Iniziarono a correre, ma la folla scappava impazzita. Un uomo li urtò e *baba* cadde, altri lo calpestarono. Hammudi si gettò sopra di lui, alzando le mani e lo striscione. Gli occhi della gente ricordavano quelli delle bestie al macello. *Baba* si alzò ancora, e insieme si ripararono dietro una struttura di pietra ai margini della piazza. Dopo aver spinto Hammudi nell'angolo, il padre gli fece da scudo con il suo corpo. Le urla della gente avevano lasciato la piazza, solo quelle dei fucili riecheggiavano da parete a parete.

Poi, il muro dietro di loro esplose in una nuvola di polvere. Hammudi si coprì il volto e *baba* crollò su di lui. Il bambino sentì una macchia umida allargarsi sulla sua schiena, il fiato caldo del padre dietro l'orecchio.

Baba sembrava voler parlare, ma le sue parole uscivano incomprensibili. E poi tacque.

I soccorsi trovarono Hammudi rannicchiato sotto il corpo di suo padre, lo striscione ancora stretto in pugno. Sulla vecchia tenda, si leggeva ancora la scritta che avevano fatto insieme con la pittura nera: "Domani sarà migliore".

Tre anni dopo il Massacro di Ramadan, la cicatrice prudeva ancora. Il proiettile gli aveva passato il polpaccio da parte a parte, quasi senza che Hammudi se ne accorgesse. A correre era più lento degli altri bambini, ma era comunque grato di poter giocare a calcio nel cortile della scuola. Soprattutto adesso che Fatima lo stava guardando.

I nonni di Fatima venivano dalla Palestina, proprio come qualsiasi altro nonno del campo profughi di Damasco. Erano fuggiti durante la *nakba*, nel 1948, quando la guerra aveva cacciato metà della popolazione della Cisgiordania. Avevano cercato rifugio in Siria e si erano insediati nella periferia della città, trascorrendo i primi anni in tenda e sperando in un ritorno alla terra natale. Poi però le tende si erano trasformate in baracche e le baracche in palazzi, e intere generazioni di bambini erano nate in esilio sentendo narrare di una patria a loro proibita, che temevano sarebbe rimasta tale per sempre.

Hammudi passò la palla, si voltò e sorrise a Fatima. La bambina abbozzò un sorriso di rimando e si toccò il capo per assicurarsi di avere i capelli ben coperti dal velo. Da quando l'Esercito Siriano Libero aveva preso il controllo del campo, il numero di ragazze e donne che portavano l'*hijab* era cresciuto, più per un'idea di protezione che per un sentimento religioso, come se un velo colorato potesse salvarle dalle bombe del regime.

Vivevano sotto assedio da anni. La maggior parte dei giorni, la vita continuava indisturbata: nonostante il governo avesse tagliato l'acqua, l'elettricità e le comunicazioni con l'esterno, il campo aveva saputo riorganizzarsi, e ospedali, uffici e scuole avevano riaperto. Dopo un po', Hammudi si era abituato pure alle esplosioni in lontananza e alle file chilometriche per ricevere un sacco di riso dall'Organizzazione. Trascorrere la notte in rifugi sotterranei era diventata la normalità, poco più di una fastidiosa routine.

Hammudi e Fatima erano vicini di casa e giocavano insieme da quando ne avevano memoria.

«Andiamo?» disse Fatima alla fine della partita, ignorando i risolini delle sue amiche.

Hammudi, sudato fradicio e impolverato dai talloni alle punte dei capelli, annuì. «*Yalla*.»

Uscirono da scuola a debita distanza, lei con lo zaino sulla spalla sinistra e lui con il pallone rattoppato sotto il braccio destro, nel tentativo di creare una barriera tra loro. Svoltato l'angolo, però, si lasciarono prendere dalla ridarella. Hammudi infilò la palla nello zaino di Fatima e si offrì di portarlo.

«Lascia perdere» disse lei con un sorrisetto. «Potrei batterti a calcio a occhi chiusi.»

«Mi piacerebbe vederlo» fece Hammudi.

«Mi piacerebbe vederti con l'*hijab*.»

«Mi piacerebbe vederti senza.»

Fatima gli lanciò un'occhiata interrogativa. Poi disse: «Se mi batti, puoi vedere i miei capelli».

«Se ti batto a cosa?» chiese lui, ma Fatima era già scattata in avanti, lo zaino che rimbalzava scandendo il ritmo della sua corsa.

Hammudi si lanciò dietro di lei. Filarono nelle viuzze del campo, due schegge pelle e ossa davanti agli *shisha* bar, ai negozi dei barbieri, alle farmacie e ai supermercati semivuoti. Si arrampicarono sulle rovine di un palazzo bombardato: lamiere affilate e frammenti di vetro sporgevano tra le macerie, ma era diventata la loro scorciatoia preferita. Fatima scivolò sui calcinacci e Hammudi si buttò per afferrarla, ma lei aveva già frenato la caduta afferrando una trave sporgente. Gli rivolse un sorriso di sfida prima di spingerlo a terra. Hammudi finì a gambe per aria.

«Questa me la paghi!» gridò, ma Fatima era già scomparsa.

Hammudi arrivò ultimo all'angolo di casa solo per qualche decina di secondi, ne era certo, ma Fatima si era seduta su un gradino e aveva tirato fuori un libro di scuola, fingendo di averlo atteso per ore.

«Hai giocato sporco» disse lui con il fiatone.

Fatima chiuse il libro. «Piangi?»

«Dovresti essere squalificata.»

Fatima si alzò. «Va bene» disse, e iniziò a togliersi il velo.

«Cosa stai facendo?»

Fatima non rispose e si scoprì i capelli, prima un centimetro, poi l'intera chioma. Hammudi deglutì, il cuore a mille. Fatima lo guardò negli occhi e sorrise appena.

«Bella» disse Hammudi in un sussurro.

«Bella?»

Lui sbatté le palpebre «Bella corsa.»

Lei rise, ripose il libro nello zaino e si incamminò verso casa. «A domani, puntuale. Devo consegnare il compito di scienze e non posso aspettarti.»

Hammudi rimase imbambolato a lungo, a guardare la porta di Fatima dopo che la bambina era scomparsa al suo interno. Poi tornò a casa.

Il nonno stava lavorando nella sua officina, le dita nodose strette intorno a un martello. Per ogni chiodo che batteva nel legno faceva un tiro di sigaretta.

«Sto costruendo una sedia per Sham» disse, senza smettere di martellare.

Sham era nata tre anni dopo Hammudi e, senza dubbio, era la nipote preferita del nonno. Ad Hammudi stava bene: con i suoi occhi luminosi e il largo sorriso, anche lui la adorava.

«Posso aiutarti?»

Il nonno indicò una sega con un cenno del mento e sbuffò una nuvoletta di fumo per sottolineare l'istruzione: «Taglia quattro gambe».

Il bambino si rimboccò le maniche.

«Allora...» Il nonno reggeva la sigaretta tra le labbra e parlava a mezza bocca. «Come sta Fatima?»

Hammudi sentì il cuore perdere un colpo. «Fatima chi?»

Il nonno smise di martellare e il silenzio invase l'officina.

«Sta bene.» Hammudi iniziò a tagliare il legno. «Oggi ho visto i suoi capelli.»

Il nonno prese un chiodo e lo infilò nel sedile in due colpi, poi ripose il martello e fumò. Hammudi lo guardava di sottecchi, osservando le sue spalle larghe rilassarsi dopo ogni boccata. Era vecchio, ma dopo la morte di *baba* aveva dovuto riprendere in mano le redini della famiglia.

«Stai attento» gli disse.

«Sì, nonno.»

«Dico davvero. Sei nato straniero in terra straniera.»

Hammudi iniziò a tagliare con rinnovato vigore.

Il nonno si voltò a guardarlo. «Un giorno dovrai andartene da qui.»

Lui continuò a lavorare. «Per tornare in Palestina?»

«Se Dio vuole. Ma prima di allora...»

«Quando Bashar sarà morto, la guerra finirà.»

«La guerra è iniziata molto prima che tu nascessi, e continuerà anche dopo la morte del dittatore.»

Hammudi alzò lo sguardo. Avrebbe voluto tapparsi le orecchie, invece si limitò a segare con forza maggiore. L'officina odorava di solventi e promesse non mantenute.

Il nonno prese un pannello di legno e, a mano libera, vi disegnò sopra lo schienale della sedia.

«L'esercito siriano viene dai coloni francesi, e i francesi l'hanno creato per dividere la gente. Hanno invitato le minoranze religiose ad arruolarsi, perché la maggioranza sunnita si opponeva a loro. Questa guerra è iniziata quando i francesi e gli inglesi hanno deciso di dividere il Medio Oriente per dominarlo.»

Hammudi finì di tagliare le gambe della sedia di Sham e si asciugò il sudore dalla fronte. Faceva caldo e in casa mancava la corrente.

«Gli Assad nascono da questa strategia» continuò il nonno, «e hanno sempre diffidato di noi sunniti. Fin dai tempi del padre del dittatore, creare legami sociali al di fuori dei circoli permessi dal regime era impossibile. Controllavano ogni luogo in cui si potesse cospirare, chiunque era un potenziale informatore.»

«L'Esercito Libero Siriano rovescerà il regime» protestò Hammudi, convinto.

Il nonno scosse il capo con un'espressione rassegnata negli occhi.

«Quando eri un bebè ci fu la siccità, e i contadini emigrarono nelle città. Le baraccopoli intorno a Damasco crebbero senza sosta, il lavoro scarseggiava e la gente iniziò a lamentarsi. Allora il governo strinse il pugno intorno a noi, arrestando dissidenti e attivisti per metterci a tacere. Anche chi supportava il regime ne era terrorizzato.»

Il nonno tese la mano e Hammudi gli passò la sega. Il bambino si tolse la divisa scolastica e si sedette a terra a gambe incrociate.

«Il dittatore ha incarcerato molti amici di tuo padre» disse, iniziando a tagliare lo schienale. «Ma la gente è scesa in strada lo stesso.»

Hammudi abbassò lo sguardo. «Erano proteste pacifiche.»

«I manifestanti armati c'erano, Hammudi, ma si nascondevano tra la folla. Alcuni dicono che sono stati proprio loro a sparare il primo colpo del Massacro di Ramadan.»

Di nuovo, Hammudi avrebbe voluto tapparsi le orecchie. «Perché?»

«Per via del sangue. È il sangue a muovere le persone. Il sangue è la forza motrice di ogni rivoluzione, e i ribelli lo sapevano. Solo il sangue avrebbe convinto il Paese a imbracciare le armi.»

«Questo regime sanguinoso avrà una fine sanguinosa.»

«Cosa?»

«Nulla. È solo un graffito che ho letto per strada.»

Fissarono le gambe e lo schienale della piccola sedia. Il nonno, che era analfabeta, porse un pennello ad Hammudi chiedendogli di scrivere il nome di Sham in arabo. Dopo cena, la bambina rimase estasiata del regalo, e Hammudi si addormentò felice dopo la preghiera della sera.

La mattina seguente si svegliò prima dell'alba per la preghiera mattutina. L'intera famiglia si riunì in salotto per un momento di comunione: nonno, nonna, *mama* e Sham.

Hammudi inspirò il lieve profumo dei gelsomini e della polvere da sparo, e per poco non si assopì prostrandosi. *Mama* lo vide e, senza dire una parola, gli preparò una tazza di tè.

«Resta sveglio» gli disse. «Hai scuola.»

Hammudi però tornò a stendersi, dopo la preghiera. Si svegliò di soprassalto quando la calura diurna calò su Damasco.

«Fatima?» chiamò, mettendosi a sedere.

Mama gli lanciò un'occhiata severa, ma lui la ignorò e si lavò in fretta e furia.

«La colazione» disse la madre, vedendolo fiondarsi fuori di casa. Ma lui ormai era già in strada.

Prese la scorciatoia, correndo come un forsennato. Nonostante l'afa, aveva il gelo nelle dita dei piedi e delle mani, il cuore in gola e dei macigni sul petto. Perché aveva la nausea? Aveva dato buca a Fatima altre cento volte. E allora perché sentiva di aver perso un treno, quella mattina?

Arrivò a scuola e trovò l'edificio esattamente come l'aveva lasciato il giorno prima. Pareva tutto tranquillo. E poi vide Fatima, oltre il cancello. Sperò di incrociare i suoi occhi e salutarla prima di entrare in classe ma, quando la bambina si voltò, vide che non era lei. Portavano solo lo stesso *hijab*.

Hammudi mosse un passo e una bomba colpì la scuola. La bambina scomparve in uno sbuffo di polvere. Scese un silenzio di ferro. I sopravvissuti uscirono a testa bassa, camminando quasi al rallentatore. Alcuni urlavano, ma i più stavano zitti.

Ventitré persone morirono quel giorno. L'Esercito Siriano Libero accusò Assad dell'attacco, e Assad negò ogni accusa.

Ventitré persone morirono quel giorno, e i soccorritori trovarono il corpo di Fatima sepolto sotto le macerie del tetto della sua classe. Hammudi sentì il buio fiorire nel fitto del suo cuore.

Ventitré persone morirono quel giorno, e Hammudi conosceva ognuna di loro.

La gente iniziò a dubitare dei ribelli. L'attentato, si diceva, era colpa loro. Alcuni dicevano che si era trattato di un errore, altri che era stata una manovra per rafforzare l'odio contro il regime. Altri ancora dissero che era colpa degli americani. E allora, all'orizzonte, apparvero degli uomini barbuti dai vestiti tradizionali.

Il regime intensificò i bombardamenti. Il suono degli aerei faceva ancora più paura delle esplosioni: sentendoli, non potevi fare a meno di chiederti quando sarebbero cadute le bombe. Attendere un attacco, a volte, è peggio dell'attacco vero e proprio.

Nel giro di pochi mesi, il tempo trascorso nei rifugi sotterranei aumentò al punto che il campo in superficie divenne una città fantasma. Nacquero centri di educazione informale negli scantinati, ma ormai il sogno di ogni bambino era trovare lavoro per contribuire alla sopravvivenza della famiglia.

Allora, gli uomini barbuti iniziarono a parlare. Davanti alle macerie, le loro parole risuonavano dolci e invitanti. «Questa è una punizione divina per i nostri peccati» dicevano nei rifugi. «Ritorniamo alla purezza della fede e troveremo pace, lavoro e speranza per i nostri figli.» Ogni notte rincaravano la dose: «Arrendiamoci alla parola di Dio e lui ci terrà al sicuro».

Hammudi li ascoltava confuso, ma il nonno e *ammo*, il fratello del padre, li stavano a sentire con attenzione. «Unitevi a noi» dicevano, «e ci prenderemo cura delle vostre famiglie. Unitevi a noi e riporteremo il Levante alla sua originaria grandezza.»

Un giorno, i barbuti irruppero nel campo armati di granate e mitragliatori. L'Esercito Libero Siriano tentò un contrattacco, ma non avevano chance: le truppe erano sfinite dai bombardamenti del dittatore, e soprattutto, dopo anni di assedio, avevano perso il supporto della gente.

Gli uomini barbuti issarono la loro bandiera nera. "Stato Islamico" recitava.

Suonava bene. Suonava sacro.

Non lo era.

Lo Stato Islamico dell'Iraq e del Levante ripristinò l'elettricità e l'acqua corrente nel giro di pochi giorni. Chiunque aveva sentito le storie di decapitazioni, crocifissioni ed esecuzioni di massa, eppure nel campo di Damasco gli uomini barbuti si occupavano di pagare salari, controllare il traffico, riaprire le banche, le scuole e persino le panetterie. In poche settimane, ripulirono il quartiere da un sistema di smaltimento dei rifiuti quasi inesistente, costruirono tribunali e moschee.

I giornali si concentravano sulla loro austera visione dell'Islam, ma Hammudi vide che il loro potere stava piuttosto nell'abilità di governo in tempo di crisi. ISIL aveva riportato stabilità in un quartiere che da troppo viveva in preda al caos.

Il nonno osservava il cambiamento con interesse, ma da lontano; lo zio, invece, ne parlava con entusiasmo. Faceva il tassista, ma Hammudi sospettava che, se il lavoro si fosse messo male, non avrebbe esitato a unirsi agli uomini barbuti.

Lo Stato Islamico iniziò a dare sovvenzioni e distribuire cibo e medicine ai poveri. Poi ripristinò la polizia per reprimere la criminalità dilagante. Funzionò: dai furti agli omicidi, dallo spaccio allo stupro, incarcerarono i responsabili, e un senso di relativa sicurezza avvolse le strade. Anche le bombe del dittatore parvero diminuire.

«Funziona tutto meglio, sotto lo Stato Islamico» diceva *ammo* a cena. «Erano anni che non vedevo la città così pulita.»

A poco a poco, ISIL cominciò a regolare la moralità e le pratiche religiose, modificando i programmi scolastici e usando propagandisti per educare la gente alla loro interpretazione del Corano. Da principio si trattava di un invito e di semplici consigli, ma gradualmente si trasformò in coercizione, con l'introduzione di punizioni corporali per chiunque consumasse o vendesse alcol e sigarette. Infine, vennero le tasse.

Di fronte alle frustate pubbliche e alle tangenti in cambio di protezione, la posizione della gente del campo nei confronti dei barbuti cambiò. Dal loro insediamento erano passati poco più di sei mesi.

«Il loro governo è comunque migliore di quello di Assad» diceva *ammo*, «almeno c'è lavoro.»

Il nonno scuoteva il capo. «Ci è parso migliore solo perché siamo abituati a vivere come bestie. E così ci siamo accontentati di questi barbari al potere.»

«Abbassa la voce» sussurrò *ammo* una sera a cena, con il terrore negli occhi.

«In casa mia dico quello che mi pare» ribatté il nonno. «Sono arrivati nella nostra città dicendo che ci avrebbero fatto vivere come il Profeta, che avremmo servito Dio alla perfezione...»

«Taci!»

Il nonno sputò dalla finestra. «Pregano Allah, ma non c'è un grammo di Islam dentro di loro.»

Sì, gli uomini barbuti controllavano le strade, riscuotevano le tasse e pianificavano di stampare persino la propria valuta. E certo, il loro modello totalitario aveva portato un senso di ordine durante la guerra civile. Ma la *husba*, la polizia della morale, costringeva donne e bambine a indossare l'*hijab* e a uscire di casa solo se accompagnate da un famigliare di sesso maschile, e aveva bandito gli *shisha* bar e ogni tipo di musica. Proprio come si sentiva al telegiornale, avevano iniziato ad amputare le mani ai ladri, lapidare le adultere ed esibire le teste mozzate in piazza.

Nel giro di un anno, Hammudi si era abituato a vedere la gente giustiziata per strada, eppure a ogni angolo sentiva crescere l'oscurità dentro di sé. Quando il dittatore riprese a bombardare il campo, una parte di lui si convinse di non avere futuro. Iniziò a prendere lezioni di autodifesa e a girare con un coltello a serramanico in tasca.

La gente aveva accolto ISIL non perché attratta dalla violenza degli uomini barbuti, ma perché l'assedio era diventato insopportabile. Sapevano di essersi consegnati nelle mani di un gruppo di terroristi, ma la paura del sangue non poteva battere quella della fame, degli stenti, e tantomeno quella che si provava con gli allarmi antiaerei: la paura di avere paura. E così, almeno all'inizio, avevano preferito un terrore certo alla costante incertezza della guerra civile.

Dopo i bombardamenti, per sconfiggere lo Stato Islamico, Assad iniziò a scagliare attacchi chimici. Hammudi riemergeva dai rifugi sotterranei per trovare centinaia di morti asfissiati dal gas di cloro, uomini, donne e bambini già avvolti in lenzuoli dai paramedici. I loro corpi punteggiavano i marciapiedi a perdita d'occhio.

Un giorno si recò al mercato per acquistare cipolle e patate e portò sua sorella Sham con sé. Da quando l'educazione femminile era stata proibita, la bambina si annoiava a morte a stare sempre in casa.

Al ritorno, Hammudi le mostrò la scorciatoia che era solito prendere con Fatima. Tra le macerie, trovarono un barbuto accucciato accanto a dei pacchetti di plastica. L'uomo sniffò l'aria, si massaggiò le narici e poi si volse verso di loro. Vedendoli, raccolse i pacchetti e se li ficcò nelle tasche dei pantaloni, sotto la tunica nera.

«Cosa fate qui?» Si muoveva a scatti, come i robot dei cartoni animati.

Hammudi indietreggiò di un passo.

«La bambina ha l'*hijab* fuori posto» disse l'uomo avvicinandosi.

Hammudi guardò Sham. Il suo velo era perfetto.

«È un reato punibile.» L'uomo continuava ad avanzare. «Dammela qua, così le insegno a essere una brava musulmana!» esclamò, afferrandosi i pantaloni all'altezza del cavallo.

Il ragazzino attese che il barbuto si avvicinasse, poi estrasse il coltello a serramanico e lo tagliò dall'ombelico al mento. Quando questi cadde a terra tenendosi il ventre con le mani, Hammudi prese Sham in braccio e corse a perdifiato.

«Dovete lasciare il Paese» disse il nonno, dopo aver ascoltato il racconto. Aveva chiuso le finestre, tirato le tende e alzato il volume del televisore al massimo.

Anche dopo aver vomitato, Hammudi sentiva ancora l'odore del sangue nel naso.

«Ci uccideranno se ci scoprono fuggire» replicò *mama*. «O lo Stato Islamico o Assad.»

«Vi uccideranno, se restate. Conosco un trafficante. Vi aiuterà a passare i posti di blocco.»

«Sham è troppo piccola per il viaggio.»

Il nonno annuì con aria grave. «Io e la nonna terremo qui Sham, e voi due partirete.»

Non poteva dire davvero. Dovevano partire tutti, l'intera famiglia, non solo lui e *mama*. Come poteva tradirlo così?

Hammudi sentì le lacrime offuscargli la vista. «Posso andare in camera?» chiese, ma il nonno guardava fisso davanti a sé, perso nei suoi pensieri. La nonna annuì al suo posto.

Il ragazzino si svegliò nel mezzo della notte, gli occhi ancora gonfi di pianto, sentendo un peso inclinare il materasso. Alzando le palpebre, trovò il nonno seduto accanto a lui.

«Mostra sempre la tua paura, Hammudi. Fanne la tua corazza, e nessuno potrà usarla contro di te.»

Lasciarono Damasco tre giorni dopo, Hammudi con uno zaino in spalla e *mama* con una borsa sottobraccio. Chissà quanto aveva speso il nonno per permettere loro di scappare. Con ogni probabilità, i risparmi di una vita.

Il trafficante li prelevò dall'angolo più buio di una strada bombardata. Nel suo furgone, già una quindicina di persone respiravano a fatica, stipate le une sulle altre. Fori di proiettile punteggiavano la carrozzeria.

L'autista pagò cinque posti di blocco per evadere da Damasco: i primi due allo Stato Islamico, gli ultimi due al regime e quello intermedio all'Esercito Siriano Libero. Prima di ognuno, ad Hammudi pareva di sentire l'odore del sangue, come una premonizione nel caso in cui la guardia avesse rifiutato la tangente e si fosse messa a sparare.

All'alba del primo giorno di viaggio, si fermarono presso una fattoria appena fuori da Homs. Il trafficante servì loro uova sode senza sale e li fece dormire in una stalla.

Nel fitto della seconda notte, l'autista li lasciò a dieci chilometri dal confine e puntò il dito nell'oscurità davanti a sé. Il gruppo avanzò alla cieca per ore, spesso chiedendosi se stessero camminando in cerchio, ma senza proferire parola.

Fu allora che i turchi spararono. Si trattò di una breve raffica, era il loro avvertimento. Dopo una pausa, i siriani ripresero a marciare in silenzio. Nessun altro interruppe l'infinita quiete della notte, e solo quando superarono il confine un uomo, che era stato colpito dalla scarica turca, osò morire.

Hammudi e *mama* impiegarono mesi a raggiungere Ankara, fermandosi a dormire in alloggi di fortuna e campi temporanei, e basando i propri spostamenti solo sui frammenti di internet catturati qua e là dal cellulare acquistato per intraprendere il viaggio. Pagarono trafficanti e viaggiarono nei rimorchi sovraffollati di camion roventi, mangiando una pasta di peperoncino in polvere e acqua per mantenersi in forze. Diedero fondo alle loro risorse prima ancora di entrare in città, e così *mama* dovette cercare lavoro per pagare l'affitto. Trovarono un monolocale nei bassifondi, condiviso con un'altra ragazza madre e i suoi due figli. Il materasso su cui dormivano puzzava di coriandolo e muffa.

Mama aveva fatto la casalinga per una vita, ma ora puliva i pavimenti di un fast-food, mentre Hammudi trovò lavoro presso una fabbrica di jeans. Per sei giorni ogni settimana trasportava pacchi di stoffa da un angolo all'altro dello scantinato, insieme a decine di altri bambini. Dopo qualche mese ti insegnavano a usare la macchina da cucire e ti aumentavano lo stipendio, che restava comunque da fame.

I cucitori ricoprivano una posizione invidiabile nel magazzino: erano tra gli ultimi ad avere sottoposti a cui dare ordini. Hammudi fece di tutto per entrare nelle loro grazie, non tanto per il potere che avevano sul posto di lavoro, ma per quello che avevano fuori: dopo il turno, i cucitori bazzicavano in un palazzo in costruzione, giocando a carte, fumando e aspettando panetti di hashish da spacciare. Il più grande aveva quindici anni. Lavoravano per il Siriano.

«E chi è?» aveva chiesto, durante una pausa sigaretta. Non fumava, ma aveva iniziato per ingraziarseli.

«È uno di noi» disse Abu Habib, «ed è il re del quartiere. Non i turchi: lui.»

«Il Siriano era un rifugiato, ma ora comanda.» Abu Saleh parlava con una nuvola di fumo in gola. «Se stai con lui, vinci.»

Abu Hassan tirò fuori il cellulare e fece partire un video di YouTube in cui il Siriano pestava a sangue un altro gangster in mezzo alla strada.

«È un eroe.» Abu Habib aveva gli occhi di una scolaretta innamorata.

Si facevano chiamare "Abu" – "padre di" – ma nessuno di loro aveva figli, e parlavano sempre di prostitute, sebbene l'unica che conoscessero davvero fosse la sorella di Abu Saleh. Erano bambini con la smania di accoltellare o essere accoltellati per provare a loro stessi di essere uomini veri. In questo modo, speravano, Ankara li avrebbe risparmiati.

Hammudi si rendeva conto della loro stupidità. Era nato in una famiglia di ceto medio e, prima della guerra, era cresciuto con i videogiochi e le lezioni di karate, però puntava a guadagnare abbastanza da permettere a *mama* di stare a casa al sicuro dalle vessazioni del datore di lavoro e dagli sguardi indiscreti dei clienti. Per questo accettò l'incarico, quando arrivò l'eroina dall'Afghanistan. Spacciare eroina era un rito di passaggio, ti faceva entrare nella banda a tutti gli effetti.

«Ci serve un palo all'angolo della strada, domani.» Abu

Saleh gli porse un coltello a serramanico. «Mi dicono che te la cavi con questo.»

Hammudi rincasò con il coltello nella tasca posteriore dei jeans, un tizzone ardente contro la pelle nuda. *Mama* sedeva a terra, le spalle al muro e una coltre di fumo intorno a lei. Le si mise davanti, appoggiandosi alla parete opposta.

Senza voltarsi, lei gli offrì una sigaretta dal pacchetto. Hammudi scosse il capo.

Mama abbassò il braccio. «So che fumi.»

«Non è vero.»

«Te lo sento addosso ogni notte.»

Anche lei non fumava, ma quella era la vita di prima.

Hammudi tacque.

«Perché così tardi stasera?»

«Il lavoro...»

«E ieri?»

Hammudi sentì un'ondata di risentimento. «E tu?»

Mama giocherellava con il suo Occhio di Fatima, l'amuleto che portava al collo. Dopo qualche secondo, si alzò e uscì di casa. Restò fuori l'intera notte, di nuovo.

Hammudi nascose il coltello sotto il materasso e gli parve di dormire in montagna, la vetta conficcata nel dorso. L'idea di lavorare per un mafioso lo spaventava, ma non aveva scelta. Perché la povertà è orrenda, ma c'è qualcosa di peggiore: la paura. Non la paura di fallire o perdere qualcosa, ma il terrore che nasce quando sai che nulla si frappone tra te e tutto ciò che c'è di cattivo nel mondo. Quando sai di essere totalmente in pericolo.

Il giorno dopo, tornato a casa dopo il lavoro, Hammudi recuperò il coltello da sotto il materasso e si preparò a incontrare i cucitori. *Mama* era rincasata. Stava preparando la cena e lo chiamò mentre usciva.

Si fermò sulla soglia, il cuore a mille.

«Ho chiamato il nonno» disse, tenendo gli occhi fissi sul fondo della pentola. «*Ammo* sta arrivando. Ti porterà in Europa. Lì avrai una bella casa e cibo a sufficienza. E andrai a scuola.» Stava piangendo. «Qui non posso proteggerti, non posso farti felice, e saperlo mi sta distruggendo.»

Hammudi sentì le lacrime rigargli il volto, e se le asciugò con un gesto quasi violento. «Chi è lui?»

«Sarai libero.»

"Vogliamo… Libertà!"

Hammudi sentì l'oscurità che aveva nel cuore germogliare, e per un istante, solo un istante, ebbe l'impulso di estrarre il coltello e spargere sangue – il suo. Singhiozzava e non riusciva a fermarsi. Iniziò a picchiare i pugni contro lo stipite della porta.

«Smettila!» urlò *mama*. «Cosa stai facendo?»

«Niente» disse, il sangue sulle nocche. «Niente, niente, niente.»

Lo zio arrivò una settimana più tardi. *Mama* pianse e baciò Hammudi sulla fronte. Gli porse l'Occhio di Fatima e lui se lo infilò in tasca, accanto al coltello. Lasciarono Ankara la stessa sera.

«Tua madre si risposa con un turco» disse lo zio. Poi la insultò. «*Sharmuta*.»

Hammudi avrebbe voluto spaccargli la testa. Che ne sapeva lui? *Mama* non lo stava abbandonando, gli stava offrendo una vita migliore. *Mama* lo stava facendo per lui. Lo avrebbe raggiunto in riva al mare e: «Aspetta» avrebbe detto, «ci ho ripensato. Torniamo in Siria».

Hammudi ricacciò le lacrime e si disse che si sarebbe liberato dell'Occhio di Fatima alla prima occasione: prima in pullman – ma la strada non gli pareva un gesto abbastanza definitivo. Poi in carcere, quando la guardia costiera li catturò al primo tentativo di traversata – ma la cella ospitava troppe persone e Hammudi cercava intimità. Infine in mare. In mare, sì, l'avrebbe dimenticata. In mare. In mare.

La sola vista del gommone baciato dalla luna, però, lo riempì di orrore, e la paura fu una buona scusa per tenere l'Occhio di Fatima con sé.

Hammudi partì con un coltello e il lascito di una vita perduta, i suoi unici averi. Raggiunse l'Europa con il potenziale di amare e distruggere in egual misura.

9
Lo zen e l'arte della pizza fatta in classe

> Evitare i conflitti è compito della politica, costruire la pace è compito dell'educazione.
>
> MARIA MONTESSORI

Novembre 2017

Decidiamo di cucinare la pizza in classe per celebrare la nascita dei Dreamers.

Nell'hotspot si mangiano pane, riso e patate ogni giorno, più il pollo servito una volta a settimana. Alcuni dei nostri bambini non hanno mai assaggiato la pizza e, data la loro situazione, chissà se e quando potranno farlo.

Io scovo una ricetta italiana come si deve e Sarah va al supermercato a comprare gli ingredienti. Mi studio le dosi e il procedimento, facendo dei tentativi a casa e usando i volontari come cavie. La questione con i volontari è che, essendo tutti al verde, nessuno fa storie quando servo i miei manicaretti. Nessuno però fa il bis, diciamo.

Ho già fatto la pizza, in passato, per i miei ragazzi in India. Certo, senza forno e con le sottilette al posto della mozzarella, il risultato lasciava parecchio a desiderare, ma era la prima pizza della loro vita e aveva disegnato un gran sorriso sui loro volti. Stavolta ho sia la mozzarella sia il forno: devo farcela.

All'ennesimo tentativo finito in una poltiglia marroncina, Sarah si fa avanti con la sua solita cortesia e si offre di provare. Salta fuori che è una cuoca provetta, la sua pizza si abbrustolisce bene sulla crosta e lievita al centro. Per l'ennesima volta, ho la conferma di aver trovato la partner perfetta: ci completiamo a vicenda, io e lei. Sarah è la mia persona.

Il primo venerdì di novembre, sospendiamo le lezioni.

«Oggi facciamo la pizza.»

La classe scoppia in urla festanti e applausi, tutti ascoltano la spiegazione della ricetta in religioso silenzio. Alcuni bambini non riescono nemmeno a stare seduti e stanno letteralmente in punta di piedi. Hammudi, chiaro, è uno di loro. Mays invece prende appunti. Vacilla ancora quando si tratta di scrivere, ma ci prova con tutta se stessa.

Mentre Sarah dà istruzioni ai bambini, io li osservo. Tutti loro, se le cose fossero andate diversamente, a quest'ora potrebbero trovarsi sul fondo del mare. Invece sono qui, sprizzanti di vita, pronti a riconquistare un futuro quasi perduto. E sono importanti, proprio come ogni altro bambino: non in quanto adulti di domani, ma in quanto persone di oggi.

Dividiamo la classe in tre gruppi, ognuno con una mansione: chi mescola acqua, sale, farina e lievito, chi taglia le verdure e chi prepara il condimento. Io supervisiono gli sminuzzatori di pomodori. Abbiamo deciso di permettere loro di usare i coltelli, sperando di evitare spargimenti di sangue. Solo che me li sono scordati, i coltelli.

Il mio errore rischia di mettere a repentaglio la felicità di stamattina. I Dreamers mi lanciano occhiate cariche di aspettativa, e io mi sento uno schifo. Sono pronto a correre a casa per rimediare, quando Hammudi mi si avvicina, si infila una mano in tasca e pesca un coltello a serramanico.

«Grande!» dico, tendendogli la mano.

Hammudi mi osserva e nei suoi occhi c'è qualcosa di strano. Mi guarda, ma non mi vede. Gli studenti ci osservano con un misto di timore, allerta e speranza negli occhi. Mi si gela il sangue.

Poi il bambino scuote il capo e torna in sé. Mi porge il coltello dalla parte del manico. "Mi fido" sembra voler dire.

Prendo il coltello, lo pulisco e affondo la lama nella mozzarella. Vedo il sollievo negli occhi degli altri bambini. Hammudi prende un cubetto bianco e se lo mette in bocca.

«Quando sono grande» dice, «voglio diventare come te.»

Il mio cuore si gonfia come una mongolfiera. Non troppo tempo fa, mi è stato insegnato che la vita è un dono che noi facciamo agli altri. Se credi nel buono che è in lui, qualsiasi bambino torna a fiorire.

Mettiamo la pizza in forno, e il Centro Alpha si riempie del suo profumo. Tutti si guardano intorno annusando l'aria con curiosità.

Quando portiamo la pizza fumante in classe, i bambini sgranano gli occhi. Distribuiamo una fetta a ciascuno, inclusi gli insegnanti, e i Dreamers mangiano contenti. Sono seduti a un tavolaccio di plastica, nella stanzetta mal illuminata di un centro che li caccerà appena ne avrà l'occasione. Eppure guardali: sono il ritratto della felicità.

Penso a tutti i bei ristorantini sul lungomare il cui accesso è loro vietato, e mi viene un'idea. Anzi, è più di un'idea: è una sfida.

«Portiamoli fuori a mangiare» dico a mezza voce.

Sarah mi guarda come se fossi impazzito. «Samos Volunteers non ce lo permetterà mai.»

«Non preoccuparti di quello.» Durante le distribuzioni ai nuovi arrivati il rapporto tra me e Giulia è molto migliorato. Aspettiamo il via della polizia chiacchierando e imparando a conoscerci.

«E dove li troviamo, i soldi? I ristoratori non ci offrono mica la cena.»

«E noi mica la accetteremmo. Li portiamo al ristorante come clienti paganti, mica a chiedere l'elemosina.»

«Ok, ma come?»

«Ho un'idea.» Pesco il cellulare dalla tasca. «Ho perso quasi ventimila lettori negli ultimi tre mesi a causa dei miei scritti sull'hotspot, ma ho ancora una solida base di supporto online.»

Si tratta dei lettori di *Bianco come Dio*, un libro che ho autopubblicato su internet per raccogliere fondi e mandare a scuola i miei fratelli in India e che ha permesso, contro ogni mia più rosea aspettativa, di avvicinare tantissime persone alla nostra storia.

Oggi, ancora una volta, mi affido a loro. Scrivo un appello sui social chiedendo una serata di spensieratezza oltre il filo spinato. Spiego l'importanza di offrire ai Dreamers un'ora lontani dai traumi, dalla solitudine e dalla rabbia dell'hotspot. Parlo di infanzia rubata e libertà. Poi spengo il telefono e lo ignoro l'intera giornata. Ho quasi paura all'idea di controllare il risultato della raccolta fondi.

Per distrarmi, trascorro la serata a chiacchierare con Brodie e Melissa nella casa comune dei volontari. Sediamo al traballante tavolo di cucina ascoltando i tuoni che rompono la pace della notte.

«Sono troppo concentrati sulle statistiche generali» dice Brodie alla terza birra, «per vedere ciò che hanno di fronte.»

«Chi?» chiedo.

Melissa fa schioccare la lingua. «L'Organizzazione.»

«Vedi il loro logo sui teloni, sulle coperte, sulle lampade solari...» Brodie beve un sorso. «Dovunque ci sia un rifugiato, il loro logo è sullo sfondo. Insomma, è una campagna pubblicitaria.»

«Ma se non distribuissero teloni e coperte» dico, «la gente morirebbe di freddo.»

«Vero.» Melissa appoggia il braccio sul bracciolo della mia sedia. «Ma dall'associazione più potente al mondo ti aspetteresti più di una coperta sintetica, no?»

Posso sentire il suo profumo, sa di birra e sapone da bucato. Mi sporgo a mia volta verso di lei. Vorrei dire qualcosa di sagace, ma non mi viene nulla.

«E noi?» dico allora. «Noi stiamo facendo abbastanza?»

Brodie prende un sorso dal suo bicchiere di plastica. Nessuno se la sente di aggiungere altro.

Un'ora dopo, siedo con Melissa sul muretto davanti alla casa dei volontari, le mie labbra sulle sue. La tengo stretta, le cingo le spalle e lei mi intreccia le dita nei capelli.

Non cerchiamo amore o affetto, ma risposte. Nel grigiore di questa crisi, cerco qualcuno che mi dica come aiutare senza affogare. La sua bocca, però, di risposte è priva. Allora la bacio con nuovo vigore e le nostre ginocchia si strofinano. Stavolta, credo, è distrazione che cerchiamo. "Tregua" invochiamo. Ma, poiché le nostre domande coincidono, si amplificano a vicenda e così, pure nell'intimità del nostro bacio, l'hotspot si allarga a macchia d'olio. È ovunque. Parte di esso, temo, vive dentro di noi.

Quando rompiamo l'abbraccio, nessuno dice una parola. Parlare sarebbe superfluo. Fa freddo, ormai, e l'aria sa di sigaretta. Alzando il capo, incontro gli occhi di un vecchio sul balcone della casa di fronte. Sta fumando, il suo profilo è sbozzato dalla luce di una lampadina.

«Buonanotte» dico, ma Melissa non risponde.

«*Kalinichta*» dice l'uomo sul balcone.

Prima di infilarmi a letto, controllo il telefono e per poco non mi metto a saltare nella camera comune: in poche ore abbiamo raggiunto il budget per portare i Dreamers al ristorante. Non so se sto facendo abbastanza, ma in questo momento, nonostante l'amarezza e i timori che riempiono le mie giornate, mi sembra di aver vinto la finale della Coppa del Mondo.

Anche Giulia ha approvato l'idea. Il giorno dopo, quando comunichiamo la buona notizia ai bambini, alcuni ci saltano addosso, altri battono un ritmo improvvisato sul tavolo di plastica e altri ancora si riversano correndo nel Centro Alpha, invadendo lo spazio che è loro proibito. Gli uomini gli urlano contro, ma i Dreamers sono inafferrabili.

Solo che, nel pomeriggio, inizia a diluviare. Abbiamo detto alla classe di farsi trovare ad Alpha alle sei, ma con questo tempaccio temiamo che nessuno si faccia vivo, soprattutto le bambine.

E infatti sono quasi le sei, e mancano tutti.

Sarah e io ci guardiamo. «Andiamo a prenderli» diciamo all'unisono. Ci avvolgiamo nelle giacche a vento e ci avviamo su per la collina, senza badare ai rivoli d'acqua che ci inzuppano i piedi.

Troviamo l'hotspot in preda al caos. Il vento ha spazzato via alcune tende e rovesciato un bagno biologico. I pochi possedimenti di una famiglia giacciono sparpagliati a terra, sommersi dalle acque di scarico. "Oggi più che mai" mi dico, "dobbiamo dare ai Dreamers qualche ora di sollievo da questo delirio."

Andiamo di container in container, di tenda in tenda a parlare con i genitori, assumendoci la responsabilità dei loro figli e impacchettandoli in impermeabili usa e getta. Mays ci rivolge un sorriso abbagliante, quando riusciamo a convincere i suoi a lasciarla venire. L'unico senza qualcuno da convincere è Hammudi, che sta giocando a carte sotto una tettoia con un gruppo di uomini sconosciuti.

Raduniamo la classe e ci prepariamo a ridiscendere, quando Ahmed mi ferma e mi prende in disparte: «Stai attento allo zio di Hammudi» dice, gli occhi verdi spalancati, il cranio rasato imperlato di pioggia.

«Che significa?»

Lui si stringe nelle spalle e si allontana, un gigante sotto la tempesta. L'ho conosciuto dopo la mia prima distribuzione ai nuovi arrivati, e abbiamo stretto amicizia quando ha iniziato a fare volontariato ad Alpha. Ahmed fugge dall'Iraq e attende il risultato della richiesta d'asilo da oltre sei mesi.

La sala comune del Centro odora di vestiti bagnati e rimbomba con il cicaleccio degli studenti. I Dreamers sono raggianti: ridono, si rincorrono e ci chiamano per nome. Pure Sarah è fradicia, ma sorride.

Mi giro verso Hammudi, e quando lo vedo balzare addosso a Soran, le braccia spalancate, il mio cuore sprofonda. Ma solo per un momento: Hammudi cinge il bambino curdo e lo copre di baci, mentre Soran resiste all'assalto ridacchiando. Stavolta non si tratta di un litigio, ma della nascita di qualcosa in cui avevo smesso di sperare: l'amicizia.

Li stringo in un abbraccio da orso. «Non avete idea di quanto sia orgoglioso di voi» dico, e a questo punto tutti gli altri studenti ci saltano addosso, facendomi quasi perdere l'equilibrio. Sarah si unisce a noi, cingendo quel fagotto umano che è la nostra classe.

Hammudi e Soran stanno cambiando il mondo. E io? Io sono il loro insegnante, e questo è uno dei momenti più belli della mia vita. In giorni così so che, se ami abbastanza, nulla è perduto.

Ci incamminiamo verso la pizzeria. Impedire ai Dreamers di saltellare e correre per strada si rivela un'impresa, ma arriviamo a destinazione interi.

Mi si riempie il cuore quando vedo le bambine, che vivono in tende da campeggio, vestite di tutto punto per il ristorante. E così realizzo ciò che cercavo nei baci di Melissa: l'unico modo per evitare di annegare è convincersi che non puoi risolvere una situazione così grande. Porre fine alla crisi dei rifugiati da soli è impossibile. Ma c'è una cosa che puoi fare: porre fine alla crisi almeno per le vite che tocchi. Per loro, per i pochi che hai la fortuna di aiutare, puoi essere un nuovo inizio.

Soran e Hammudi siedono vicini e parlano con la bocca piena. Non so come facciano a comunicare, ma sembrano presissimi dalla conversazione. Mays ride e scherza con una bambina afghana che si è da poco unita ai Dreamers. La pizza rivela che, alla fine, anche questi bambini, a dispetto delle loro cicatrici, sotto sotto sono ancora bambini, in cerca di un luogo sicuro in cui dimenticare il mondo e le sue minacce. Nessuno nasce odiando un'altra persona per via del colore della sua pelle, o del suo passato, o della sua religione.

«Hai fatto un buon lavoro» dice Sarah addentando un trancio.

Guardo la nostra classe, una tavolata di bambini che chiacchierano e si passano la pizza e si nascondono le posate – bambini normali. «L'abbiamo fatto insieme.»

Mi godo la serata. Mi godo la pizza. Mi godo le risate e la gratitudine degli studenti, e mi godo l'amicizia di Sarah.

«Prendi l'amore che ti abbiamo insegnato» mi avevano detto i miei fratelli indiani, «e diffondilo nel mondo.»

Mangiando la pizza con i Dreamers, credo di aver mantenuto la promessa, sia quella fatta in India, sia quella a me stesso.

La speranza non è un traguardo, ma il cammino stesso. La fine del sentiero è ancora lontana, ma so che siamo sulla giusta strada. La classe dei Dreamers era un campo di battaglia, ma sono riuscito a tenere vivo il sorriso e la compassione, e ora sento di poter affrontare qualsiasi sfida.

PARTE SECONDA

L’acchiappatore nella segale

I

In centomila piccoli pezzi

Non possiamo scegliere da dove arriviamo, ma possiamo scegliere dove andare da lì in poi.

STEPHEN CHBOSKY

Dicembre 2017

Arriva dicembre, e con lui la risposta sulla borsa di studio per gli Stati Uniti. Ricevo l'email in classe e l'occhio mi cade sullo schermo del cellulare. Mi hanno preso.

Mi assale un misto di emozioni, dall'orgoglio allo shock allo sconcerto, e perdo il filo della lezione. Per fortuna, Sarah viene in mio soccorso e riprende la spiegazione da dove io l'avevo lasciata.

Studiare negli USA è il mio sogno fin da bambino. Ma allora perché mi sento amareggiato?

Cerco di distrarmi camminando per la stanza e controllando i quaderni dei Dreamers.

Mi fermo davanti alla pagina bianca di Hammudi.

«Non scrivi?»

Hammudi guarda fisso la lavagna senza vedere alcunché. Gli tocco la spalla.

«Sì.» Scuote il capo, come per scacciare un brutto pensiero. «Adesso.»

Hammudi è uno dei bambini più brillanti della classe. Qualsiasi esercizio tu gli metta davanti, lui metabolizza il concetto e risolve il problema consegnando il lavoro finito per primo. Però l'ho visto spesso assente, negli ultimi giorni. Il suo corpo è in classe, ma la sua mente fluttua altrove. All'inizio pensavo che la causa della sua confusione fosse la presenza di Hesther, la nuova bambina afghana per cui si è preso un'evidente cotta, ma ultimamente anche lei pare faticare a catturare la sua attenzione.

Mi chino sul suo quaderno. «Basta moltiplicare il primo fattore e...»

Una goccia di sangue sfugge alla manica della sua felpa e macchia la pagina.

Hammudi si tende come una corda, chiude il quaderno ed esce dalla stanza, evitando il mio sguardo.

Lancio un'occhiata a Sarah. Lei annuisce, e io lo seguo. Fuori dalla stanza numero 4 attraverso il solito caos di uomini urlanti e volontari indaffarati, ma di Hammudi neanche l'ombra. Prendo cotone, disinfettante e cerotti dalla cassetta del primo soccorso ed esco a cercarlo.

Hammudi siede a capo chino sui gradini di una casetta diroccata poco lontana.

Mi siedo accanto a lui. Non so bene cosa dire, quindi ascolto i suoi singhiozzi in silenzio. L'aria invernale è pungente, e io ho dimenticato la giacca.

«Posso vedere?» dico dopo un po'.

Hammudi pare ignorarmi, poi distende il braccio e si rimbocca la manica.

Sussulto, non posso farci niente. Hammudi lo nota e nasconde il volto nell'incavo del gomito.

«Farà male» dico, e gli disinfetto la ferita. Una volta rimosso il sangue, noto che è superficiale, ma è fresca. Deve essersi tagliato appena prima di entrare in classe.

Si tratta di autolesionismo, senza ombra di dubbio. La ferita si allunga dritta, pulita, un graffio perfetto sulla pelle morbida del braccio. La bendo.

«Perché?» chiedo. È la domanda sbagliata, lo so, ma è più forte di me. La cosa peggiore è il disgusto che riecheggia nella mia voce. Mi pento subito di aver parlato.

Hammudi leva il capo e mi guarda, una luce sbigottita nello sguardo, poi ritrae il braccio con rabbia, si alza e torna ad Alpha. Nel suo passo incerto traspare il dolore di un'anima incapace di esprimersi.

"Ho fatto un casino" penso.

"Chi si taglia lo fa per attirare l'attenzione" dice la gente. L'ho sentito per tutta l'adolescenza, sia dagli adulti sia dai compagni di scuola. "Se ti tagli sei debole" dicevano.

Ma si sbagliavano. Gli studi di psicologia infantile rivelano che l'autolesionismo, nell'ottanta percento dei casi, è un meccanismo di difesa volto a reindirizzare il dolore mentale sul piano fisico. Ne sono consapevole, eppure, non avendolo mai sperimentato sulla mia pelle, fatico a comprendere il fenomeno, e la voce della gente si è radicata in me al punto da spingermi a provare repulsione davanti alla ferita di Hammudi. Ma questa non può essere una scusa.

Torno in classe e do il cambio a Sarah. A fine lezione, mentre riaccompagniamo i Dreamers al campo, cerco di avvicinarmi ad Hammudi, ma quando gli poso la mano sulla spalla lui si sottrae e mi respinge.

La mia mano tocca la sua, e il mio tocco è gelido proprio come quello di mio padre quando avevo quattro anni e mi nascondevo sotto il tavolo del salotto attendendo il suo ritorno. Rincasava di notte, stretto nel suo cappotto nero, la ventiquattrore in mano. Accendendo la luce della cucina, mi vedeva sotto il tavolo e veniva a scompigliarmi i capelli. Poi preparava due tazze di latte caldo e si sedeva vicino a me. Mi allungava una carezza intingendo i biscotti nel latte: le sue mani erano sempre fredde, e io sentivo di amarle e di soffrirle allo stesso tempo.

Hammudi fa uno scatto in avanti e si lascia la classe alle spalle. Lo guardo allontanarsi sulla collina. Non si volta. Metto le mani a coppa e soffio per scaldarmi le dita.

«C'è sempre una causa scatenante dietro all'autolesionismo infantile» dice Sarah, quando ci troviamo nella stanza numero 4 per fare il punto della situazione. «Si tratta di trasformare un dolore incomprensibile, incontrollabile o invisibile in un dolore che puoi capire, controllare e da cui puoi guarire, anche solo per poco.»

«Avrei dovuto stare più attento alle mie parole.»

«Sì.» Il mio cuore sprofonda un poco. «Ma ricorda che siamo i primi a insegnare a questa fascia di età nell'hotspot, e siamo umani, e ci è concesso sbagliare.»

«Sto facendo del mio meglio, Sarah, ma a volte non basta.»

«Di certo esistono insegnanti migliori di te» dice senza

battere ciglio, «ma non conosco nessuno a cui importi quanto importa a te.»

Le sue parole mi fanno stare meglio.

«Vorrei che tu potessi restare» le dico.

«Ci vediamo a New York, no?»

«Certo.»

Sarah se ne va nel fine settimana. Il suo visto turistico sta per scadere ed è costretta a tornare negli Stati Uniti. Stavolta, lo sa, dovrà mettere la testa a posto, trovarsi un lavoro, comprare casa e sistemarsi. Deve dimenticarsi di tutta questa storia del volontariato con i profughi e tornare alla cosiddetta vita reale.

E io pure. Mi rimangono poco meno di due mesi, prima che inizino le lezioni del master. E quella è la mia strada. Giusto?

Più tardi, a casa, mi preparo il pranzo e penso a mio padre, alle sue mani fredde, al cappotto nero e alla ventiquattrore. Mi verso un bicchiere di succo aspettando che il formaggio si sciolga nella piadina. Porto il bicchiere alla bocca e sorseggio. È succo da due soldi, più zucchero che altro.

"Nico" dice la voce di papà alle mie spalle, "forza, sta per iniziare!"

"Sto cucinando."

"Certo, come no. Hai otto anni."

"Otto anni?"

Mi volto e la casa dei volontari sparisce in una macchia indistinta.

"Hai ragione."

Avevo otto anni, stavo giocando con il GameBoy e mio padre mi aveva versato un po' di succo in un bicchiere da champagne.

«Ci siamo» mi disse. «Dieci...»

Spensi il GameBoy e accettai il succo. Era l'ultimo dell'anno e la cucina dei nonni odorava di carbonella e fuliggine. Vivevo con loro da quasi un anno, ma quella notte erano usciti a festeggiare. In casa eravamo rimasti solo noi tre.

«Nove...»

«Dov'è la mamma?»
«Otto…»
«Papà.»
«Sta dormendo.»
Mentiva. Avevo visto mia mamma piangere in camera da letto. Se ne stava sdraiata da ore, nella penombra, senza muovere un muscolo.
«Sei…»
Guardai il contenuto del mio bicchiere. Il succo ristagnava, di un arancione innaturale, quasi violento.
«La mamma è malata?»
«Ma figurati, non è niente.» Papà seguiva il conto alla rovescia con lo sguardo fisso sul televisore. «Andrà tutto bene» disse, ma poi smise di contare.
«Quattro» continuò il televisore.
«Papà.»
«Tre.»
"Papà, non ho più otto anni."
«Due.»
Mio padre si voltò a guardarmi, e allora mi vide. "Sai cos'è la depressione?"
«Uno.»
«Buon anno» esclamò, e il suo volto esplose in uno di quei contagiosi sorrisi che spazzavano via ogni preoccupazione. Brindammo.
Coriandoli e palloncini invasero lo schermo della TV, mentre lo scoppio dei fuochi d'artificio rompeva il silenzio fuori casa. Ridendo, bevvi in uno solo sorso. Ero felice di trascorrere del tempo con lui, ma faticavo a ricordare l'ultima conversazione che avevamo avuto. Anche quella sera, la ventiquattrore giaceva sventrata sul tavolo.
Mentre lo guardo, le memorie di un passato recente si sovrappongono a quelle del passato remoto, e mi chiedo come siamo finiti così. Che fine ha fatto l'uomo giocoso, bambinesco e goffo che beveva decisamente troppo succo quando avevo otto anni?
"Perché non ti sei fermato prima che fosse troppo tardi?" chiedo.

"L'ho fatto per voi."

Il suono dei fuochi d'artificio svanisce e mio padre inizia a sbiadire. Resto senza parole. Osservo solo il buio inondare il ricordo finché non rimane nulla.

"Cos'è questo odore di bruciato?" dice la sua voce.

"La casa sta andando a fuoco, papà."

"Ma va', ti stai solo bruciando il pranzo. Non hai più otto anni."

Mi volto e scopro che il formaggio è fuoriuscito dalla piadina abbrustolendosi in padella. Spengo il fuoco. Quando mi giro di nuovo, la casa dei volontari è tornata al suo posto. Non c'è nessuno qui con me, solo il passato.

Ho anche bei ricordi d'infanzia legati a mio padre – ricordi di noi in piscina, di lui che mi parla di giustizia e responsabilità, di storie della buonanotte – ma sono bolle in un mare di assenza. Sullo sfondo incombe sempre la ventiquattrore poggiata sul tavolo, sul comodino, pure a bordo piscina, la bocca spalancata. Se penso alla mia infanzia, fatico a separare mio padre dal suo lavoro. Quando trascorreva tempo con me, sapevo che si trattava di tempo rubato: anche se eravamo insieme, una parte di lui stava sempre lavorando.

Bevo il succo e mangio la piadina bruciata seduto sui gradini di casa, osservando i gatti randagi farsi i fatti loro. Tremo dal freddo, ho dimenticato di nuovo la giacca, ma mi è utile a riordinare i ricordi che, da quando ho visto il sangue di Hammudi, infestano la mia mente.

Un gatto rosso e bianco mi si avvicina con circospezione, e io gli lancio un pezzo di formaggio. Si ritrae dapprima, ma poi mangia vorace. Gliene tiro un altro e un altro ancora, sempre più vicino, finché posso accarezzargli la testa. Lui si ritrae, ma l'odore del cibo gli impedisce di fuggire.

Lo conosco. Gli ho pure dato un nome: Alibabà.

Alibabà mi ricorda Hammudi, per certi versi. Si avvicina cercando la tua compagnia di quando in quando, ma morde se provi a toccarlo. Non si tratta di un morso feroce, ma del riflesso incondizionato di chi ha ne ha viste troppe per accettare la gentilezza che pensa di non meritare.

Sto preparando la lezione quando Hesther, la bambina afghana, infila il capo nella stanza numero 4. «Dentro?» chiede.

«Forza.» Le faccio un cenno del capo. È la prima ad arrivare.

«Problema» dice, appoggiando il quaderno sul tavolo di plastica. È serissima.

«Che succede?»

«Hammudi.» Hesther si traccia delle linee immaginarie sul braccio.

Le indico uno sgabello e ci sediamo.

«Lo zio di Hammudi *problema*.» La bambina parla in un sussurro. «Sa che ci piacciamo.»

Prima che possa fare domande, il resto dei Dreamers entra capitanato da Sarah. Hammudi non è tra loro. Iniziamo la lezione, ma la mia mente è altrove.

Nella pausa tra la lezione di inglese e quella di geografia, esco a cercare Ahmed, il volontario iracheno che aiuta a pulire il Centro. Grazie alla padronanza dell'inglese è diventato una sorta di leader nel campo ed è sempre al corrente di ciò che accade al suo interno.

«Perché mi hai detto di fare attenzione allo zio di Hammudi?» gli chiedo.

Ahmed strabuzza gli occhi e si guarda intorno. «È un pazzo. È un *malàka*.»

«Che significa?»

«Si ubriaca tutti i giorni ed è sempre coinvolto nelle risse.»

Annuisco. Questo spiega i lividi e perché lo trovo sempre a dormire in tenda nel mezzo del pomeriggio.

«E ha picchiato il nipote, come si chiama...»

«Hammudi.»

«Hammudi, sì, l'ha pestato dopo che la madre di un'afghana gli ha detto di tenerlo a bada. Lo sappiamo tutti nel campo. Il ragazzo ha dormito all'aperto quella notte.»

«Bastardo.»

Torno in classe e spiego a Sarah la situazione.

«Pensa che cosa tremenda» dice lei, «avere la tua prima cotta ed essere picchiato per questo.»

«Cosa possiamo fare?»
«Se fosse un contesto normale, dovremmo chiamare i servizi sociali… ma nell'hotspot si deve passare attraverso la Manager.»
«Irraggiungibile.»
«Già» concorda. «Non ci starà mai a sentire.»
Cala il silenzio. La stanza numero 4 odora di candeggina. Dobbiamo riprendere la lezione tra poco.
«E se ci affidassimo all'Organizzazione?»
Sarah annuisce. «Ma certo. Facilitare il lavoro del governo è proprio uno dei loro incarichi… credo di avere l'indirizzo email dell'Ufficiale che si occupa di protezione dell'infanzia.»
Esito. «Certo che è una cosa grossa, inviare una segnalazione alle autorità.»
«In che senso?»
«Se ci immischiamo in questi affari, poi dobbiamo seguire il caso.» Faccio una pausa. «E stiamo per andarcene entrambi.»
«Hai ragione.» Poi, però, Sarah sorride. «Sai come si dice? Se non puoi salvare mille bambini, salvane uno.»
Sarah riesce sempre a cancellare la lavagna della mia mente lasciando solo ciò che importa.
Nel pomeriggio, scriviamo un report di abuso fisico e psicologico contro lo zio di Hammudi, basandoci sulle dichiarazioni delle nostre fonti e sugli episodi di autolesionismo del bambino.
«Aspetto a inviarlo» dico, davanti al documento. «Voglio esserne sicuro. Non voglio mandare una segnalazione esplosiva per poi partire e lavarmene le mani.»
«Non devi giustificarti. La scelta è tua.»
Mi volto a guardarla. «Non so chi prenderà il tuo posto in classe. Ho provato a cercare tra gli altri volontari, Sarah, ma nessuno sa nulla dei nostri ragazzi. A detta loro, sono pazzi, e nessuno vuole averci nulla a che fare.»
«Tu.»
La guardo senza capire.
«Tu prenderai il mio posto» dice. «Sarai entrambi. Hai già iniziato.»
«Parli di Hammudi?»

«Parlo di tutto. Hai iniziato a preparare le lezioni da solo, e pure a pazientare con chi fatica a ricordare l'alfabeto. Sbaglio o ti stai facendo addirittura piacere la matematica?»

Rido. «Questo mai.»

Ride anche lei, poi restiamo in silenzio.

«A volte mi sembra di giocare su una scacchiera gigantesca» dico dopo un momento, «quasi infinita. Potrei fare innumerevoli mosse, ma non so quale sia la migliore per vincere la partita. Mi sento così, con i Dreamers. Ci hanno scelti come guide, eppure sono adolescenti: si aggrappano alla loro infanzia mentre i loro corpi si preparano ad accogliere l'ignoto. Sono impauriti, fieri e più forti di quanto possano sopportare. Il problema è che gli adolescenti qualsiasi non sono sfuggiti alla guerra.»

Sarah ci pensa su, lo sguardo fisso sul pavimento.

«Non sono sicura che siamo guide» dice. «Penso che siamo fari. Illuminiamo loro la via, ma non andiamo con loro. Diamo l'esempio senza condannare i loro errori. Ce ne stiamo fermi a guardarli muovere i primi passi, e ci assicuriamo che sappiano che, se dovessero vacillare, potranno voltarsi e trovarci a vegliare su di loro. Noi ricordiamo loro che la fine della discriminazione è l'inclusione, il contrario dell'abuso è la terapia, e il contrario della violenza è il coraggio di guardarla negli occhi, e tutte queste sono diverse forme d'amore.» Sarah mi lancia un'occhiata. «Amare salva la vita.»

Sarah parte la domenica. In aeroporto, mentre la saluto, sento che la sua semplice presenza mi ha in parte protetto dall'hotspot, e che ora le torbide acque della crisi umanitaria più grave dei nostri tempi gorgogliano, pronte a risucchiarmi. Eppure non ho paura. Insieme abbiamo creato qualcosa di buono, semplice ed efficace, e nei Dreamers credo con tutto me stesso. Semmai ho paura di fallire passando il testimone ai prossimi volontari, di gettare di nuovo i nostri bambini in balìa del caos.

Sarah sparisce oltre i tornelli e l'odore dell'aeroporto mi ricorda quello di un ospedale, e perché mio padre sta piangendo? Perché pare così debole e giovane e dispiaciuto?

Mi abbraccia e io, il volto premuto contro il suo camice, non sento quasi nulla. Ho dieci anni ed è la quarta volta che rischia di morire, e ci provo, lo giuro, ma le mie guance restano asciutte. Perché?

Aspetta, cosa ci fanno la ventiquattrore sul comodino e i documenti sparpagliati sulla coperta intorno a lui? Non l'ha ancora capito, che sono le notti in bianco e i pasti saltati e le domeniche in ufficio e le liti e la ventiquattrore sempre appresso a ucciderlo? Quanti medici dovranno dirgli che ha una malattia congenita e lo stress induce le aderenze a occludere il suo intestino?

E tutto per quel maledetto lavoro.

"Hai dovuto quasi perdere la vita, per passare del tempo con me" dico, ma le mie labbra si schiudono senza emettere suono. "Perché ti uccidi?"

"Mi uccido?" La sua voce si mischia al reattore di un aereo che prende il volo in lontananza.

"Stai uccidendo anche noi."

Mi stringe al petto. "Lo faccio per voi."

Mi abbandono contro di lui. "Lo fai per te stesso. Hai avuto la possibilità di scegliere un lavoro più stabile, meno elettrizzante e meno tuo, ma sei rimasto. Lo fai perché ti piace, e perché sei bravo."

Esco dall'aeroporto e l'odore scompare. Sulla guancia, però, permane il tocco del camice d'ospedale. Alzo gli occhi e saluto l'aereo di Sarah, un granello di sabbia nel cielo grigio. Con lo sguardo rendo omaggio alla sua resilienza, che le ha permesso di amare anche i bambini più difficili; alla sua compassione, che le ha permesso di accettare le loro ferite come se fossero le proprie; e al suo talento, che le permette di cambiare vite, sebbene sia troppo modesta per ammetterlo.

Mi sento pronto a insegnare da solo. Ci siamo impegnati a essere l'una ciò che i Dreamers meritavano e l'altro ciò di cui avevano bisogno – ora è mia responsabilità incarnare entrambi. Proteggerò il germoglio del seme che abbiamo piantato.

Lunedì mattina mi sveglio all'alba per preparare la lezione perfetta ed essere all'altezza di Sarah. Mi sento carico e reattivo. Bevo caffè e mi concedo pure una ciambella.

Va tutto a catafascio.

L'ennesimo cambiamento compromette l'equilibrio dei Dreamers e, dopo quasi un mese di pace, scoppia un'altra rissa. Hammudi tira gli sgabelli e Soran le sberle, Mays si mette nell'angolo e chiude gli occhi mentre io urlo a squarciagola nel disperato tentativo di richiamare l'attenzione. Se ne fregano. Fanno bene. Se devi gridare per avere l'attenzione di qualcuno, allora non la meriti.

La mia voce si leva roca, nera, quasi ferale dagli abissi dentro di me. È la stessa voce che aveva mio padre quando ero adolescente e tentavo di autodistruggermi, mentre lui, invece, cercava di aggiustarmi. Mentre urlo ai miei studenti, la sua voce mi urla di rimando. Stavolta non lo vedo riemergere dalle pieghe del passato: le nostre voci si sovrappongono alla perfezione. «Oh!» grida mio padre, «Oh!» grido io. E gridano Hammudi e Soran e Saddam e Ali. Urliamo tutti: «Oh!», e regna il caos.

Poi mio padre mi scaglia contro un bicchiere e io mi getto su di lui, ma lui è più forte e io ho paura dell'irreparabilità delle nostre azioni. Quando mi colpisce io lo copro di insulti e la sua mascella si stringe, diventa di ferro, lui alza le mani e allora mia madre si mette in mezzo, la voce strozzata: «Per favore» dice, ancora e ancora e ancora, senza articolare, solo: «Per favore».

Hammudi ci guarda. Per un istante, forse, mi vede attraverso, vede la verità: una parte di me si sente scarna, pallida e poco umana, proprio come lui. Anche nel mio cuore, come in tutti i cuori del mondo, c'è un potenziale di oscurità.

"Ma che sto facendo?"

Mi fermo. Faccio un passo indietro, inspiro e abbasso la voce. «Quando vi comportate bene, io vi voglio bene» dico in un sussurro.

I bambini smettono di urlare.

«Quando vi comportante male, vi voglio bene lo stesso. Quando fumate, io vi voglio bene. Quando vi tagliate, io vi voglio bene. Quando litigate, io vi voglio bene. Il mio cuore si spezza, certo, ma vi vuole bene ugualmente.»

Cala il silenzio.

«Noi non te ne vogliamo.» Hammudi tenta di sostenere il mio sguardo, poi lo rivolge lontano.

«Anche quando non mi volete bene» dico, «io ne voglio a voi.»

Sarah ha detto che amare salva la vita, e credo che amare davvero un bambino significhi incoraggiarlo a diventare la versione migliore di se stesso, anche a costo di mostrarsi imperfetti.

«Faccio molti errori, è vero, ma vi voglio un mondo di bene.» Mi lascio cadere su una sedia. «E Sarah manca anche a me.»

I Dreamers mi guardano sbigottiti. Potrei tagliare il silenzio con un coltello.

Hammudi mi scruta, la fronte aggrottata, mi guarda come per leggermi dentro. Poi si siede. Tira fuori matita e quaderno e mi fa un cenno del capo. Si rimbocca la manica e mi mostra la fasciatura sulla sua ferita. Va cambiata, me lo sta dicendo. Mays segue il suo esempio, e così Soran, e Mallik. Uno a uno, i Dreamers imitano Hammudi, si siedono e prendono le matite.

Oggi insegno loro a scrivere la loro prima frase di senso compiuto: "Credo in te".

Non sono perfetto, neanche lontanamente, ma mi riprometto di diventare un insegnante migliore per loro, a partire dal volume della mia voce. Non urlerò mai più ai miei studenti.

Vivere significa raccogliere i cocci lasciati da qualcuno venuto prima di noi e cercare di farne un'opera d'arte. Va fatto con cura. Va fatto lentamente. Va fatto con amore.

E se rinunciassi agli Stati Uniti?

2

Il costruttore di aquiloni

Siate il peso che inclina il piano.

BERTRAND RUSSEL

Dicembre 2017

Dopo lezione, siedo con Hammudi sui gradini della casa diroccata accanto al Centro Alpha. Lui si tira su la manica e io rimuovo la fasciatura. L'odore metallico del sangue rappreso mi solletica le narici, ma la ferita pare in buono stato.

«Farà male» dico, prima di versare il disinfettante.

Hammudi gonfia il petto. «Nessun problema.»

Fa una smorfia malcelata quando il cotone gli tocca la pelle.

Pulisco la ferita e l'area circostante, poi applico una fasciatura fresca. Sotto le dita sento l'ombra di tagli passati. Lo guardo in volto: Hammudi è giovanissimo e già in via di scadenza.

«Ti capisco» dico. Stamattina, munito di caffè e ciambella, mi sono messo a fare ricerca sull'autolesionismo infantile.

«Sai» dico, «da adolescente anch'io cercavo di farmi male.»

Mi guarda. «Ti tagliavi?»

Scuoto il capo. «Ero arrabbiato. Mi sentivo solo e avevo il cuore a pezzi, ma soprattutto mi sentivo vuoto.» Mi metto la mano sul petto. «Non sentivo nulla, e litigavo con mio padre. Continuamente. Facevo risse con gli ubriachi in discoteca, provocavo la polizia. Avevo sempre la peggio, ma era questo il mio obiettivo.»

Dubito che Hammudi comprenda tutto ciò che dico, ma presta attenzione, ed è un inizio.

«Volevo tornare a *sentire*, anche se faceva male.»

«E poi?»

«L'altro giorno non sapevo cosa fare, quando ho visto la tua ferita» gli confesso. «Mi sono spaventato all'inizio, ma poi ci ho pensato su. Possiamo trovare una soluzione insieme. Voglio che tu sappia che non mi hai deluso. Voglio che tu sappia che le tue emozioni sono reali e hanno importanza.»

Hammudi spazia con gli occhi. «La Turchia è *cattiva*.»

«Posso a stento immaginare. Ma ora sei qui, e lo vedi quell'albero?» Indico davanti a noi. «È dicembre, eppure ha il coraggio di fare le arance.»

Hammudi rivolge i palmi delle mani al cielo in una muta domanda.

«Vuole dirci che c'è sempre speranza.»

Tagliandosi, Hammudi cerca di riacquistare il controllo, almeno dentro di sé, su una vita apparentemente priva di senso.

«So che è difficile parlarne» dico, «ma cosa sentivi prima di tagliarti?»

Hammudi si stringe nelle spalle e volta il capo. Forse è ancora troppo presto.

«Da piccolo soffrivo d'ansia» riprovo, «e un po' ne soffro tutt'ora. Sai cos'è l'ansia?»

Scuote la testa.

«L'ansia è quando hai paura senza sapere di cosa. È quando ti batte il cuore e non sai il perché, e non sai come farlo smettere. Pensi che tutti sentano il tamburo che hai nel petto e si chiedano quale sia il tuo problema, solo che il problema non esiste. L'ansia è quando senti che non ti basterai mai.» Sbatto le palpebre. «E sai che faccio, quando mi succede?»

Hammudi è tornato a guardarmi. «Cosa?»

«Faccio qualcosa che sia migliore di me.»

«Cioè?»

«Leggo, per esempio. Leggo storie bellissime, di donne e uomini più bravi e buoni di quanto io sarò mai.»

«A me leggere non piace.»

«Non preoccuparti, ci sono molte altre cose che puoi fare per ridurre lo stress. A volte guardo un film.»

«Non ho la televisione.»

«Alcuni stringono dei cubetti di ghiaccio in mano, altri premono la faccia nel cuscino e urlano. C'è chi medita e chi esce per una camminata, e poi c'è chi ascolta o fa musica, c'è chi dipinge, chi scrive, chi parla con gli amici. A te piace costruire, no?»

Il volto di Hammudi si illumina. «Amo gli aquiloni.»

«Ecco fatto.» Batto le mani. «La prossima volta che ti viene voglia di tagliarti, chiamami e costruiamo un aquilone.»

Hammudi mi guarda strano.

«Non mollare, piccolo uomo» dico. «Troverai qualcuno pronto ad aiutarti.»

Senza una parola, Hammudi sorride. Il suo sorriso è genio e profonda delusione, è amore inespresso, e in un momento capisco che il miglior modo per fare di un bambino una brava persona è renderlo felice.

Hammudi si alza e io lo seguo.

«Sai» dice, «è la prima volta che mi piace andare a scuola.»

«Anche se ti rompo le scatole per il fumo?»

«Non posso smettere.» Si rabbuia. «Se ci provo, impazzisco.»

Poso la mano sulla sua spalla. «Credo in te.»

Stavolta, Hammudi non si allontana.

Nelle settimane seguenti mi impegno al massimo. Formulo nuovi corsi coinvolgendo più volontari: così creiamo una lezione sui diritti delle donne e sull'educazione sessuale.

Per la prima mi coordino con l'Ufficiale per la protezione dell'infanzia dell'Organizzazione – la donna che si farebbe carico del report su Hammudi, se decidessi di inviarlo. Ci incontriamo nella stanza numero 4 e lei mi offre del materiale didattico per integrare la lezione. Indossa vestiti firmati, stivali alti e un maglioncino verde, parla con un accento sofisticato e pare competente e propositiva. Mi fa una buona impressione.

Per la lezione sull'educazione sessuale, divido la classe in due gruppi, bambini e bambine, affidando le femmine alle cure della nuova volontaria che mi assiste nell'insegnamento. Parliamo di anatomia, biologia, consenso, contraccezione e parità di diritti, e i bambini restano a bocca aperta, ma lasciando l'aula so che se ne vanno carichi di una conoscenza inestimabile, che mai avrebbero ricevuto altrimenti. Nei loro Paesi d'origine, parlare di sessualità sarebbe stato impensabile, ma in realtà lo è anche qui, dove sono considerati esseri umani di serie B e nessuno è interessato a investire nel loro futuro.

Io però mi sveglio la mattina e mi addormento la sera con la stessa domanda: "Cosa posso fare per rendere la loro vita un po' migliore?".

Nelle settimane prima di Natale, il gruppo dei volontari si dirada. Brodie è il primo ad andarsene, forse provato dal senso di colpa per l'incarcerazione di Nasir. Poi è il turno della mia assistente, rimpiazzata da un'altra e poi da un'altra ancora, con il risultato che l'instabilità in classe diventa sempre più difficile da gestire.

A metà dicembre, siamo rimasti in pochissimi. Oltre alle lezioni mattutine, contribuisco alla gestione del Centro Alpha, servo il tè nel campo, pulisco l'hotspot dai rifiuti e, certe notti, distribuisco indumenti ai nuovi arrivati. In totale siamo quindici, tra cui Bogdan, il fondatore di Samos Volunteers, Melissa e Giulia.

Il vantaggio è che ci conosciamo sempre meglio. Una notte mi ritrovo a parlare con Giulia mentre riponiamo le borse di vestiti nel container della distribuzione.

«Sono arrivata nello stesso periodo di Sarah, all'inizio della crisi» mi racconta, chinandosi su una scatola di ciabatte. L'aria sa di gomma a basso costo. «Ho provato a Lampedusa, ma ho trovato solo porte chiuse. Così sono venuta a Samos. Era un incubo, allora. Pescavano corpi dal mare ogni giorno. Sono tornata in Italia tre volte, prima di lasciare il lavoro e restare.»

«Cosa facevi?»

«Insegnavo inglese ai manager nelle aziende di Milano.» Lo dice senza guardarmi, come se fosse poca cosa. Si mette in punta di piedi per raggiungere una mensola fuori portata. La aiuto. «Molti avrebbero fatto carte false per un lavoro come il mio, lo so bene. Ti dà prestigio, riconoscimento sociale. Ho dovuto prendere due master, per arrivarci.»

«Io dovrei iniziare con il primo il mese prossimo.»

«… ma ero infelice. Mi svegliavo nel mezzo della notte con un macigno sul petto. Sentivo di stare sprecando la mia vita.» Giulia mi passa un sacco pieno di mutande. «E, credimi, il traffico di Milano ti uccide. Ci mette un po', ma ti fa fuori.»

Inizio a contare le mutande. «Come sei diventata coordinatrice?»

«Avevo esperienza. Quando la ragazza che lo faceva prima di me se n'è andata, Bogdan me l'ha proposto e ho accettato senza esitazione.»

«Davvero, senza esitazione?»

Giulia si ferma. «Quando è la scelta giusta, te lo senti dentro» dice. «Te lo senti nelle ossa.»

Ogni volta in cui ci troviamo insieme a distribuire, smaltiamo lo stress chiacchierando. Mi scopro a mio agio con lei, e lei con me. Mi parla di Omar, il sedicenne cristiano vittima della brutalità della polizia del campo, e della sua dipendenza dalle droghe.

«Qualcuno nel campo spaccia ai minori» mi dice, «ma Omar non vuole dirmi chi. Mi ha pure detto che gli hanno chiesto di spacciare, ma lui ha rifiutato.» Si sposta i capelli dietro l'orecchio. «Però è solo, senza soldi. Ha perso tutto, e ora qualcuno si sta approfittando del suo trauma. Quanto passerà prima che dica di sì?»

Sediamo nel container e aspettiamo che la polizia ci conceda l'ingresso alla Gabbia. L'aria sa di fumo, l'ennesima sigaretta che l'hotspot ha spinto Giulia ad accendersi.

«Cosa puoi fare per aiutarlo?»

«Non lo so.» Aspira pensosa. «Il mio sogno sarebbe aprire un centro come Alpha, ma per i minori.»

«Sarebbe possibile?» L'entusiasmo mi colora la voce.

«Dubito che a Bogdan interessi.»

Se Samos Volunteers aprisse uno spazio sicuro per i Dreamers, io potrei partire in pace. E invece li so in prestito nella stanza numero 4, senza volontari che siano in grado – o anche solo interessati – a farsi carico del loro futuro.

«I tuoi ragazzi sono dei gangster» mi ha detto un volontario un giorno. «Preferisco pulire i bagni del campo anziché mettere piede in quell'aula.»

Con ogni barcone a cui distribuisco i vestiti, la classe cresce. Ora ho venticinque studenti di sette nazionalità e lingue diverse.

Se non trovo un sostituto, andarmene sarà come spegnere la luce nelle loro vite. Il senso di responsabilità che provo nei confronti dei Dreamers mi sta corrodendo e fatico a dormire la notte.

Per contrappasso, cerco di cementare la coesione tra gli alunni, così che, se dovessi fallire nel trovare qualcuno a cui importi di loro quanto importa a me, almeno potranno fare affidamento l'uno sull'altro.

Insieme formuliamo un motto di classe, che intoniamo per celebrare la fine di ogni lezione, per richiamare i più agitati all'attenzione, o anche solo a mo' di saluto.

«*Let's go...*» dico.

«Dreamers!» rispondono.

È notte fonda, e di nuovo non riesco a dormire. Giaccio a pancia in su nel letto, intorno a me il ronfare degli altri volontari e davanti a me il report di Hammudi.

L'email è già pronta. Devo solo premere invio.

Un'ombra scosta la tenda che separa la camera dei ragazzi dal resto del piano.

«Sei sveglio?»

Chiudo il portatile e mi metto a sedere.

Melissa mi si siede accanto. «Tutto bene?»

Annuisco. Poi, dopo un momento, dico: «Più o meno».

«È il master a tenerti sveglio?»

«No» ridacchio, «sei tu che canti nella doccia.»

Fa un'espressione indignata. «Mica stavo cantando.»

«Dev'essere passata a trovarci Adele, allora.»

Si aggiusta il turbante intorno ai capelli umidi. «È un complimento?»

«Solo se ammetti che eri tu a cantare *Rolling in the Deep.*»

«Forse.» Mi si avvicina.

«Dico solo che sei intonata.» Le tocco l'avambraccio. «E ne hai dato prova al karaoke, l'altra sera.»

Melissa alza gli occhi al cielo. «Ma se non hai neanche ballato.»

«Sono un pessimo ballerino, lo sai.»

«Sveglio, ma non balla» constata lei. Mi appoggia la testa sulla spalla e restiamo in silenzio per un po'.

Melissa e io ci vediamo. Non stiamo insieme, no, non qui. Ma lei è gentile e sa di tè, e averla accanto mi fa bene.

«Vuoi andare a fare due passi?» dice.

Si tratta di un nostro rito. Ci facciamo una bevanda calda – un tè o una tisana – e camminiamo sul lungomare gelido prendendone lunghe sorsate. A volte chiacchieriamo, a volte no.

Mi scosto appena. «Devo finire una cosa.»

«Lavori troppo.» Melissa alza la testa. «Lavori fino a tardi per preparare le lezioni e ti offri quasi sempre per le distribuzioni notturne. È lo stress a impedirti di dormire.»

Cerco la sua mano. «Guarda un po' chi si preoccupa per me...»

Melissa sposta la mano. «Attento a non bruciarti. Se esageri, poi ti mancheranno le forze pure per insegnare ai Dreamers.»

«Non succederà.»

Si volta a guardarmi nell'oscurità. «Perché? Sei una specie di supereroe?»

«No, Milly. Non succederà perché è successo a mio padre. E non lascerò che succeda anche a me.»

Cala il silenzio. Sento il fiato di Melissa sulla guancia. Sa di dentifricio, con una punta di risentimento.

«Mio padre soffre di dipendenza dal lavoro» dico. «È uno stacanovista Ma per davvero, non per modo di dire.»

«Molti lo sono, quasi tutti i dottori...»

Scuoto il capo. «C'è una differenza cruciale tra chi lavora troppo e chi è ossessionato dal proprio mestiere. Mio padre ha sempre lavorato tanto – di notte, di domenica, pure a tavola a volte. Poi, quando avevo sedici anni, l'azienda di famiglia è fallita per via della crisi economica, e una luce si è spenta dentro di lui.»

Melissa ridacchia. «Stai facendo il drammatico.»

«Milly» dico, «quando ti bruci non sacrifichi il tuo lavoro. Sacrifichi tutto il resto.»

Il vento imperversa avviluppando la casa dei volontari.

«Dev'essere stato difficile» dice.

«In realtà no. Mi diceva sempre che mi voleva bene, quando era a casa. Diceva che mi voleva bene anche quando era via. È sempre stato un padre amorevole.» Faccio una pausa. «Per questo mi sentivo in colpa. Mi sentivo in colpa per il risentimento che provavo, in colpa per desiderare di più. Sfacchinava tutto il giorno per me – perché non potevo essere riconoscente?»

«Eri solo un bambino.»

«E poi sono cresciuto, e mi sono abituato alla sua assenza o alla sua stanchezza quando gli parlavo e lui si addormentava. Ho smesso di sentirmi in colpa. Sapere di non avere più bisogno di lui mi ha fatto sentire vuoto e meschino, ma anche più forte.»

Ero tornato in Europa dopo quattro anni, quattro anni in cui pensavo di aver sanato le divergenze con la mia famiglia. Ci credevo. Ci credevo davvero. Mio padre era addirittura venuto a trovarmi in India, era parso finalmente rilassato e io finalmente comprensivo nei suoi confronti. Ma ahimè, si trattava di una farsa: la lunga assenza e quella momentanea vicinanza, il piacere di mostrargli il mio mondo e fargli conoscere i sapori della cucina indiana, tutto contribuiva a illuderci di essere persone nuove in un luogo nuovo.

Al mio ritorno, avevo scoperto la verità: dopo il fallimento dell'azienda, mio padre aveva iniziato un nuovo lavoro come perito legale alla luce del giorno e uno come giustiziere da tastiera la notte. E tanto si era rivelato capace nel primo, quanto il secondo se lo stava divorando. Formulava teorie del complotto sulla crisi economica, puntando il dito prima contro gli ebrei, poi contro i tedeschi, poi contro gli americani e poi ancora contro i mediorientali. Mio padre non era mai stato razzista, ma il suo bisogno di trovare un colpevole gli faceva vedere volti nemici ovunque. Stava sveglio tutta la notte a fare ricerca, studiare, scrivere articoli ed email, e al mio ritorno era finalmente pronto a presentarmi la sua storia alternativa della finanza e della politica mondiali.

All'inizio lo ascoltai, contagiato dalla sua passione. Di prima mattina davanti a un caffè, nella tarda mattinata quando ridiscendeva dal suo studio in mansarda, e poi a pranzo, quando pontificava monopolizzando la conversazione; lo ascoltai dopo pranzo, mentre il resto della famiglia cercava di leggere o guardare la TV, e lo ascoltai in macchina, quando imponeva agli altri i suoi argomenti di conversazione. Lo ascoltai a cena e in piscina, a casa dei nonni e pure la sera, prima di dormire. Per lui, ormai, non c'era niente che importasse altrettanto. E il suo buon cuore? Era ancora lì, da qualche parte, sepolto sotto la sua ossessione.

E così, proprio come quando ero ragazzino, ricominciai a scontrarmi con lui. Solo che era un uomo diverso, un uomo spezzato. Un giorno, durante una discussione, qualcosa gli scattò dentro: i suoi occhi si fecero freddi, le sue labbra sparirono e mio padre cessò di essere mio padre. Quando, dopo aver urlato e preso a pugni il muro, si avvicinò a me con la furia negli occhi, per la prima volta mi fece paura, paura davvero, e chiamai la polizia. Da allora, non ci siamo mai più parlati.

«La dipendenza dal lavoro è spesso vista in modo positivo, nel mondo di oggi.» Melissa e io ce ne stiamo abbracciati sul letto. «Ma ho trovato uno studio che rivela come gli stacanovisti siano più propensi a soffrire di disturbo ossessivo-compulsivo, sindrome da deficit di attenzione, depressione e ansia.»

Melissa mi stringe a sé. «Pare che gli stacanovisti e gli alcolisti vestano gli stessi indumenti.»

Le sue parole mi feriscono. Nonostante il risentimento, il mio istinto mi spinge ancora a difendere mio padre. Resto in silenzio per un po' e ascolto i miei compagni di stanza che ronfano imperterriti. Poi, quando faccio per riprendere a parlare, Melissa si volta e mi imprime un bacio sulle labbra. Con un semplice gesto, sigilla le mie preoccupazioni e le spinge lontano.

Più tardi, il suo respiro si unisce agli altri e Melissa mi si addormenta accanto. Ma io mi sento vigile, in tensione, quasi pervaso da una nuova realizzazione.

«Milly» sussurro.

Lei apre gli occhi e mi guarda da vicino.

«Per favore, vai ora.»

Nel suo sguardo brilla una luce indecifrabile. Quando capisce che sono serio, si alza e se ne va senza dire una parola. Rimane solo il vento.

Mi metto a sedere sul letto e ripesco il portatile. Lo apro. Rileggo il report su Hammudi da cima a fondo.

Premo invio.

3
Il buio oltre la classe

Il destino favorisce chi osa.

VIRGILIO

Dicembre 2017

Il giorno dopo, Melissa siede in cucina a bere una tazza di tè fumante. La pioggia picchietta sulle finestre e un silenzio teso avviluppa la stanza.

Sto uscendo senza fare colazione, come mio solito negli ultimi tempi. Tiro su il cappuccio e mi stringo nella giacca. Metto la mano sulla maniglia.

«Me ne vado domenica.» Melissa mi guarda da sopra l'orlo della sua tazza.

«Dove?»

«A casa.»

Cerco le tracce di uno scherzo sul suo volto, ma dice davvero.

«Perché?»

«Sono stanca.» Prende un sorso. «Voglio passare il Natale con la mia famiglia.»

Mi allontano di un passo dalla porta. «E chi gestisce Alpha?»

«Giulia, Bogdan...» Melissa fa un gesto vago con la mano.

«Va bene» dico, dopo un lungo silenzio. «Buon viaggio.»

Lei annuisce e abbassa lo sguardo. Dovrei andarmene, ma me ne sto lì impalato a guardarla. Come può lasciarci ora che abbiamo bisogno più che mai di volontari?

«È a causa mia?»

Melissa mi lancia uno sguardo. «Scusami?»

«Insomma» mi affretto ad aggiungere, «sai bene quanto ci sia bisogno in questo periodo e stento a credere che tu...»

«Mi stai facendo la morale?» Posa la tazza sul tavolo. «Ho lavorato fino allo sfinimento negli ultimi mesi, senza mai sentirmi apprezzata, senza il minimo segno di riconoscimento. E tu non hai fatto altro che ignorarmi.»

«Ignorarti? Ma se eravamo insieme ieri sera!»

«Per la prima volta dopo settimane.» Melissa stringe la tazza tra le mani. «Sei la persona più ostinata che conosca, e amo il modo in cui vedi il mondo...»

«Ma?»

«Sei troppo idealista.»

Mi tolgo il cappuccio. «E questo che significa?»

«Che puoi anche dedicare ogni secondo di veglia ai tuoi ragazzi e sacrificare tutte le persone della tua vita, ma loro rimarranno bambini profughi che vivono in un hotspot, e autodistruggerti non li salverà.»

«E allora che suggerisci?» Faccio un passo verso il tavolo. «Che getti la spugna e me ne vada, fregandomene come tutti gli altri volontari?»

«Non osare, Nicolò, non osare dirmi che me ne frego!»

«Allora perché te ne vai?» urlo, e la mia voce rimbomba roca nella cucina come un'esplosione improvvisa. Gli occhi di Melissa si velano di sorpresa e lacrime, ma io continuo a gridare: «Ogni singolo individuo vale l'universo intero. Come puoi mollare ora? Eh, Melissa? Come puoi?».

Ci guardiamo in silenzio.

Poi lei sbatte le palpebre. «Fallo uscire» dice in un sussurro. «Fai riemergere tuo padre. Ti fa sentire meglio?»

«Non ti permettere di parlare di mio padre.»

«Hai una dipendenza, Nicolò.» Melissa si alza e mette la tazza nel lavandino. «E il tuo lavoro ti divorerà, se non fai attenzione.»

Esco di casa come una furia e cammino sotto la pioggia senza rimettermi il cappuccio, un misto di rabbia, rimpianto e tristezza a muovere i miei passi e stringermi i pugni.

"Sono mio padre?" dico tra me e me.

Si stima che una persona ogni quattro sia affetta da patologie mentali, e la dipendenza da lavoro, sebbene oggi sia molto sottovalutata, dovrebbe qualificarsi come tale. Lo so perché l'ho provata sulla mia pelle.

Ho forse ereditato lo stacanovismo di mio padre, il tratto che più mi feriva di lui? E se invece la dedizione alla missione fosse una sorta di cicatrice lasciata dai miei insegnanti, un meccanismo di difesa contro la loro mancanza di fiducia, una strategia per provare a me stesso che si sbagliavano, che non sono un fallito, che valgo? Lo stacanovismo, dopotutto, spesso nasce da una forma di ansia sociale: lavorare moltissimo per compiacere gli altri.

"E se avesse ragione Melissa?"

Entro nella stanza numero 4 con questi pensieri a frullarmi in testa, ma l'abbraccio di Soran li scaccia via in un solo colpo. Le dimostrazioni di affetto sono inusuali per lui, e la sorpresa è tale da restituirmi un po' di pace.

I Dreamers sono l'unica cosa vera, l'unica che importa in questo oceano di follia.

Dopo la lezione, controllo la mia casella di posta elettronica. Ho inviato il report su Hammudi ieri sera, ma non ho ancora ricevuto risposta. "L'Ufficiale dell'Organizzazione deve essere impegnata ad assistere gli altri bambini dell'hotspot" mi dico.

Chiamo Sarah per ingannare l'attesa, sperando sia già sveglia.

«Sai che ore sono?» chiede, la voce impastata.

Controllo il fuso orario. «Le cinque del mattino! Cavolo, scusa.»

«Non preoccuparti» ridacchia. «Amo attendere l'alba per tre ore.»

«Posso richiamarti più tardi.»

«Mi mancate tutti» dice, ignorando la mia offerta.

«E tu a noi. È stata una settimana dura. I Dreamers si comportano bene, ma gestirli da solo lascia il segno.» Faccio una pausa. «Ieri ho inviato il report.»

«Quindi resti?»

Un attimo di silenzio.

«Aspetta» dico. «Non l'ho mai detto.»

«Scusa, pensavo lo avresti mandato solo nel caso in cui avessi potuto seguirne le ripercussioni fino in fondo.»

«Lo so, Sarah...» Faccio una pausa. «Ma non potevo più aspettare.»

Se non io, chi? Se non ora, quando?

Dall'altra parte del mondo, Sarah sbadiglia. «Allora, resti o no?»

«Non lo so. Non dovrei.»

«E chi lo dice?»

«Il buonsenso?»

«Tu. Tu lo dici.» La sua voce adesso è più profonda. Dev'essersi messa a sedere. «Solo tu sai cos'è meglio per te.»

«Che significa?»

«Odio il mio nuovo lavoro. Ho appena iniziato, ho studiato per anni, mi pagano bene e sono brava in quello che faccio, ma il mio cuore è altrove.» Sarah sospira. «Io sono dovuta tornare, non avevo scelta. Ma tu? Come puoi continuare a vivere sapendo che avresti potuto salvare la vita a qualcuno, ma non l'hai fatto? Per questo hai inviato il report. Il buonsenso ti diceva di farti gli affari tuoi, di evitare di complicarti la vita. L'hai ascoltato?»

«L'opposto dell'amore è l'immobilità.»

«E questa di chi è?»

«Tua, no?»

«No.» Sarah ride e si alza in piedi. «Stavolta credo sia tua.»

Ridiamo insieme. Poi cala il silenzio tra i nostri continenti.

«L'abuso di Hammudi sta avendo un effetto negativo su di me» dico. «Lo sento pesare giorno dopo giorno.»

«Posso solo immaginare, ma ricorda: vivi in un luogo in cui le arance maturano a dicembre. Chieditelo sempre: per cosa vale la pena di sorridere oggi?»

Sarah ha ragione, come al solito. L'hotspot è un luogo di profonda sofferenza, una crosta nera. Eppure al suo interno, come un morbo silenzioso ma caparbio, una fulgida speranza si espande contagiando, cuore dopo cuore, chiunque doni e riceva un atto di gentilezza.

Come i bambini del campo, anche noi siamo la somma delle nostre cicatrici. Ma cosa sono le cicatrici, se non il trauma altrui sfogato sulla nostra pelle? E cos'è il trauma, se non le cicatrici di un altro ancora, indurite all'interno di un circolo vizioso?

"Per questo sono qui" mi dico. "Io devo rompere il circolo."

Busso alla porta della camera di Melissa.

«Avanti.»

Apro uno spiraglio. «Posso?»

Pare sorpresa di vedermi. Poi distoglie lo sguardo e mi fa cenno di entrare.

«Posso sedermi?»

Melissa siede sul letto e indica un punto accanto a sé, ma io prendo una sedia e mi piazzo davanti a lei.

«Mi dispiace di averti urlato contro, prima.»

Melissa annuisce senza guardarmi.

«Non è mio padre, sono io.» Mi passo una mano sul volto. «Ho perso le staffe e non avrei dovuto. Mi dispiace. Meriti di meglio.»

A queste parole, Melissa solleva gli occhi.

«Pensavo di poter ammazzare il tempo e distrarmi con te» dico, «ma ora capisco il mio egoismo. Capisco che, se mi impegno con una persona, questa persona merita la mia attenzione e il mio tempo.»

Lei continua a studiarmi con lo sguardo.

«Per questo capisco di non essere pronto a una relazione adesso. Ti voglio bene, Milly, perché è raro trovare qualcuno che veda il mondo alla tua stessa maniera…»

«Ma?»

«Ma i Dreamers hanno bisogno di me, adesso. Non ti voglio meno bene» spiego, «ma voglio un mondo di bene a loro.»

«Se non io, chi? Se non ora, quando?» mi fa eco Melissa. Poi sospira. «Grazie di essere onesto con me.»

Restiamo in silenzio per un po', ma si tratta di un silenzio leggero, in cui ognuno si perde nei propri pensieri.

«Ho deciso di restare, Milly.»

«Lo so.» Piega la testa da un lato. «L'ho capito ben prima

che lo capissi tu. Il tuo cuore è qui. E chissà, forse un giorno aprirai la tua associazione.»

«Non credo.»

Melissa mi guarda senza sorridere. «Vedremo.»

Ci abbracciamo stretti, non come amanti, ma come esseri umani pieni di dubbi e di speranze, sapendo che, quando ci ritroveremo a pensare a ciò che poteva essere e non è stato, ci chiederemo sempre: "Perché no?".

Melissa lascia l'isola domenica mattina e io, salutandola in aeroporto, penso che indossa le sue stranezze come orecchini e la forza di volontà come un vestito da sera. Nei mesi seguenti scriverà di Samos e cercherà di contattare le più grandi testate giornalistiche in Europa per denunciare l'hotspot – invano.

Torno alla casa dei volontari, mi faccio un tè e mi siedo sul divano. Giulia si unisce a me. Verso anche a lei una tazza e le dico che ho deciso di rinunciare al master per restare con i Dreamers. Lei mi abbraccia stretto, ma una scintilla nei suoi occhi suggerisce che anche lei, sotto sotto, già se lo aspettava. L'unico che ancora non lo sapeva ero io.

«Sei sicuro?» chiede mia nonna, quando la chiamo per informarla della mia decisione. «Non starai mica buttando via l'occasione della vita?»

«Non lo so, nonna» rispondo. «Ma sento di dover restare con loro. Sono sfuggiti alle bombe e ai terroristi, hanno pianto almeno un fratello o un genitore, sono arrivati qui disperati, in cerca di rifugio. Sono venuti a casa nostra, in Europa, e l'Europa li ha rinchiusi in un lager. Il mio cuore è con loro.»

«Ma sogni di studiare in America da quando eri piccolo...»

«Ci sono bambini, nella mia classe, che hanno ritrovato la voglia di vivere. Li ho visti, li vedo ogni giorno. E non ho il cuore di voltare loro le spalle prima di saperli al sicuro. Quando ero ragazzino la scuola ha quasi spento i miei sogni, ma oggi posso rimediare. Posso offrire alla mia classe un'educazione degna di questo nome. Questo è il mio sogno.»

Rinunciare alla borsa di studio è difficile, eppure so che è la cosa giusta da fare. E, non appena prendo questa decisione, le porte delle possibilità si spalancano nella mia mente: nei prossimi sei mesi, mi impegno a cambiare la vita di questi bambini. Ne hanno bisogno. Se lo meritano. Questa è la cosa più importante che io abbia mai fatto.

«Allora ti supporto» dice la nonna. «Credo in te.»

Non sto rinunciando a un sogno, sto abbracciando la mia chiamata: dedicare la vita a chi ha bisogno di me. Se non io, chi? Se non ora, quando?

4

Perché ho smesso di parlare ai volontari di volonturismo

Il tuo obiettivo nella vita è quello di trovare uno scopo e dargli tutto il tuo cuore.

GAUTAMA BUDDHA

Dicembre 2017

Arrestano lo zio di Hammudi una settimana prima di Natale.

La notizia mi lascia di stucco. Chi pensava che l'Organizzazione avrebbe agito con tanta tempestività?

Vengo a saperlo da Hesther, che accorre trafelata al Centro Alpha un pomeriggio mentre sono di turno. A differenza della maggior parte delle bambine del campo, Hesther trascorre parecchio tempo priva di supervisione, spesso in compagnia di ragazzi più grandi.

«Ho sentito di tuo zio» dico ad Hammudi il giorno dopo. «Come ti senti?»

Lui scrolla le spalle e mi prende la mano per mostrarmi l'esercizio completato sul quaderno. Dovrei sentirmi sollevato, sapendo che il suo carnefice ora è dietro le sbarre, eppure il freddo si infiltra nel mio corpo e mi si annida nelle ossa. Cosa succederà al bambino, adesso?

Pochi giorni dopo, un aggressore tenta di uccidere Ahmed nel parco cittadino. Giulia accorre e trova il leader degli iracheni in un letto di ospedale, una ferita da taglio sul braccio.

«Dice di non aver visto l'assalitore» mi racconta Giulia al suo ritorno, «ma forse ha semplicemente paura.»

Mi sento come il protagonista di un romanzo di fantascienza: il mondo che conosco è scosso da piccoli eventi apparentemente sconnessi, a cui non so dare un significato. Che sta succedendo, tutto a un tratto?

Senza la presenza di Ahmed e Nasir, la luce nel Centro

Alpha pare affievolirsi e, con le piogge a imperversare sull'isola, le tende crollano nel pieno della notte. Nonostante questo, la classe dei Dreamers rimane stabile, e i bambini paiono fare fronte comune davanti alle avversità.

Il problema è che mancano i volontari. Quasi tutti quelli con cui avevo legato sono partiti, e i ragazzi rimasti sembrano più interessati a bere e fumare che a svolgere le attività. Giulia e io siamo costretti a lavorare giorno e notte. Ma è proprio attraverso i momenti bui che il nostro rapporto si fortifica: con il tempo, smetto di vederla come "Giulia la coordinatrice" e inizio a considerarla un'amica.

Stiamo caricando scatole di vestiti in macchina dal magazzino quando decido di aprirmi con lei.

«Sai che ho insegnato per quattro anni in India, no?»

«E come potrei dimenticarlo?» Giulia imita la mia voce dicendo: «Sono sprecato nel magazzino!».

Ridiamo insieme al ricordo della nostra prima lite.

«E tu mi ci hai rinchiuso per un mese.»

«Esagerato.»

«Due settimane.»

«Una.»

«Va bene» ridacchio. «Una.»

Carichiamo un paio di scatoloni in silenzio, solo il ticchettio della pioggia risuona in lontananza.

«Stai facendo un ottimo lavoro con i Dreamers» dice.

Mi fermo con un pacco tra le mani. Le sue parole mi gonfiano il cuore.

«Grazie. Fa piacere sentirlo, ma devo essere onesto: quando ho iniziato, in India, ho fatto il volonturista.»

Giulia corruga le sopracciglia. «Volonturista?»

«Cercavo un'esperienza formativa.» Reggo lo scatolone sul ginocchio mentre tento di aprire la portiera posteriore. «Volevo crescere, diventare uomo, così ho pagato e sono partito per insegnare in un orfanotrofio.»

«E che c'è di male in questo?»

Ficco lo scatolone in macchina. «Tutto.»

Giulia mi passa una borsa di calze.

«A vent'anni mancavo di qualifiche, formazione o supervisione. Non ero un insegnante, non ero uno psicologo e avrei potuto persino essere un malintenzionato. Eppure l'organizzazione mi ha venduto quell'esperienza come se fosse stata scritta nel mio destino, come se solo io, ragazzino bianco, avessi potuto salvare i poveri bambini marroni.»

Giulia si accende una sigaretta, e l'odore di fumo si mischia a quello di sapone emanato dai prodotti per l'igiene personale accatastati in un angolo.

«Come differenzi il volonturismo da quello che facciamo qui?»

«Il volonturismo mira alla soddisfazione del volontario. Aiutare i bisognosi viene dopo.» Chiudo la portiera della macchina e prendo una barretta di cioccolato bianco dal mio zaino. «Per individuarlo basta porsi tre domande: ti chiedono soldi per attività che nel tuo Paese svolgeresti gratis? Fanno selezione e training preventivi? Ti propongono di fare cose che nel tuo Paese non saresti abilitato a fare?»

Giulia fa un tiro di sigaretta. «Non sono sicura che Samos Volunteers passi questo test.»

«Esatto.» Faccio un sospiro. «Vi sono grato di avermi offerto lo spazio per creare i Dreamers, e credo che Samos Volunteers stia facendo del bene, ma temo che in alcuni casi i volontari possano fare più danni di quanto non s'immaginino.»

«Parli dell'attaccamento?» domanda Giulia. «È vero. Alcuni dei nostri volontari si legano ai rifugiati senza curarsi dei danni che provocano poi levando i tacchi. Lo so bene, li incoraggio sempre a mantenere sani confini con loro.»

«E questo potrebbe bastare con gli adulti» dico. «Ma con i bambini? I nostri volontari svolgono attività per cui sarebbe richiesta una certificazione ovunque, ma non qui. E così fanno errori sulla pelle di chi dovrebbero aiutare. Come possiamo accettarlo?»

«Hai ragione.» Giulia mi guarda senza battere ciglio. «Qual è la tua soluzione?»

«Non lo so.» Addento un pezzo di cioccolato. «Ciò che so è che il privilegio di noi bianchi ci permette di fare tutto quello che vogliamo sulla pelle altrui. La nostra pelle ci permette di sbagliare restando impuniti. Vorrei potessimo fare volontariato in modo più etico.»

«Ammettiamo per un secondo che la pensi come te...»

«Lo so» mi affretto a dire. «Bogdan la pensa diversamente.»

Giulia finisce la sigaretta e io il cioccolato, insieme finiamo di caricare la macchina. Noto una pila di divise da basket abbandonate in uno scatolone.

«Neanche tu hai studiato da insegnante, no?» mi chiede, accendendo il motore.

«Hai ragione» dico, «ma sono consapevole delle mie lacune. E intendo rimediare.»

In camera, dopo l'ultimo turno al Centro Alpha, leggo libri di pedagogia e dissotterro ricerche in scienze dell'educazione. Su internet trovi di tutto, se solo ti prendi la briga di cercare.

Ho deciso di restare, e per questo voglio offrire ai Dreamers la miglior educazione di cui sia capace. Sono profondamente convinto che un'educazione di qualità possa essere una forma di terapia.

Con l'aiuto di Giulia, coinvolgo Ali, un rifugiato che ha imparato il greco da autodidatta, per insegnare l'alfabeto alla classe due volte a settimana. Gli studenti amano avere un maestro originario della propria comunità.

Integro i diritti umani anche nei più semplici esercizi di grammatica. La gente tenterà di portarglieli via ancora e ancora ma, se i Dreamers conoscono i propri diritti, allora saranno sempre in grado di proteggerli.

Sono un semplice volontario, è vero, ma ho visto il business del volonturismo in faccia, e mi terrò lontano dalla sua trappola per sempre.

Nonostante i turni serrati di Samos Volunteers, mi impegno a trovare il tempo per conoscere i miei studenti al di fuori della classe. Mostrando di voler valorizzare la loro individualità, spero inizieranno a valorizzarsi a loro volta. Tento di assicurarmi che il programma educativo dei Dreamers sia al contempo una classe e una tana: un terrorista nasce quando tutti i legami con il mondo sono perduti. Se provi ai bambini che fidarsi ripaga e che l'amore è l'arma più potente, allora diventeranno grandi esseri umani.

Offro a tutti un abbraccio quando entrano in classe, dando loro la libertà di accettarlo oppure no. Soran ricambia, Hammudi e Mays preferiscono un cinque, ed entrambi i saluti vanno bene fintanto che li fanno sentire a proprio agio.

Studio tecniche per alimentare il pensiero critico. Davanti a ogni decisione che devono prendere, incoraggio gli studenti a valutare tutte le possibilità e scegliere in autonomia.

«Voglio smettere di andare a scuola e lavorare» dicono.

«La ricerca sottolinea una diretta proporzione tra gli anni di educazione e il salario di una persona» rispondo. «L'educazione ti rende libero. La scelta è tua.»

«Voglio prenderlo a pugni!» esplodono, non appena un compagno li disturba.

«Sei libero di farlo, ma conosci le conseguenze. La scelta è tua. Scegli bene.»

«Voglio andare in bagno» chiedono, per la seconda volta nel giro di mezz'ora.

«Sto spiegando e penso sia importante per la tua formazione ma, di nuovo, la scelta è tua.»

E così, piano piano, inizio a notare che questa mentalità si imprime nel loro modo di pensare. Sento il potere della scelta, lo vedo emergere nei loro occhi. Quando la tensione cresce in classe, magari con l'arrivo di un nuovo studente, Hammudi gli si avvicina in modo minaccioso, ma poi si guarda le mani e torna a sedersi.

«Una persona intelligente mette in dubbio ogni opinione senza odiarne nessuna» dico loro. «Tutto ciò che vedete in questo mondo è un prodotto di umana fattura, e in quanto tale può essere disfatto da altri esseri umani.»

Più imparo, più ricordo la mia esperienza nell'educazione pubblica. La seziono. Prendo ciò che mi ha aiutato, scarto ciò che mi ha fatto danno. Capisco che la gente non vuole che i bambini imparino ciò che *devono* sapere, ma ciò che fa loro *comodo* che sappiano – una versione semplificata della realtà. Religione? Solo se non si fanno domande. Politica? Certo, ma senza sconfinare nell'attualità. Sessualità? Va bene, ma solo se sono abbastanza grandi da avere già avuto rapporti. Capisco che gli insegnanti mediocri ti riempiono la testa di nozioni e numeri, mentre i buoni insegnanti ti colmano di speranza per il futuro e di ragioni per apprezzare la vita. "Spesso gli alunni diventano il riflesso dei propri insegnanti" mi dico. "Un bambino diventa tanto brillante quanto gli consentiamo di essere."

Imparo la forza intrinseca di una regola chiara e discussa insieme. Nei momenti di insubordinazione, realizzo di trovarmi in classe non per fronteggiare chi infrange le regole, ma per insegnare ad applicarle. Prima dicevo: «Ti mando fuori perché stai disturbando». Ora dico: «Stai disturbando e sai che è contro le nostre regole, quindi ti stai mandando fuori da solo». All'inizio tendevo a chiudere un occhio davanti al comportamento di Hammudi e Mallik, a causa dei loro traumi. Ora so che viziarli anche quando si comportano male è condiscendente – anzi, è discriminatorio. Sono ragazzi difficili e in quanto tali sono abituati a sentirsi emarginati, a sentirsi diversi. Ma, quando li rendo responsabili davanti alle loro azioni, mi mostrano profonda gratitudine. Le responsabilità sono sinonimo di rispetto, e si dovrebbe trattare chiunque con rispetto, bambini inclusi.

Anche nelle mattine peggiori, evito di urlare – tranne che di gioia. Melissa mi ha insegnato che gridare causa litigi, e in un litigio c'è sempre qualcuno che perde. Sentirsi un perdente causa risentimento, e il risentimento mina qualsiasi rapporto.

Imparo e insegno che giusto ed equo non sono sinonimi. È impossibile trattare tutti allo stesso modo e pretendere di chiamarla "giustizia". Ogni studente è unico e i suoi bisogni sono diversi. Tutti gli insegnanti lo sanno, ma alcuni fingono di non saperlo. Perché? Perché trattare la classe come un gregge è più facile. È così che realizzo che alcuni dei professori che hanno punteggiato la mia adolescenza erano stati, ahimè, preparati in modo inadeguato al proprio lavoro; certi sognavano un lavoro diverso ma, per un motivo o per l'altro, erano finiti a scuola. E poi c'erano anche – ci sono sempre – quelli che erano semplicemente degli stronzi.

Io voglio essere un insegnante migliore. Per questo riduco le ore di sonno e mi metto a studiare. "Educazione" deriva dal latino *educare*, "condurre fuori", e mi prefiggo di fare proprio questo: portare i miei bambini fuori dall'oscurità del mondo, nella luce della vita. Voglio essere per i Dreamers ciò che Nicoletta è stata per me quando ne avevo più bisogno. Come lei, non insegno solo a scrivere, ma anche a trovare la propria voce e determinare la propria storia.

«Il miglior consiglio che possa darvi» dico una mattina a una classe mezzo addormentata «è lo stesso che darei a me stesso quando avevo la vostra età: "Fai ciò che senti".»

Qualche testa si alza per ascoltare meglio.

«Proprio così, mi avete sentito. Vi pare un consiglio pericoloso? Lo è. Essere felici è rischioso, quindi fate ciò che amate fare, perché vi renderà grandi. Se fate ciò che sentite, ciò che avete nelle ossa, sotto la pelle e nel profondo del cuore, vi prometto che sarete i migliori. Fate ciò che vi sentite, e non fermatevi mai.»

La luce filtra lattea dalle ampie finestre di Alpha.

Entro nella stanza numero 4 e dispongo gli sgabelli intorno al tavolo di plastica. I Dreamers entrano a scaglioni. Attendo che ci siano tutti, ma il posto di Soran resta vuoto. A malincuore, proseguo senza di lui.

Stacco il calendario dalla parete e, senza una parola, cancello la croce che marcava la mia partenza per gli Stati Uniti.

I bambini mi guardano straniti per un momento. Poi capiscono. E scoppiano in un boato di festa.

Mi volto sentendo un suono alle mie spalle: Soran è davanti a me, sulle labbra un sorriso e negli occhi una luce sfavillante, un misto di felicità, sorpresa e quel sentimento che si prova quando si spera in qualcosa e quel qualcosa accade. Mi avvolge le braccia intorno al torace, io ricambio l'abbraccio e lui mi stringe con tutta la forza che ha. Inizia a tremare e a singhiozzare, il volto nascosto tra le pieghe della mia felpa, e io capisco che la mia semplice, banale presenza in questa stanza colma parte della voragine che la guerra ha scavato dentro di lui.

I miei bambini sono traumatizzati, instabili e difficili da gestire. Io li amo comunque.

A volte, quando tendo loro la mano, impauriti la respingono. Io gliela tendo comunque.

Cambiare la loro vita non risolverà la crisi umanitaria, ma io voglio cambiarla comunque.

Proteggerli mi rende vulnerabile al loro dolore. Li proteggo comunque.

Gli sforzi per ridare loro la speranza possono essere cancellati da un singolo atto di violenza nell'hotspot. Ce la metto tutta.

Saranno sempre trattati come rifugiati musulmani fuggiti dalla guerra. Li tratto comunque come fratelli. E li amo senza riserve, anche quando dovrò dire loro addio, li amerò comunque, senza riserve.

Ieri sera, pensando al momento in cui avrei fatto questo annuncio, ho preparato tre cartelli con delle scritte a lettere cubitali, tradotte in ogni lingua. Stamattina li ho attaccati alla parete.

Alzo il capo e vedo che Mays li sta leggendo. Un sorriso le increspa il volto.

"Sei meglio di così."

"Puoi farcela."

"Credo in te."

Insegnare è il più grande atto di ottimismo. Insegnare è la più pura forma di amore.

5
Tutta la luce che vediamo

A meno che uno come te non ci tenga molto, niente andrà meglio o sarà risolto.

DOTTOR SEUSS

Natale 2017

«Liberano Nasir oggi!» esclama Giulia abbracciandomi. È la prima volta che la vedo piangere.

Una carica elettrica permea il Centro Alpha. Sebbene gran parte dei nuovi volontari non sappia chi sia, tutti hanno sentito parlare di Nasir, e l'intero hotspot attende il suo ritorno, i più piccoli *in primis*.

Giulia va a prenderlo alla centrale di polizia e noi aspettiamo in fibrillazione. Che emozione sarà vederlo libero dopo mesi.

Bevo una dozzina di tazze di tè per ingannare l'attesa. Giulia, però, torna con un funerale in volto: «Nasir ha ricevuto l'ordine di scarcerazione» dice, lasciandosi cadere su un divano, «ma la polizia ha detto: "Domani". Mi hanno pure urlato contro, ma a questo ci sono abituata.»

"Domani", nel gergo della polizia di Samos, significa: "Oggi non mi va, forse tra qualche giorno".

Un drappo grigio avvolge il Centro Alpha mentre ce ne stiamo in silenzio, in piedi, a guardare Giulia e a chiederci perché. Le visite quotidiane in carcere stanno lasciando il segno su di lei, giorno dopo giorno, sigaretta dopo sigaretta.

Nasir è uno degli uomini più brillanti che conosca. Potrebbe dare tanto all'Europa, ma l'Europa ha paura di lui – come ha paura di tutti i profughi. La maggior parte dei rifugiati arriva sulle nostre sponde giovane e in forze, pronta a lavorare: se glielo permettessimo, sarebbero loro a pagare la pensione dei nostri futuri anziani. I dati indicano che i rifugiati aprono attività e negozi con maggiore frequenza e commettono meno crimini violenti degli immigrati illegali – e pure dei cittadini. Nasir potrebbe sommarsi a questi dati, eppure marcisce in prigione.

Ci riscuotiamo dal duro colpo. La pioggia ha dato tregua all'isola oggi e, sebbene il cielo plumbeo minacci una nuova scarica in arrivo, organizziamo una pulizia di massa dell'hotspot per scacciare la malinconia. Con il Natale alle porte, desideriamo che la gente del campo riceva un po' di sollievo dai ratti e serpenti che infestano le montagne di spazzatura. Contattiamo i volontari profughi e i leader delle varie comunità dell'hotspot, chiedendo loro di incontrarci al cancello meridionale. Forti di cinque volontari muniti di guanti, sacchi dell'immondizia e candeggina, iniziamo a marciare.

Mentre il gruppo studia un piano di azione, vado di tenda in tenda e cerco di coinvolgere i Dreamers nello sforzo corale. Credo sia essenziale mostrare che il loro insegnante è disposto a raccogliere la spazzatura, che non esiste lavoro troppo umile per me.

Trovo solo metà degli studenti, alcuni genitori impediscono ai figli di partecipare, eppure, quando torno al cancello sud, ho un nutrito stuolo di bambini sorridenti al seguito. Di Hammudi, però, non c'è traccia.

Iniziamo a pulire. Non è esattamente una vacanza, se ti spingi verso gli angoli più interni delle discariche a cielo aperto devi respingere i conati, ma legandoti un fazzoletto davanti al naso puoi farcela senza svenire. Dopo mezz'ora, sento il sudore scorrermi lungo la spina dorsale mentre trasporto un sacco di immondizia su per la collina, superando gli alberi, le tende e un nugolo di occhi stupefatti. I miei compagni di sventura fanno lo stesso, raccolgono rifiuti con le mani guantate e la schiena piegata. Il gruppo è formato da una quindicina di volontari, tra cui otto Dreamers. Ci scambiamo sguardi d'intesa.

Una volta raggiunta la strada principale, lascio cadere il sacco e mi volto. Nonostante i nostri sforzi, la spazzatura domina ovunque: masse di cibo in fermentazione, pannolini e bottiglie di plastica, i sintomi di un'umanità che odia visceralmente il luogo in cui vive e la cui unica forma di protesta è dimostrare ai propri carcerieri che sì, sono proprio ciò che tutti dicono: animali.

Solo che poi la gente che poco fa ci guardava stupita si unisce a noi. I primi sono i più piccoli, i bambini di Nasir. Una pulce di tre anni, scalzo e con un guanto cinque volte più grande della sua mano, mi tallona raccogliendo tappi di bottiglia. Sopraggiungono i miei coetanei, seguono i padri di famiglia e infine pure un anziano. Rimpolpano le nostre fila, i guanti gialli alle mani e i sacchi neri in spalla. Ora quasi cinquanta persone sgobbano tappandosi il naso e cercando di ignorare i fluidi disgustosi che ci colano addosso. È pazzesco, se ci pensi, quanto poco basti per donare dignità a chi ne è stato privato: bastano un paio di guanti di lattice, un sacco di plastica e la consapevolezza che esista qualcuno nel mondo a cui importa di te. Sono ricoperto di liquido puzzolente, ma mi ritrovo colmo di meraviglia. Nonostante le gigantesche difficoltà giornaliere, ogni singolo giorno qui m'infonde fiducia – fiducia nell'umanità, nel prossimo, nel futuro.

Dopo due ore di lavoro facciamo una pausa e io decido di tornare a cercare Hammudi.

Lo trovo accucciato dietro un cespuglio, al limitare del bosco. Abbastanza vicino ai rifiuti da osservarci pulire, ma nascosto a sufficienza da risultare invisibile ai nostri occhi. Vedendomi arrivare, si copre il braccio con la manica della felpa.

«Vuoi darci una mano?»

Hammudi muove il mento verso l'alto e schiocca la lingua nel gesto arabo del diniego. Abbasso lo sguardo e scopro un frammento di vetro nelle sue mani. Non lo sta nascondendo, lo regge tra le dita e basta. Mi siedo accanto a lui.

«Hai detto che con il tempo le cose sarebbero migliorate» dice.

«Ho detto che con il tempo tu saresti migliorato.»

Davanti a noi si srotolano un lembo dell'hotspot e l'intera baia.

Hammudi si rimbocca la manica mostrandomi il braccio: solo vecchie ferite.

«Sono orgoglioso di te» dico, ma l'oscurità sta allagando i suoi occhi. Più mi guarda, più lo vedo affogare. Vedo il bisogno di farsi del male per riacquistare il controllo.

Hammudi stringe il pezzo di vetro. Allungo la mano e apro le dita. Lui guarda il mio palmo, pare sul punto di cedermi il pezzo di vetro, ma esita.

«Aquilone?» dico.

Mi guarda perplesso, come se scherzassi. Ricambio il suo sguardo, serio da morire.

Il ragazzino si alza e scaglia il vetro con tutta la forza che ha nel fitto della foresta. Sorride e dice: «Aquilone».

Usiamo i sacchi per creare la vela e con lo spago leghiamo insieme dei bastoni che Hammudi ha raccolto per il falò serale. Un vento di pioggia soffia sull'hotspot, levando l'odore dolciastro del fango e scompigliandoci i capelli. Hammudi lo lancia nell'aria, e l'aquilone si libra e vola, sfidando le correnti e le nubi irate, ci chiama da lassù, lontano dall'isola e dall'hotspot, e pure da un Natale che, ahimè, si prospetta cupo.

Hammudi si unisce alle pulizie. Dopo un po', vedo che alcuni ragazzi più grandi lo chiamano dall'altro lato del filo spinato. Lui grida qualcosa in arabo e scuote il capo.

«Vogliono che vada a fumare» dice. Si volta a guardarmi. «Ho detto che sto con te.»

Tre ore più tardi, gran parte della collina è pulita – e non grazie a noi magnanimi volontari occidentali, ma grazie a loro, i profughi, che hanno vissuto orrori indicibili e hanno deciso di combattere in nome della vita e della dignità.

«Sai perché odiamo la domenica?» chiede Soran togliendosi i guanti.

«Perché?»

«Perché non c'è scuola» dice Hammudi.

Pur con l'hotspot che sputa minacce intorno a noi, vedo l'infanzia fiorire di nuovo nei loro occhi come braci sotto la cenere. E capisco che nulla è mai perduto per sempre.

6

Il Natale più bello del mondo

Le persone dimenticheranno ciò che hai detto
e forse anche quello che hai fatto, ma ricorderanno
come le hai fatte sentire per sempre.

MAYA ANGELOU

Natale 2017

Io non mi arrendo a un Natale grigio. No, proprio non ci sto. Il Natale è la mia festività preferita in assoluto, e voglio trasmettere ai Dreamers la gioia che mi infondeva da bambino.

Giulia non è una fan sfegatata della tradizione, ma mi aiuta a escogitare un modo per rendere il primo Natale dei Dreamers memorabile.

«Potresti fare una festa nella stanza numero 4.»

«Non ne possiamo più di stare tappati là dentro!»

«Vuoi fare un'altra pizzata?»

«Forse» dico, «ma manca qualcosa. La domanda è: cosa?»

«Cos'è per te il Natale?»

«Affetto, stare insieme e...»

«Regali» ride.

«Brava. Ma come assicurare tutte e tre le cose?» Mi torna in mente la catasta di divise da basket che ho visto nel magazzino. «E se per Natale regalassi loro una squadra di basket?» Faccio avanti e indietro in cucina. «Gli studenti chiedono di fare sport da mesi...»

«Buona fortuna a ottenere l'accesso ai campi sportivi dell'isola.»

«Razzismo?»

«Questo non l'ho detto io.» Giulia mi scocca un'occhiata d'intesa. «L'hai detto tu.»

«Peccato.» Poi rinsavisco. «Ma che dico? Devo almeno tentare!»

Vado di scuola in scuola, ogni giorno, parlando con le segretarie, i vicepresidi e persino i presidi. Chiedo a ognuno il permesso di usare i campi da basket due pomeriggi a settimana dopo le lezioni. Mi dicono tutti la stessa cosa: «Parlane con il sindaco».

Inizio a fare un giro di telefonate: chiamo chi conosco, gli abitanti dell'isola con cui ho stretto amicizia negli ultimi mesi, dal pizzaiolo al fornaio, dalla commessa alla fruttivendola. Grazie alle loro indicazioni, scovo il numero di telefono dell'assistente del sindaco di Samos. La chiamo per giorni, invano. Ogni volta accampa una scusa diversa: «Il sindaco è in pausa pranzo», «Il sindaco è in ferie», «Il sindaco è in Bosnia».

Un giorno, però, risponde lui in persona.

«Sì?»

Beccato. «Buongiorno» dico, e gli spiego la questione cercando di far trasparire il mio sorriso attraverso il microfono.

«Mai permetterò agli immigrati di usare terreni municipali» risponde, e gli sputi mi arrivano a un chilometro di distanza. «Potete usare il campo pubblico sul lungomare, se vi pare.»

Mi chiude il telefono in faccia.

Il campo pubblico sul lungomare – com'è che non ci ho pensato prima?

Vado in perlustrazione e scopro perché: è un rudere. Non ci sono canestri, il tabellone è spaccato, il cemento crepato e la rete di recinzione arrugginita o del tutto assente. Il campo si trova sull'angolo più ventoso della baia, sferzato dalle onde che si infrangono sulla banchina. A prima vista, la scena è assai tetra. Ma poi immagino le urla argentine dei Dreamers colmare lo spazio da palo a palo, e so cosa fare.

Creo un'altra petizione sui social. Stavolta punto più in alto: pizzata, cinema e rimessa in sesto del campo da basket.

Faccio il possibile per donare speranza ai Dreamers questo Natale perché credo nel potere racchiuso in un momento di autentica felicità: è questa la vera prova dell'integrazione di cui l'Europa è capace. Nei momenti difficili, quando la speranza sembrerà perduta, loro potranno ripercorrere il viale della memoria e ricordarsi dell'infinita bellezza di essere innocenti e amati, per continuare a vivere.

La raccolta fondi va a buon fine grazie all'entusiasmo dei lettori, e il giorno della Vigilia, dopo lezione, dispongo sul tavolo tre pacchi regalo. I Dreamers si accalcano da ogni lato, gli occhi che ricordano le palline di un albero natalizio.

Scarto i regali uno a uno, al suono crescente dei loro applausi. Il primo pacco contiene una palla da basket nuova di zecca, la marca dorata scintillante e l'odore di gomma che riempie l'aria; il secondo è stato difficile da incartare: pare una pila di ossa, ma sono due canestri con tanto di reti e chiavi inglesi per montarli; il terzo contiene le divise trovate nel magazzino, sul cui petto ho fatto stampare la scritta DREAMERS.

«Guardatevi l'un l'altro» dico, quando la classe ritrova la calma. «Oggi inizieremo ad allenarci, e un giorno sarete pronti a giocare con i bambini greci. Siete il Dreamers Team!»

Li porto al campo. Loro urlano e saltano per la strada, tanto che devo acciuffarli più volte temendo che finiscano sotto una macchina. Ormai vivo in un costante stato di preoccupazione per questi mostriciattoli. "Oh be'" mi dico, "dev'essere così che ci si sente a essere genitori."

Il campo è indecente, ma ai loro occhi deve essere una reggia per come esultano e corrono su e giù. Nel giro di quindici minuti, abbiamo montato i nuovi canestri grazie alle doti manuali dei maschietti. Nessuno sa giocare a basket, ma tutti si impegnano al massimo negli esercizi. Mays, di solito la più taciturna, si rivela alquanto combattiva. Pure Soran e Mallik, un tempo acerrimi nemici, ora si chiamano da una parte all'altra del campo.

L'aria sa di salsedine e tempesta preannunciata, e mentre li guardo correre ricordo a me stesso quanto sia importante disseminare amore ovunque vai e lasciare ogni persona che incontri un po' più felice di come l'hai trovata. Mi gonfio i polmoni di questo senso di ritrovata libertà e mi preparo al primo Natale delle loro vite.

Il giorno dopo, Giulia e io ci troviamo davanti al Centro Alpha al calare del sole. Al nostro arrivo, alcuni dei Dreamers attendono già da due ore, incapaci di trattenere l'eccitazione. Fa un freddo becco, tutti i bambini si avvolgono nelle sciarpe arancione catarifrangente distribuite da Samos Volunteers qualche giorno fa.

La cittadina si è vestita a festa, alberelli sparuti fanno l'occhiolino qua e là sulla collina, e un imponente pino di Natale dalle luminarie dorate troneggia vicino alla piazza principale.

I Dreamers camminano a passo spedito, in pratica saltando da una pozzanghera all'altra, e tirano dritto davanti al cinema, pensando di essere diretti in pizzeria come l'ultima volta. Quando mi vedono salire i gradini, però, restano a bocca spalancata.

Li portiamo a vedere il nuovo *Star Wars*. Il fantastico e la fantascienza sono una delle mie passioni, e credo che il mondo abbia un gran bisogno di persone appassionate, di idealisti, di sognatori: spero di trasmettere ciò che amo ai miei studenti. Dopotutto, accendere un piccolo falò nel cuore degli alunni dovrebbe essere l'obiettivo di ogni insegnante.

Escono dal cinema due ore dopo fingendo di brandire spade laser, e solo allora li portiamo in pizzeria. L'odore di pizza mi fa venire l'acquolina in bocca ancor prima di sedermi e il tepore emanato dal forno a legna scaccia l'umidità dell'inverno sull'isola.

Hammudi si piazza accanto a me, Soran accanto a lui, Mays di fronte. Hesther siede vicino a Mays, e Mallik vicino a me dall'altro lato.

«Vi date da fare» dice il pizzaiolo facendo l'occhiolino a Giulia e me.

Ci guardiamo straniti.

Giulia scuote il capo. «Forse si riferisce al numero di bambini.»

«Non per spezzare una lancia a suo favore, ma la classe è raddoppiata in un mese.»

«Quest'isola è piena di personaggi improbabili» ride Giulia, poi si volta e si gode la cena.

Osservo i miei Dreamers e vedo l'amore correre di sedia

in sedia, lo vedo appeso sui lampadari, sotto i piatti di ceramica e fino nell'angolo più remoto della stanza – l'amore è ovunque. Vedo l'amore riscaldare i bambini che oggi vorrebbero essere con le proprie famiglie, ma non possono. Vedo l'amore far dimenticare una terra natale perduta e sanguinante. Vedo l'amore colmare chi si sente solo. Lenire chi è malato. Confortare chi ha paura. E soprattutto, vedo l'amore sfamare chi è affamato.

Le pizze arrivano in tavola, tonde come il mondo e calde come l'inferno, e i Dreamers vi si gettano sopra e fanno grandi bocconi, il formaggio che fila infinito da fetta a bocca.

Dovrei essere a New York e pensare alla carriera, invece insegno a una classe di venti bambini fuggiti dalla guerra. Sono sopravvissuti ai bombardamenti, agli estremisti, ai terroristi, hanno pianto sul corpo senza vita dei loro fratelli, sorelle, padri e madri, e tutti loro portano profonde cicatrici, alcuni sulla pelle, altri nell'anima. Eppure, dentro i loro occhi, il lume della speranza brilla ancora.

Dovrei essere a New York e pensare a come vestirmi e a quali scarpe comprare per far colpo su questo o quell'altro manager, invece insegno inglese, matematica, geografia e biologia, cucino e li porto fuori a cena, gioco a basket e ripulisco il campo dalla spazzatura.

Dovrei essere a New York e sentirmi un estraneo nella mia stessa pelle, invece, ogni giorno, noi celebriamo la vita nella sua forma più genuina, selvaggia e meravigliosa insieme.

Non è il Natale più bello della mia vita. È il Natale più bello al mondo.

7
Dimmi che hai paura

> Diventi responsabile per sempre di ciò
> che hai addomesticato.
>
> ANTOINE DE SAINT-EXUPERY

Gennaio 2018

Riabbraccio Nasir nell'atrio del Centro Alpha. È la prima volta che il sole squarcia le nuvole nel giro di mesi, e l'isola si tinge di albicocca. Molti versano lacrime vedendolo entrare, libero. L'aria profuma di zucchero e ogni suono è ovattato, quasi la realtà temesse di turbare la scena.

Giulia se ne sta in piedi dietro di lui, come per proteggerlo.

Stringo la chiave che porto al polso, la mia Promessa, per celebrare in silenzio quello che pare, finalmente, un lieto fine.

«Pronto alle attività con i più piccoli?» dico.

«Certo.» Nasir mi mette una mano sulla spalla. «Voglio ricominciare domani.»

Sorridiamo entrambi. Nasir si è tagliato i ricci e la prigione gli ha lasciato delle carie in bocca, ma per il resto è lo stesso: esausto, ma tenace. Poi però si siede, e il suo corpo pare crollare sotto il peso di cento macigni. Continua a sorridere con la bocca, ma i suoi occhi si perdono altrove.

Mi sento gelare, ma perché? Nasir è fuori di prigione. Deve attendere l'esito dell'appello alla Corte di giustizia dell'Unione europea è vero, però è libero, e questo è ciò che conta. Allora perché rabbrividisco?

I Dreamers iniziano a fiumare verso la stanza numero 4: è ora di fare lezione. Attendo dieci minuti perché la classe si riempia, poi chiudo la porta.

Oggi il programma prevede un mix di esercizi sul verbo avere e diritti dell'infanzia. La stanza si tinge di azzurro grazie alle tende che ho acquistato per creare un'atmosfera più rilassata. Gli alunni scrivono e fanno domande. Hammudi è il primo a finire l'esercizio, Mays è quella che fa meno errori.

D'un tratto, la porta si apre ed entra Soran, in ritardo. Ha le sopracciglia aggrottate e il labbro inferiore sporto in avanti. Tutta la classe si volta a guardarlo, ma lui tace, il fiatone e gli occhi sgranati. Si infila le mani in tasca e poi le ritira fuori, non sa dove metterle. Pare sul punto di avanzare, ma se ne sta accanto alla porta guardandomi dritto negli occhi. Schiude le labbra, senza emettere alcun suono.

«Andiamo ad Atene!» urla poi.

Silenzio.

Soran si volta a guardare Hammudi, il suo migliore amico. «Andiamo ad Atene!» ripete.

I Dreamers lo fissano quasi pietrificati.

«Quando?» chiedo.

«Stanotte.»

«Stanotte?»

Soran esita. «Devo andare, adesso. Devo tornare dalla mia famiglia.»

Lo dice, ed è già sparito.

Contagioso, lo shock balza di volto in volto. Molti studenti si alzano in piedi senza sapere cosa fare, si guardano intorno, nessuno fiata. Alcuni seguono Soran fuori dalla classe, altri si rimettono a sedere e appoggiano il capo sul banco.

«Io e Soran siamo arrivati insieme» dice Mallik. «Devo andare.»

Mi mancano le parole. Soran se ne va?

Pesco il cellulare dalla tasca. Giulia mi ha scritto un messaggio: "Trasferiscono mille persone a partire da stanotte. È un piano del governo con il supporto dell'Organizzazione. La chiamano 'Decongestione'".

Cerco di spiegare la situazione alla classe, uno stormo di occhietti impauriti che mendicano risposte. La loro vita sta per essere stravolta di nuovo dai burattinai di questa crisi.

Dubito di riuscire a spiegarmi a dovere, però. Uso parole troppo complesse per il loro livello linguistico, in parte perché io stesso fatico a capire cosa stia accadendo. Mi sforzo di sorridere facendo emergere la gioia che l'idea di Soran e della sua gigantesca famiglia lontani dall'hotspot mi procura, eppure un nugolo di domande occlude i miei pensieri. Dove li mandano? Vivranno in un altro campo o finalmente in una casa? I bambini andranno a scuola? Il padre potrà lavorare? Troveranno qualcuno disposto a trattarli come esseri umani?

Hammudi, che mi ha fissato incredulo finora, si alza rovesciando la sedia ed esce in lacrime. L'istinto è di inseguirlo e rassicurarlo, ma poi incontro lo sguardo di Mays. Lei è rimasta seduta, non se n'è andata, e ha ascoltato in silenzio, la biro in mano.

Alla sua famiglia hanno rifiutato la richiesta di asilo, e adesso dovranno restare qui in attesa di una risposta all'appello.

Mays lancia un'occhiata al verbo "avere" e ai diritti dell'infanzia scritti alla lavagna. Mi fa un cenno del capo. Io respiro, e resto.

Continuo la lezione fino alla pausa, e così riporto una parvenza di stabilità in classe. Con ogni parola che scrivono sul quaderno, gli studenti ritrovano la calma.

Appena posso, però, lascio l'aula a un'assistente volontaria ed esco dal Centro Alpha.

Heather mi rincorre: «È al parco giochi» dice, e sul suo viso leggo un misto di apprensione e fiducia.

Trovo Hammudi appollaiato sullo scivolo, nell'angolo più decrepito del parco cittadino. Solo altalene rotte, gatti randagi e lattine di birra vuote.

Mi sente arrivare, ma non solleva il capo dalle ginocchia. Singhiozza, e la sua voce si perde tra le foglie.

«Posso unirmi a te?»

Hammudi non risponde.

«Vuoi restare da solo?»

Scuote la testa.

Mi arrampico sullo scivolo e mi accovaccio accanto a lui. L'odore di legno bagnato mi invade le narici. Gli tocco la spalla sentendo la sua schiena tremare dal profondo. Attendo. Annusando l'erba, un gatto bianco e peloso zampetta avanti e indietro. Hammudi si calma un poco al mio tocco.

«La tua rabbia è normale» dico, «e pure la tua tristezza e la tua felicità. A volte provi queste emozioni da sole, e a volte le provi tutte insieme. Va tutto bene. Tu vai bene. E sei un bravo ragazzo. Lo so perché lo vedo in te.»

Lui ascolta senza emettere alcun suono. Intanto la pausa sta finendo, devo tornare dai Dreamers. Gli do una pacca sulla schiena e scendo dallo scivolo.

«Ci vediamo in classe, quando ti senti pronto.»

Mi allontano e, mentre lo faccio il fango sotto i piedi si tramuta in marmo, i muri si alzano intorno a me e così l'odore delle strade della mia infanzia. Mi trovo a casa dei nonni, sono bambino, e mio padre se ne sta andando. Deve incontrare questo o quel fornitore. Tornerà presto, certo, ma per me è incomprensibile. La mia piccola mente non può sapere se tornerà, e quando, e per quanto tempo starà via, stavolta.

Mio padre mi abbraccia. Gli si spezza il cuore all'idea di lasciarmi, mi stringe con tutta la forza. Mi ama più di ogni altra cosa al mondo, eppure scioglie l'abbraccio. Ha poco più di vent'anni, e porta sulle spalle un'eredità fatta di grandi sogni ed errori ancora più grandi. Fa paura, certo, gestire un'azienda di quelle dimensioni, tenere la nave a galla sotto gli occhi dell'intera famiglia, ma lo fa sentire bene. Lo fa sentire grande. Lo fa sentire necessario. A casa, invece, è solo un padre come tanti.

Mi accarezza i capelli e si allontana.

Mi volto, e il marmo sparisce in un lampo davanti ai miei occhi.

Mi volto e sono a Samos, e vedo Hammudi, il mio studente, piangere a dirotto.

«Ti ho preso» dico, afferrando la sua mano. «Affronteremo questo momento insieme. Non vado da nessuna parte. Qualsiasi problema incontrerai, lo affronterò con te. Ti ho preso» ripeto. «Non stai più cadendo.»

Apre gli occhi e mi fissa dalla fessura tra le braccia incrociate. Mi guarda da sopra lo scivolo e non si muove.

Lascio andare la sua mano. «Vieni.»

Hammudi si alza senza esitare e scende dallo scivolo. Apro le braccia e lui si lascia cadere contro il mio petto, la testa sul mio cuore. Smette di piangere. Mi abbraccia, e io ricambio. Ma poi le mani fredde di mio padre sulle guance quando tornava tardi la notte, il sapore di succo nel bicchiere di champagne, l'odore del camice d'ospedale e il suo ruggito durante i litigi – tutto torna indietro, e sento l'ansia montare, l'ansia del contatto fisico, l'ansia di arrivare sempre troppo tardi, l'ansia di non essere mai la persona giusta al momento giusto.

Voglio scogliere l'abbraccio. Voglio sentirmi al sicuro da quello che l'amore altrui potrebbe farmi. Ma poi realizzo che l'amore non mi spaventa più, e non lo fa da anni, ormai. Guardo l'altalena rotta, l'erba, i gatti, e il mio cuore rallenta. Hammudi, ne sono certo, lo sente. Lo sta ascoltando, dopotutto.

«Vali perché esisti» dico. «Non per cosa fai o cosa hai fatto, ma semplicemente perché *sei*.»

Hammudi mi abbraccia e sento la sua cassa toracica gonfiarsi sotto le mie braccia, forse tentando di colmare il vuoto che la sua giovane vita ha lasciato in lui.

«Sei il fratello maggiore migliore in cui potessi sperare» dice.

Torniamo in classe insieme.

È sera e mi trovo nell'hotspot dopo il coprifuoco. Me ne infischio. Stanotte partono quasi metà dei miei studenti, e non ho intenzione di perdermi questo momento. Desidero aiutare le famiglie a trasportare i bagagli. Desidero prodigarmi in raccomandazioni sull'importanza dell'istruzione. Desidero stare loro vicino.

«Questo non è un addio» dico abbracciando Mohammad, il padre di Soran. «Lo prometto.»

Lui mi guarda e sorride, poi torna a riempire le valigie acquistate per l'occasione. Le mamme corrono da una parte all'altra preparando gli innumerevoli pargoli alla partenza. Soran e Hammudi si sfidano a un gioco di riflessi seduti a terra.

Pure la zia di Hammudi si affaccenda e aiuta a fare i bagagli. Ebbene sì, l'amicizia tra i due bambini ha contagiato le famiglie. Dopo l'arresto dello zio di Hammudi, le madri di Soran sono accorse in aiuto della zia sorvegliando le tre figlie piccole e condividendo i pasti. Ora si baciano e abbracciano prima di dirsi addio.

Hammudi e Soran appartengono a mondi differenti: uno arabo e l'altro curdo, uno povero e l'altro benestante, uno senza famiglia e l'altro con troppa famiglia, uno estroverso e l'altro riservato. Ma i bambini sono così, in barba alle circostanze e alle imposizioni culturali, loro trovano sempre il modo di essere bambini – il che significa, in poche parole, che trovano sempre il modo di amare.

Aiuto Mohammad a impilare le valigie e i sacchi neri accanto alla tenda. Mi sento a un tempo divorato dall'apprensione e colmo di speranza. Dev'essere un inferno attendere che qualcuno decida se sei degno di essere trattato come un essere umano e poi, quando accade, essere spostato senza preavviso, come se fossi un pacco, come se non valessi abbastanza, come se fossi sacrificabile. Al contempo, però, la famiglia di Soran ce l'ha fatta: si sta lasciando questo luogo maledetto alle spalle, una volta per tutte.

Mi guardo intorno: decine e decine di famiglie brulicano salendo e scendendo dalla collina, c'è chi canta e c'è chi esulta, chi urla e chi incita cori di protesta. L'hotspot pulsa di vita: allegria, aspettativa e odore di corpi sudati e di pioggia.

Aiuto le famiglie dei miei studenti a trasportare i bagagli al cancello meridionale. Anche Mallik e la sua famiglia partono stanotte. Risalgo la collina dieci, venti volte per rendermi utile, mi bruciano le giunture, ma lo faccio con piacere. Faticare con loro mi fa sentire partecipe, ma soprattutto allevia le fitte che sento all'idea di perdere i miei primi Dreamers.

La parte più difficile non è lasciarli andare. La parte più difficile è lasciarli andare sapendo che loro sì, vivranno per sempre nel mio cuore, ma la mia missione è svegliarmi senza indugio domani e dare il cento per cento a chi è rimasto indietro. La mia missione è fare spazio per quelli che devono ancora venire, sapendo che meritano di essere amati almeno quanto loro.

Amare, l'esercizio di stiramento del cuore, è come andare in palestra – fa male, ma è salutare. Amare fa sì che il tuo cuore cresca più forte, perché il cuore non è una scatola o una stanza che puoi riempire, ma un muscolo come tutti gli altri: più ami, più il tuo cuore si espande. Quando amiamo, noi cresciamo. E, contemporaneamente, facciamo spazio per ciò che chi amiamo ha da offrire. Aggiungiamo le loro qualità alle nostre, e abbandoniamo i nostri difetti per accettare i loro. Amare ci rende più grandi, migliori, più pieni. Non è speculazione, è matematica.

Si fa l'una di notte quando quasi trecento persone si accalcano al cancello. L'Organizzazione si occupa di controllare i documenti e provvedere al trasporto, mentre il governo greco supervisiona: circondata dalla polizia e dall'esercito, la Manager dell'hotspot osserva la scena a braccia conserte, il volto di pietra, gli occhi di amianto. La vedo per la prima volta. È una donna minuta, quasi gracile, ma il potere che emana arroventa la notte. L'immagine di lei mi lascia un marchio nella mente.

«Ci vediamo al porto» dico, stringendo la mano di Mohammad. Anche se sa che mi rivedrà tra un'ora, Soran vuole abbracciarmi comunque prima di salire sul bus.

I pullman dell'Organizzazione partono e imboccano la strada principale per dirigersi lenti verso la baia. Accanto a me, Hammudi sventola la mano finché i fanali diventano lucciole lontane. Quando il rumore dei motori svanisce, subentra un silenzio di piombo.

Rimaniamo solo noi due, in piedi sulla collina, a strizzare gli occhi in cerca di luci nell'oscurità.

Giulia passa a prendermi in macchina e mi dà un passaggio al porto. Sa che si tratta di un momento emozionante per me, e così facciamo il viaggio senza parlare.

Sono le due di notte quando parcheggia. L'Organizzazione ha stipato le persone in partenza in una sezione delimitata da una cancellata di ferro. Tutti i miei bambini attendono l'arrivo del traghetto seduti sul cemento, proprio come nella Gabbia, la notte in cui furono ripescati dal mare. I fratelli più piccoli dormono acciambellati sotto le coperte, ma non i Dreamers, no: loro mi stanno aspettando.

Mi reggo alla cancellata che separa gli uomini liberi dai rifugiati. L'odore di mare mi turbina intorno a folate, gelido e dolciastro.

Il traghetto appare all'orizzonte provocando scariche di eccitazione tra la folla. I Dreamers si voltano di tanto in tanto e mi lanciano occhiate felici attraverso le inferriate. Il traghetto si avvicina lento, imponente, solcando le stesse acque che pochi mesi fa si stavano per prendere le loro vite. Quando attracca, l'aria si riempie dei fumi di scappamento e la gente si fa un passo più vicina, al contempo elettrizzata e riverente, mormorando davanti al rombo del motore. Pare che abbiano atteso quest'imbarcazione per una vita intera. La rampa si abbassa toccando la banchina.

Soran si volta, si separa dalla sua famiglia e corre verso il cancello. Io mi arrampico e, sporgendomi, gli tendo le mani, che lui afferra per arrampicarsi a sua volta. Con la grata in mezzo, ci stringiamo nell'abbraccio più scomodo del mondo.

«Grazie» dice, e mi si appanna la vista.

Prima che possa balzare giù dalla cancellata, mi slego la chiave che porto al polso, la mia Promessa, e gliela porgo. Tutti i Dreamers sanno quanto ci tenga, e Soran mi guarda stupefatto. Non osa toccarla.

«Ci vediamo presto» dico, e allungo la mano.

Soran prende la Promessa e raggiunge la sua famiglia, che aspetta sulla passerella. Mohammad mi saluta con la mano, e io ricambio. Poi il traghetto li inghiotte, insieme ad altre trecento persone.

Me ne sto ancora appeso al cancello, sporto per metà oltre il parapetto, quando una voce si leva nella notte. All'inizio mi giunge incomprensibile, ma poi mi accorgo che un'altra voce le si unisce e risponde, e poi un'altra, e un'altra ancora. Sono i Dreamers, urlano da sopra il ponte del traghetto.

Lancio un urlo: «*Let's go…*».

«Dreamers!» gridano all'unisono.

«*Let's go…*» ripeto.

«Dreamers!»

«*Let's go…*»

«Dreamers!»

Il motto della nostra classe riecheggia sul mare, solca le onde come un filo invisibile mentre le nostre voci si fanno sempre più lontane. La notte è fonda, il futuro incerto. Ma adesso, in questo preciso istante, i nostri cuori sono insieme. E non hanno paura.

8

Quelli che restano

Se qualcosa ama, è infinita.

WILLIAM BLAKE

Gennaio 2018

La mattina seguente, la stanza numero 4 appare svuotata, terribilmente silenziosa, e gli studenti si guardano intorno con lo sgomento negli occhi. Proprio per questo, io do il meglio di me: organizzo giochi educativi, mimo, ballo persino, e mi riesce di strappare pure qualche sorriso.

Lo faccio per loro, gli avanzi, quelli che sono rimasti indietro. Per loro cancello con una risata le occhiaie di una notte quasi insonne, e cerco di ignorare una domanda che continua a frullarmi nel cranio: i bambini trasferiti con la famiglia affronteranno l'ignoto insieme… ma cosa accadrà, invece, a chi una famiglia non ce l'ha?

Da quando hanno incarcerato lo zio, Hammudi ha perso il suo tutore legale. Cosa ne sarà di lui, quando lo trasferiranno? Lo piazzeranno in una casa famiglia? Da luoghi simili arrivano soltanto storie di orrori. Ho forse commesso un errore, mandando quel report?

Decido di recarmi agli uffici dell'Organizzazione per schiarirmi le idee e incoraggiare l'Ufficiale per la protezione dell'infanzia a usare un occhio di riguardo con il caso di Hammudi. L'Organizzazione ha potere quasi illimitato e un'ottima reputazione, e l'Ufficiale mi ha fatto una buona impressione quando ci siamo incontrati. Più ci penso, più mi convinco che funzionerà.

Ha ripreso a piovere. Dopo la lezione, l'aria odora di cane bagnato. Mi avvio verso gli uffici dell'Organizzazione, ma a metà strada incontro proprio l'Ufficiale che cammina nella direzione opposta.

«Ciao» dice lei, vedendomi. Trascina le vocali e si prodiga in un sorriso ampio, bianchissimo.

«Come stai?» chiedo.

«Bene.» Guarda lo schermo del cellulare. «Tu?»

«Bene.»

Silenzio.

«Grazie di essere intervenuta» balbetto.

«Scusa?»

«Il report su Hammudi.»

L'Ufficiale fa una smorfia. «Scusa, sono stata molto impegnata e non ho ancora avuto modo di controllare le email.» Poi si affretta ad aggiungere: «Ma lo farò al più presto».

La pioggia sforacchia il silenzio tra di noi.

«Un momento...» dico. «Quindi non siete stati voi a far arrestare lo zio di Hammudi?»

L'Ufficiale controlla il cellulare. «Non so di cosa tu stia parlando.» Mi guarda. «Scusa, ora devo andare.»

Muto, la guardo allontanarsi. Risale verso l'hotspot, volta l'angolo. È sparita.

Tornando alla casa dei volontari, devo farmi forza per impedire a me stesso di correre. Busso alla porta di Giulia. Nessuna risposta.

Busso di nuovo. Niente.

Apro e trovo la camera vuota, ma entro lo stesso. Nella penombra, mi accomodo su una sedia. E aspetto.

Giulia rincasa venti minuti dopo. Era in prigione. Anche dopo la liberazione di Nasir, continua a portare caffè, biscotti e sigarette ai detenuti. Come fa a starci, un cuore così grande in una donna così piccola?

Quando mi trova seduto sulla sedia, fradicio, non batte ciglio.

«Non sono stati loro» dico.

«Togliti la giacca e siediti sul letto.»

Lo faccio e lei si siede accanto a me.

«Chi?» chiede.

«L'Organizzazione.» Mi sdraio, com'è diventata nostra

abitudine quando chiacchieriamo nella sua stanza. «Ho mandato il report su Hammudi e non hanno fatto nulla.»

«Prima di trarre conclusioni affrettate, fammi controllare con Majida.»

Majida sa tutto, o quasi. È una rifugiata siriana che ha ottenuto l'asilo e adesso lavora con il dottore del campo. Mentre Giulia digita veloce, io attendo in silenzio e scuoto il capo senza sosta. Non riesco a fermarmi. Il mio cuore giace su un letto di cenere.

Poi Giulia sospira e legge: «Una notte era ubriaco e ha attaccato due operatori medici nel campo». Mi guarda, gli occhi illuminati dallo schermo del cellulare. «L'Organizzazione non c'entra niente con l'arresto, avevi ragione.»

«Hanno ignorato il report» dico. «Perché?»

«Forse l'Ufficiale è davvero molto impegnata.»

«L'ho mandato un mese fa. Un report di abuso minorile.»

Tacciamo entrambi. Ascoltiamo la pioggia battere sulle finestre.

«Mi sento in colpa» dico, dopo un po'. «Hammudi non ha nessuno. Pensavo che segnalandolo all'Organizzazione avrebbe avuto loro dalla sua parte, e invece ora si ritrova nell'hotspot privo di supporto legale. Dove lo manderanno, dopo? In una casa famiglia ad Atene?»

Giulia abbassa la testa.

«Cosa?» dico.

«Niente.»

«Dimmi.» Le tocco la spalla. «Ti prego.»

«Ho saputo che molti dei minori non accompagnati ad Atene finiscono per strada, alcuni a spacciare… altri a prostituirsi.»

Mi sale la nausea. «Perché me l'hai detto?»

Giulia mi scocca un'occhiata.

«Scusa» dico. «Ma sono il suo insegnante. È mio dovere aiutarlo.»

«Allora incalza l'Ufficiale. È il suo lavoro. Deve farlo.»

Per la prima volta mi accorgo che la camera di Giulia profuma di panni appena stesi, sebbene non ve ne siano.

Cala di nuovo il silenzio, un silenzio rilassato, partecipe.

Giulia è la mia roccia. Ci capiamo alla perfezione e la sua semplice presenza lenisce la mia ansia e le mie paure.

«In un mondo ideale» dice, «qualcuno adotterebbe Hammudi.»

«Hai ragione.»

La pioggia vocia, chiacchiera, blatera tutt'intorno. E così mi viene un'idea.

È un'idea folle.

No, è ben più che folle. È giusta.

Mi sono sempre chiesto perché fosse così difficile trovare qualcuno in grado di aiutare questi bambini. Poi ho realizzato che quel qualcuno sono io.

Mi volto, la guancia sulle lenzuola, e guardo Giulia negli occhi.

Prima ricambia il mio sguardo con una punta di confusione, poi socchiude la bocca come per fare una domanda, e infine capisce.

«No, Nicolò. Non puoi.»

«Devo.»

Silenzio.

Poi Giulia annuisce. «Fallo.»

Annuisco di rimando. Ho sempre pensato di essere il risultato delle persone che amo, ma la verità è che sono il risultato delle persone che mi hanno amato. E questo fa tutta la differenza.

Mi candido come padre in affido di Hammudi.

PARTE TERZA

Mi alzo ancora

I

Solo i sognatori sopravvivono

> A dispetto di tutto, credo ancora che le persone siano davvero buone di cuore.
>
> ANNE FRANK

Febbraio 2018

L'Organizzazione opera in tutto il mondo. Dalla Turchia al Messico, dalla Libia allo Yemen, dal Bangladesh all'Europa. Ovunque ci siano rifugiati, ecco che il suo logo azzurro appare sulle coperte, sui teli, sulle razioni di cibo, sugli zaini di scuola. Ogni ONG, locale o internazionale, brama una collaborazione con l'Organizzazione.

L'Organizzazione significa influenza.

L'Organizzazione significa potere.

L'Organizzazione sta tradendo la fiducia dei profughi di Samos.

Siedo a un tavolo con le principali autorità dell'hotspot. L'Ufficiale per la protezione dell'infanzia si sistema accanto a me. Non mi degna di uno sguardo. Ormai con me ha smesso di fingere il sorriso. Sono le due del pomeriggio e non piove più.

Di fronte, il guardiano dei minori non accompagnati si fa aria con un quaderno. Alla sua destra siede il Commissario europeo in giacca e camicia, seguito dall'operatore di Arogos, che prende appunti su un portatile. Arogos gestisce il centro per i bambini più piccoli. Il gestore della casa famiglia di Metadrasi si mangia le unghie seguendo il meeting di sbieco. Sia la rappresentante di EASO, che si occupa di seguire le richieste di asilo per conto dell'Unione Europea, sia quella di Arsis paiono annoiate, mentre l'unico medico del campo parla senza sosta, monopolizzando una buona porzione dell'incontro.

Presenziano tutti i rappresentanti delle ONG di Samos, tutti gli attori di questa farsa – tutti tranne la Manager dell'hotspot, come sempre.

Da quando mi sono candidato alla custodia di Hammudi, Giulia mi porta con sé in questi meeting, in qualità di coordinatore dei Dreamers.

«La Decongestione ha migliorato le cose» dice il medico, «ma siamo in crisi con il personale, e il governo non pare disposto a inviare rinforzi.»

La rappresentante di Arsis legge da un foglio: «Abbiamo ricevuto segnalazione...».

«E poi ci mancano le medicine» la interrompe il medico. «Cosa diamo ai bambini asmatici, se il governo non manda gli inalatori?»

Lei ci riprova: «Abbiamo ricevuto segnalazione...».

«Se i minori non accompagnati trattassero i container con ritegno...»

«Credo che stesse cercando di dire qualcosa» gli fa notare Giulia. «E i minori non accompagnati sono costretti a vivere in quindici in container già distrutti. Cosa faresti tu al loro posto?»

Il medico annuisce e lascia la parola.

«Abbiamo ricevuto segnalazione che Frontex al loro arrivo registra i minori non accompagnati come adulti» riesce finalmente a dire la rappresentante di Arsis.

Il medico si gratta la barba incolta. «Da chi viene la segnalazione?»

«Dai minori non accompagnati.»

«Mentono.»

L'Ufficiale dell'Organizzazione si agita sulla sedia. Si respira odore di vecchia moquette, sebbene di moquette non vi sia l'ombra.

Giulia si liscia i pantaloni sulle cosce. «Abbiamo ricevuto segnalazioni sulla brutalità della polizia verso i minori in fila per i pasti. Mentono anche loro?»

«Probabilmente» dice il medico. «Il mio team non ha mai trattato casi di violenza della polizia sui minori.»

Sfilo un foglio dal mio taccuino e lo passo a Giulia.

«Ecco» continua lei. «Questa è la fotocopia di una raccomandazione che una delle tue infermiere ha firmato la scorsa settimana.» Giulia passa il foglio al medico. «Dice che un minore non accompagnato è stato sottoposto alle cure dell'ospedale cittadino dopo che un poliziotto gli ha chiuso il dito nel cancello del container ristorante.»

«Devi capire che la polizia sta solo cercando di controllare le risse che si scatenano in coda...»

«Se questo comporta fare male ai bambini» interviene il coordinatore di Arogos, «allora è inaccettabile.»

Cala il silenzio. Paiono tutti sul punto di controllare l'ora, ma si trattengono.

«In ogni caso» dice l'Ufficiale, «nello scorso meeting abbiamo parlato dei minori non accompagnati che vivono nella foresta.» Si volta verso il Commissario europeo. «Abbiamo novità?»

Lui tenta di allentarsi il colletto troppo stretto. «Ne ho parlato con la Manager.»

Attendiamo tutti che vada avanti ma, quando lui si limita a ricambiare gli sguardi, l'Ufficiale chiede: «E?».

«Mi farà sapere.»

Silenzio. Mi metterei a ridere, se questa messinscena non mi stesse divorando l'anima. Ogni meeting tratta delle stesse problematiche, in risposta alle quali le persone incaricate creano piani d'azione che vengono poi prontamente ignorati dalla Manager – e, di conseguenza, dal governo greco. Ogni meeting è uno spreco di tempo e denaro, e tradisce le speranze della gente che dovremmo assistere. Queste ONG, con i loro statuti altisonanti, vengono prese a pesci in faccia dalla Manager ogni giorno, e ogni giorno come scolaretti si rimettono a sedere.

La mia domanda è: ci stanno provando davvero o scaldano solo il posto a tavola?

«Se non ci sono altri punti da discutere» dice l'Ufficiale dell'Organizzazione, «ci ritroviamo tra due settimane.»

Gli astanti si affrettano a ficcare taccuini e portatili negli zaini e a lasciare il container.

«A dire il vero c'è qualcos'altro» dico. «Ho inviato un report di abuso minorile due mesi fa, e a oggi non è successo...»

«Non discuteremo i singoli casi in questa sede.» L'Ufficiale parla con condiscendenza, come se fossi un fastidio.

«E dove, allora?»

«Il caso è di nostra giurisdizione, adesso.» Si alza. «Ce ne occuperemo noi seguendo il protocollo. Grazie.»

Il che significa: "Abbassa la cresta, volontario".

Sento Giulia fremere accanto a me, ma, da professionista qual è, raccoglie la borsa, ringrazia e torna a fare il suo lavoro. Io invece non riesco a fare buon viso a cattivo gioco, e devo chiudere gli occhi un momento per riacquistare la calma. L'Organizzazione ha tutte le prove necessarie e sa che lo zio di Hammudi uscirà di prigione tra un mese, eppure non sta muovendo un dito. Perché? Perché, perché, perché?

«Posso parlarti di là?»

Apro gli occhi. È il coordinatore di Arogos, Costas. Annuisco e lo seguo fuori dal container dell'Organizzazione. Mi conduce lontano dagli altri. Il sole splende, ma l'aria gelida punge le guance.

«Ho sentito cosa stai facendo.» Costas fatica a trovare le parole. «Apprezzo cosa stai cercando di fare per questo bambino, ma stai attento.»

«A cosa?»

«Stai andando contro il sistema.» La sua voce diventa un sussurro. «Stai attento a questa gente.»

Le sue parole mi passano da parte a parte, ma, dopo tutto ciò che ho visto nell'ultimo mese, mi riprendo in fretta.

«Sono loro a dover fare attenzione» rispondo. Lo so, è una frase sciocca, ma la verità è che ho paura e dirla mi infonde coraggio.

Costas mi osserva come tentando di decifrarmi, poi annuisce e se ne va. È tristezza, quella che ho visto nei suoi occhi?

Un mese fa mi sono candidato come padre in affido di Hammudi, e così è iniziata la mia discesa nella tana del coniglio. Mi sono confrontato con i cavilli del sistema e ciò che ho scoperto mi impaurisce. Il freddo che sento nel corpo mi fa rabbrividire anche al sole, ormai. Ma ho visto l'inefficienza di questo apparato burocratico con i miei occhi, e ora ne ho le prove.

Dopo la decisione presa sul letto di Giulia, mi sono mobilitato senza indugio. Avevo una missione: offrire ad Hammudi una fune per fuggire dall'inferno in cui era intrappolato.

Ho recuperato il numero dell'Ufficiale e ho iniziato a chiamarla a giorni alterni, chiedendo novità. In questo modo ho scoperto che dopo le cinque del pomeriggio lei spegne il telefono. Dopotutto, si sa, nessuno abusa dei bambini di sera. Dopo una settimana, l'Ufficiale ha aperto la mia email. "Bene" mi sono detto, "è un inizio."

Ho chiesto ad Ahmed, che nel frattempo era tornato a pulire Alpha a pieno regime, spiegazioni sull'arresto dello zio di Hammudi, solo per ricevere risposte vaghe.

«Secondo me c'era di mezzo la droga» ha detto, ed è l'informazione più specifica che sia riuscito a ottenere da lui.

La prima volta che Giulia mi ha invitato a un meeting sulla protezione dell'infanzia, mi sono sentito pieno di energia: mi sarei trovato circondato dai potenti dell'hotspot, avrei potuto finalmente fare qualcosa di concreto per cambiare la situazione di Hammudi e di altri bambini nelle sue condizioni.

Mi sbagliavo. Il primo meeting si è rivelato inconcludente, una mera collezione di orrori riportati e operatori che facevano spallucce. Mi sentivo piccolo, un moccioso coinvolto in un gioco di giganti. Intanto, ho continuato a chiamare l'Ufficiale. Deve aver salvato il mio numero, perché dopo un po' ha smesso di rispondermi. L'ho chiamata con il mio numero indiano e mi ha risposto: dopo un'altra settimana, mi ha confermato che l'Organizzazione ha immesso il caso di Hammudi nel sistema e l'ha inoltrato alla Manager dell'hotspot.

Pareva un traguardo senza precedenti.

Nel frattempo, Nasir aveva ripreso a fare attività con i più piccoli, e per i primi giorni era andato tutto liscio. Solo che poi ha chiesto un giorno di riposo, e poi due, e poi ha mollato l'incarico.

«Se sei un rifugiato» ha detto, «la realtà è che non c'è alcun luogo in cui andare.» Ha fatto un tiro di sigaretta. «Non c'è proprio dove andare.»

«Tieni duro, Nasir.»

«Sono stanco, Nico. Sono due anni che tengo duro in questo incubo.» Mi ha guardato negli occhi. «E tu stai attento all'Organizzazione. Il loro obiettivo è renderci dipendenti dal loro aiuto, non gli piace che qualcuno si metta a ficcare il naso.»

Forse stava esagerando, forse era la delusione a parlare per lui. Ma di una cosa ero certo: le sbarre, che prima si ergevano intorno a lui, ora gli vivevano dentro.

L'unica via d'uscita era spezzare la ruota di un sistema marcio.

In teoria ora il report giaceva sulla scrivania della Manager e degli operatori di First Reception – il governo greco. Ogni mattina, prima della lezione, mi sono piazzato davanti al suo container chiedendo di poterle parlare. Ogni volta mi rimbalzavano accampando delle scuse.

«Aspetta una mezz'ora» mi dicevano i Minions all'ingresso.

«Qui fuori?»

Sguardo torvo.

«Qui fuori. Capito.»

Mezz'ora dopo: «Novità?».

«Ho detto tra mezz'ora.»

«È passata.»

«Non in Grecia.»

Il Minion mi guardava sorseggiando il suo cappuccino freddo.

«Devo andare a fare lezione, e si tratta di una questione urgente.»

«Torna domani.»

«Ma è urgente.»

«Tutto è urgente qui.»

Il giorno dopo sono tornato alla stessa ora.

«Perché t'importa così tanto?» ha chiesto la segretaria, spazientita.

«A qualcuno deve importare.»

Sentivo, o immaginavo, che un numero sempre maggiore di operatori provasse astio nei miei confronti. Le occhiate che mi lanciavano mi spezzavano il respiro, eppure sapevo che significavano solo una cosa: stavo smuovendo le acque. Non potevo lasciarmi intimidire: le regole esistono non per essere infrante, ma per essere messe in dubbio.

Nonostante l'energia che riversavo nella mia crociata, però, continuavo a impegnarmi nell'insegnamento. Cercavo di bilanciare le mie due linee d'azione per prendermi cura di tutti i Dreamers. Alcuni bambini hanno bisogno di un mentore che illumini loro la via, altri di un campione disposto a fare tutto il necessario per tenerli al sicuro. Ogni bambino merita un insegnante a cui importi di lui.

Al contempo, ho seguito con attenzione la mia candidatura di padre affidatario. Ho solo ventiquattro anni e non so come fare il papà. Ma, a conti fatti, qualcuno lo sa?

Ho contattato il guardiano dei minori non accompagnati, colei che dal giorno dell'incarcerazione dello zio detiene la custodia legale di Hammudi, e l'ho incontrata per un caffè. È arrivata all'appuntamento con quarantacinque minuti di ritardo.

«Quindi vuoi prendere questo... Hammudi in affido.» Fumava. «Sei sicuro di potertelo permettere?»

«Sì. Ho ricevuto un'offerta da una grande casa editrice italiana, ma io i soldi non li voglio. Mi piacerebbe usarli per Hammudi.»

Rizzoli aveva notato il piccolo successo di *Bianco come Dio* e mi aveva contattato esprimendo interesse per una ripubblicazione. Non avevo ancora firmato alcun contratto, ma contavo su quest'opportunità per aiutare Hammudi.

«Sai che se ti concedono l'affido sarai bloccato in Grecia fino alla maggiore età del bambino?»

«Ne sono consapevole e mi va bene.»

«E dove hai intenzione di farlo vivere, ad Atene?»

«Qui. Giulia si è detta disposta a vivere con noi e aiutarmi, nel caso in cui le autorità siano d'accordo, s'intende.»

«Bravo.» Si è passata una mano tra i ricci. «Anch'io ho deciso di crescere mia figlia lontana da Atene. È una città pericolosa.» Si è sporta e il tavolo si è inclinato. «Pensi che sia qui per il lavoro?»

«No?» Ho toccato il mio cellulare, rivolto a schermo in giù sul tavolo.

«Certo che no. Sono qui perché mi piace Samos.»
Silenzio.
«In ogni caso» ha detto, finendo il cappuccino, «metterò una buona parola per te.»

Cercavo consigli e alleati nella giungla burocratica e, sebbene il suo atteggiamento indolente fosse un campanello d'allarme, mi sono illuso di poter contare su di lei. Uscendo dal caffè, salvo la registrazione audio sul mio cellulare.

Gli altri operatori, invece, durante i meeting mostravano il proprio disagio con franchezza crescente. "Torna a sedere, volontario" dicevano i loro occhi. "Datti una calmata." Non c'era nessuno che dicesse: "Finché non traggo qualcosa di buono da questo casino, stanotte non torno a casa". Non c'era nessuno che si chiedesse: "Come farò, stanotte, a dormire tranquillo?".

Dal giorno dell'arresto di suo zio, Hammudi si è avvicinato a me. Mi sta sempre accanto e cerca l'approvazione nei miei occhi. Ho addirittura stretto un patto con la zia, che mi ha incaricato di accertarmi che Hammudi torni al container ogni sera entro le nove. A volte mi invitano dentro per una tazza di tè, e così ho iniziato a familiarizzare anche con lei e le tre cuginette. Sto infrangendo le regole di Samos Volunteers, ma se ciò significa salvare almeno un bambino, ne vale la pena. All'ora del commiato, Hammudi mi saluta sempre con un abbraccio.

Sto combattendo la lotta per la custodia, e lo faccio da solo, ma Giulia mi sostiene *in toto*. È così che ho capito la cruciale differenza tra noi e le grandi ONG che operano nell'hotspot: vediamo lo stesso dilemma, ma lo guardiamo da direzioni opposte. Loro vedono un mondo fatto di milioni di persone, noi vediamo il mondo intero racchiuso in un singolo essere umano.

Vedendo la fatica che la lotta per la custodia mi richiede, Giulia cerca di farmi svagare: una notte mi ha portato a guardare le stelle cadenti in cima a un monte all'interno dell'isola, abitato solo dalle ospiti di un monastero di clausura. Ho sollevato gli occhi e ho sorriso nel vento notturno. Non avevo mai visto tante stelle rigare il cielo insieme. Ho desiderato la pace nel mondo, la salute dei Dreamers… e poi mi sono trovato a corto di desideri da esprimere. Ho realizzato che non volevo nulla per me stesso. Ero preoccupato, ma in pace.

Quella sera ho creduto davvero che i miei sforzi sarebbero stati ripagati. Ho creduto che Hammudi avrebbe avuto finalmente la vita che meritava.

«Mi piacerebbe rinnovare la stanza numero 4» ho detto a Giulia. «Trasformarla in una vera e propria classe, con banchi e sedie per tutti gli studenti.»

«E come?» ha risposto. «Sarebbe costoso.»

«Ho un'idea.»

Il giorno dopo ho lanciato un'altra petizione sui social. I lettori hanno risposto con incontenibile entusiasmo, permettendoci di raggiungere l'obiettivo di cinquemila euro nel giro di poche settimane. Il supporto ricevuto mi ha riempito il cuore.

I bambini sono impazziti di gioia vedendo il camion dei trasporti arrivare a metà lezione. Ci siamo liberati del tavolaccio di plastica e degli sgabelli sostituendoli con banchi scintillanti e sedie ergonomiche (acquistati a Samos, per aiutare l'economia locale). La stanza numero 4 non è mai stata così bella.

Adesso il sogno è spingermi un po' più in là: oltre a una classe degna di questo nome, vorrei offrire ai miei studenti l'assistenza medica che l'hotspot nega loro, portandoli dal dentista e dall'oculista per la prima volta dall'inizio della guerra. Sogno di creare un programma di assistenza sanitaria per i Dreamers.

Ho richiesto un incontro con Bogdan, il fondatore di Samos Volunteers, per ottenere il suo permesso, ma lui ha bloccato l'iniziativa a tempo indeterminato. Perché? Difficile dirlo. Uscire dal seminato si rivela sempre un'impresa, con queste ONG. Io però non mi lascio scoraggiare e contrattacco proponendo escursioni settimanali per i Dreamers. Ogni sabato evadiamo dall'hotspot e scopriamo le bellezze naturali dell'isola.

È difficile impegnarsi per costruire qualcosa di bello quando senti di avere sempre tutti contro, ma la verità è che per fortuna non sono solo. Brodie, per esempio, è tornato dopo la pausa natalizia e ha trovato i ragazzi più grandi, quelli tra i quindici e i diciassette anni, lasciati completamente allo sbando, senza lavoro e senza alcuna possibilità di andare a lezione, abbandonati alla droga e alle risse. Di fronte a questa catastrofe, insieme a Giulia ha deciso di creare una classe pomeridiana in cui insegnare loro l'inglese.

È partito con cinque studenti, tutti minori non accompagnati, ma dopo poche settimane la classe è cresciuta quanto quella dei Dreamers, se non di più. Brodie e Giulia hanno chiamato i loro studenti "Achievers". Omar è uno di loro, e poco alla volta lo vediamo rinascere, smettere di drogarsi e ricominciare a vivere.

L'esempio di Brodie mi dà nuova energia: ogni giorno continuo a presentarmi davanti al container della Manager. Ogni giorno mi dicono di attendere, e poi di tornare l'indomani.

Una mattina però la segretaria, probabilmente esasperata, mi manda dalle psicologhe di First Reception.

«Stanno facendo un accertamento per determinare la custodia» dice. «Il caso è nelle loro mani, adesso.»

Preparandomi all'ennesima perdita di tempo, busso alla loro porta.

«Entra.»

«Sono l'insegnante di Hammudi e...»

«Sappiamo chi sei» dice una donna con le guance spruzzate di lentiggini. «Accomodati, per favore.»

È forse un sorriso quello che vedo sul suo volto? Dopo settimane di astio e diverbi, la gentilezza per me è scioccante. Non vorranno mica farmi fuori e gettarmi nelle discariche a cielo aperto?

«Grazie di aver inviato il report» dice la psicologa. «Siamo solo in due, con millecinquecento pazienti bisognosi di attenzione.»

Ho letto il report di Medici Senza Frontiere sull'hotspot di Samos: circa il novantacinque per cento degli abitanti del campo soffre di problemi psicologici che necessitano di attenzione specializzata e urgente. Tra le altre cose, il report rivela che, qualunque sia la tua condizione di partenza, la permanenza nell'hotspot avrà un effetto dannoso sulla tua psiche. Se entri sano esci traumatizzato, se entri traumatizzato esci con disturbi psichiatrici gravi. Il compito di queste due donne deve essere quasi impossibile.

«Posso a stento immaginare lo stress del vostro lavoro» dico, «ma questo bambino ha bisogno di noi adesso. Suo zio uscirà di prigione a breve. Dobbiamo soccorrere Hammudi prima che accada, o sarà troppo tardi.»

«Dicci tutto quello che sai» mi esorta la prima.

«Dall'inizio» aggiunge la collega, aprendo un taccuino.

Racconto ogni cosa, quello che ho visto con i miei occhi e quello che mi hanno riferito: la cotta per Hesther, le percosse, gli episodi di autolesionismo. Racconto anche che Hammudi si è stabilizzato in assenza dello zio, il suo comportamento è migliorato e gli sbalzi d'umore sono nettamente diminuiti, ha smesso di tagliarsi e di fumare, e adesso lui ed Hesther si scambiano baci furtivi a fine lezione.

«Insegno da quasi cinque anni» dico, «ma questa è la prima volta che vedo un cambiamento tanto positivo e rapido.»

Le psicologhe mi ascoltano prendendo appunti. Intravedo un lieto fine per questa battaglia.

«Chiederemo ad Hammudi e alla zia di presentarsi qui per un colloquio» mi assicurano. «Per favore, incoraggiali a venire. Sapere che c'è qualcuno disposto all'affido è una nota positiva nel report che scriveremo.»

«Chi prenderà la decisione finale?»

«La Manager» rispondono.

La donna con le lentiggini abbassa lo sguardo, come per scusarsi. «Solo lei ha il potere di decidere quali casi escono dall'hotspot per raggiungere la procura e i servizi sociali.»

«Capisco.» Mi alzo. «Grazie.»

«So che è difficile…» continua lei. «Ma non mollare.»

Uscendo, salvo la registrazione sul cellulare. I primi raggi di sole mi scaldano il dorso dopo un inverno di pioggia continua. Un sogno di primavera accompagna i miei passi.

«Mi preoccupo per loro tutto il tempo» dico più tardi al telefono. «Ma forse può funzionare.»

«È il tuo superpotere autodistruttivo» mi risponde Sarah. «Credo farà di te un buon padre, un giorno.»

Con i Dreamers ho visto famiglie distrutte, ascoltato storie macchiate di sangue e fronteggiato sistemi corrotti. Ho sperimentato i sentimenti più vari, dalla rabbia al dolore alla frustrazione, ma anche grande gioia e gratitudine. Ho lavorato senza posa, spesso più di quanto il mio corpo potesse reggere. Ma ne vale la pena. Ne vale la pena perché il mondo ha un aspetto diverso, quando ti impegni a cambiarne anche solo una piccola parte. Inizi a preoccuparti di tutti, non solo di chi ti è vicino. E sei disposto a batterti per cambiare le cose, costi quel che costi.

Con i Dreamers ho trovato la forza di sognare un nuovo mondo coraggioso. E, per la prima volta nella mia vita, la schiacciante responsabilità di poter salvare un altro essere umano mi fa desiderare di crescere davvero e diventare uomo.

L'Occidente è terrorizzato dall'invecchiamento. Nel mondo odierno essere giovani, senza rughe e senza preoccupazioni è sempre preferibile alle responsabilità e ai piani per il futuro. Ma per me la differenza vera tra un adulto e un ragazzo non sta nella barba, ma nella consapevolezza con cui guardi te stesso e ogni cambiamento possibile. Come ogni essere umano, posso creare o distruggere, solo che creare mi piace di più.

"Non uccidere il fanciullo che è in te" mi dico. "Semplicemente, lascia nascere l'uomo."

Sono passate due settimane dall'incontro di Hammudi con gli psicologi di First Reception. Io stesso ho accompagnato il bambino e la zia all'appuntamento. Dopodiché, nulla. Solo il silenzio.

Riprendo a martellare l'Ufficiale con le mie chiamate.

«La Manager ha chiuso il caso» mi dice alla fine. La sua voce ricorda il ghiaccio che si rompe. «Il report non uscirà dall'hotspot. È finita. Smetti di chiamarmi.»

Mi si gela il sangue. Ci avevo creduto. Si tratta di un caso semplicissimo, pieno di prove e testimoni… Eppure la Manager ha optato per il silenzio: lavare i panni sporchi in casa.

Metto giù il telefono, calmo il cuore che mi marcia in petto.

Non voglio arrendermi. Non ancora. Se Hammudi fosse un bambino bianco ed europeo, il suo caso sarebbe già in mano agli assistenti sociali, e lui già al sicuro. Invece è solo un profugo, merce di seconda categoria. Per questo le autorità si permettono di seppellirlo.

Il giorno dopo mi sveglio all'alba, mi lavo e indosso una camicia a quadretti bianchi e blu. Prendo due caffè per strada e risalgo la collina. L'hotspot si sta svegliando piano piano. Anche dopo cinque mesi, non mi capacito delle condizioni disumane in cui questa gente è costretta a vivere. Ora però so che accade di proposito: un centro di accoglienza più dignitoso attrarrebbe un numero maggiore di migranti. Mantenendo l'hotspot sovraffollato, sporco e pericoloso, invece, si previene l'afflusso di nuovi barconi. Pare impossibile, ma è la verità: Bruxelles considera gli hotspot greci e italiani un esempio di successo da replicare.

Varco il cancello del Livello 1, dove si trovano i container delle autorità. Busso a quello della Manager, ma stavolta nessuno mi apre.

Entro lo stesso. I Minions se ne stanno seduti alle loro scrivanie, sbuffi di fumo aleggiano come spettri intorno a loro. Nelle mani di ciascuno, un cappuccino freddo.

La segretaria mi vede e alza gli occhi al cielo, si sporge verso la tizia seduta accanto a lei e sussurra qualcosa. Mi volto. La porta dell'ufficio della Manager è aperta, e lei è lì, alla sua scrivania, lo sguardo incollato al monitor del computer. Lancio un'ultima occhiata alla segretaria, e quella che prima pareva irritazione si tramuta in allarme sul suo volto. Fa per alzarsi in piedi, ma io sono già entrato.

«Buongiorno» dico alla Manager. «Sono il...»

«So chi sei» mi interrompe. È molto più giovane di quanto pensassi. «Ora non ho tempo.»

Mi fissa e tace. La sua segretaria se ne sta in silenzio sull'uscio.

«Quando ne avrai?»

«Cosa?»

«Tempo.»

«Domani.»

«Provo a parlarti ogni giorno da quasi un mese.»

«Domani» ripete.

L'ufficio odora di profumo costoso. Una borsa di Louis Vuitton giace sulla sua scrivania.

Muovo un passo verso di lei. «Uno dei fascicoli sul tuo tavolo appartiene al caso di un mio studente. Suo zio è alcolizzato e lo picchia.» Sorrido, piego il capo, cerco di essere rispettoso. «Credo che il bambino sia in pericolo e suggerisco che venga allontanato dalla famiglia, prima che rilascino lo zio.»

«Domani» ripete lei, impassibile.

«Domani potrebbe essere troppo tardi.»

«Domani» minaccia, sollevando la cornetta del telefono. «O chiamo la polizia.»

Esito, ma non mi muovo. «Se non lo aiutiamo noi, nessuno lo farà.»

La Manager inizia a comporre il numero.

«Forza» dice la segretaria in un sussurro.

La Manager si appoggia il ricevitore all'orecchio.

Alzo le mani e accetto la sconfitta. Non voglio che i Dreamers mi vedano uscire dall'hotspot in manette. Sono il loro unico punto di riferimento, vedermi trascinato via dalla polizia li distruggerebbe.

Esco dal container. Il vento si è alzato e sa di frutta guasta.

«Mi dispiace» dice la segretaria, e penso dica davvero.

Credevo di poter contare sulle istituzioni europee. Pensavo di poter aiutare almeno la mia classe. Il sibilo dei proiettili, le macerie e il sangue in strada non sono che un ricordo qui, è vero, ma la brutalità della polizia, la corruzione e il disprezzo hanno preso il loro posto nella quotidianità dell'hotspot. Speravo di poter salvare anche un solo bambino da questo disastro, ma mi sbagliavo.

Rincaso e, nonostante l'aumento di temperatura degli ultimi giorni, scrivo con mani tremanti e il cuore fuori controllo. Ho le registrazioni, le email ignorate, una cronologia dettagliata degli eventi.

Sto dedicando la vita alla mia missione, e nel farlo ho perso amici, amori, famigliari e forse pure la salute. Ho digiunato e fatto i conti con le rinunce, ho affrontato il fallimento e lo scherno di chi, pur volendomi bene, non riusciva a capire il perché. Ho affrontato la solitudine – ma non mi sono arreso. Perché se decidi di tentare, o vai fino in fondo, o non inizi affatto.

Scrivo un'email di denuncia contro la Manager dell'hotspot di Samos e la invio al ministero dell'Immigrazione della Grecia.

Le autorità hanno condannato Hammudi a una vita di soprusi. Ora è giusto che paghino per i loro crimini.

2

Guerra e pace e ONG internazionali

Il coraggio non è vivere senza paura.
Il coraggio è essere terrorizzati ma fare comunque la cosa giusta.

CHAE RICHARDSON

Marzo 2018

Quando perdi qualcuno, il tuo cuore si spezza e non ti riprendi mai completamente. Questo però è il dono più grande: il nome di chi hai perduto resta sempre scritto nelle crepe del tuo cuore, ed è la sua presenza a spingerti ad andare fino in fondo. Perdere qualcuno è come rompersi un osso, un osso che non si aggiusta mai perfettamente. Fatichi a correre, ma impari a danzare nonostante il dolore.

La mia email al ministero dell'Immigrazione viene ignorata. Non mollo: inizio un'indagine. Scavo nel passato del sistema di protezione dell'infanzia dell'hotspot. Contatto i passati coordinatori e volontari di Samos Volunteers e tento di tratteggiare una storia dei report di abuso minorile. Quello che scopro è agghiacciante: dei dieci report che riesco a rintracciare, nessuno ha mai avuto seguito. Abuso sessuale, fisico, emotivo e psicologico – le autorità hanno ignorato ogni singola segnalazione negli ultimi due anni, attendendo il trasferimento del bambino o della bambina in questione per poi lavarsene le mani.

Si tratta di una rivelazione banale a questo punto, ma non meno scioccante. Il sistema di protezione dell'infanzia dell'hotspot di Samos non è inefficiente – è criminale. Le leggi greche ed europee prevedono che in casi simili non vi sia distinzione tra bambini provvisti di cittadinanza e bambini di altra provenienza o stato legale. Per assicurarsi che questo accada il governo, l'Unione Europea e l'Organizzazione pagano profumatamente operatori specializzati, eppure nessuno fa nulla, tutti si coprono a vicenda. L'Organizzazione, soprattutto, dispone di fondi pressoché illimitati e dell'appoggio dei leader mondiali, e si trova a Samos anche per facilitare il sistema di protezione dell'infanzia, ma l'Ufficiale incaricato non ha alzato un dito. Come posso stare a guardare questo scempio?

Ho perso la battaglia più importante della mia vita, ma la lotta per la giustizia inizia ora.

Nella solitudine di questi giorni, arriva una buona notizia: dopo oltre un mese di insistenza, Bogdan ha approvato il programma di assistenza sanitaria per i Dreamers.

Chiamo Matt, il mio vecchio compagno di stanza. Quando era qui, lavorava come medico volontario. Gli chiedo la sua opinione sui medici da contattare.

«Fai attenzione ai medici a cui ti rivolgi» si raccomanda. «Non vuoi dare soldi a gente che poi se ne va al bar dicendo di voler sparare ai barconi.»

«Chi consigli?»

«Vai dall'oculista vicino alla chiesa» dice, dopo un momento di riflessione. «È decrepito e penso abbia bisogno di un oculista a sua volta, ma ci tiene ed è attento ai pazienti.»

«E per il dentista?»

«Questa è una domanda più difficile... Ce n'è uno vicino al cinema. Non sono certo della sua opinione sui migranti, ma so che è l'unico che accetta di visitarli.»

«Grazie, Matt» dico. «E tu, come te la passi?»

«Sono tornato da Lesbo, mi sono sposato e ora aspettiamo un figlio.»

Mi congratulo con lui e ridiamo dei tempi passati in cui io dormivo con gli auricolari per sfuggire al suo russare. La vita continua a scorrere, lontana da quest'isola.

Do l'annuncio ai Dreamers. Stavolta non accolgono la novità con la solita esuberanza: sarà che l'idea di farsi trapanare i denti non li esalta quanto una pizzata. Comincio a portarli dal dentista e dall'oculista dopo lezione, divisi in gruppi da tre. Quasi tutti necessitano di cure odontoiatriche dopo quasi un decennio di guerra, migrazione e detenzione. Ogni volta che si accomodano sulla poltrona del dentista paiono impauriti ma poi, a fine seduta, saltellano per strada, pur con le guance gonfie: ricevere attenzione anche dai medici li fa sentire preziosi. E poi sanno che alla fine li porto a mangiare il gelato per reintegrare gli zuccheri e i sorrisi persi. Il gelato dopo il dentista è un po' un controsenso, me ne rendo conto, ma li rende davvero felici.

Amo ciò che faccio. Per sopravvivere devo razionare ogni singolo centesimo guadagnato prima di arrivare a Samos, ma non importa. Amo la classe dei Dreamers, e la loro infinita passione per la vita mi fa amare la mia. Il problema, però, è che a volte ciò che ami ti distrugge. Tra la lotta per la custodia prima e l'indagine sulle autorità adesso, ho smesso di mangiare con regolarità, e pure il sonno ne ha risentito. Vado a letto tardi e mi alzo presto, spesso mi sveglio di soprassalto la notte, il cuore che cerca di spaccarmi il petto e un senso di fatalità a pendermi sul capo. Mi manca il respiro. Devo alzarmi e spalancare le finestre e inspirare a fondo per calmarmi il cuore.

Hammudi mi fissa con occhi luminosi e cerca sempre i miei abbracci, ma come posso incontrare il suo sguardo sapendo di aver fallito?

Ho combattuto per smentire l'hotspot e provare che la giustizia esiste. La dura verità mi ha colpito forte, e giorno dopo giorno sono riapparse l'insicurezza, l'ansia e pure la tosse nervosa di cui soffrivo da adolescente, e di cui speravo di essermi liberato per sempre.

La mia missione è tutta la mia vita, eppure mi sta prosciugando. E così lavoro ancora di più: la gioia più grande per gli esseri umani è sentirsi necessari, e il mio lavoro è diventato il mio solo antistress.

Per fortuna ho Giulia al mio fianco, che mi porta a vedere il tramonto e mi cucina gli spinaci quando mi rifiuto di mangiare.

«Melissa aveva ragione» dico una sera sulla spiaggia. «Ho trasformato le mie cicatrici in carburante, ma nel farlo ho sviluppato una dipendenza dal lavoro. Proprio come mio padre.»

«Sei troppo duro con te stesso.»

«Penso al lavoro continuamente. Anche adesso, parte di

me guarda il tramonto e parte di me pensa a come ampliare ulteriormente il programma dei Dreamers. Non posso e non voglio staccare la spina.» Rido, ma mi esce solo un suono amaro. «Sai che certe mattine bevo il cosiddetto caffè antiproiettile? Sciolgo un pezzo di burro nella mia tazza di caffè, pare che aumenti la concentrazione.»

«Forse questo è un tantino esagerato.» Giulia prende una manciata di ghiaia e la lascia cadere. «Ma anch'io sfioro i tuoi livelli, certi giorni. Il lavoro monopolizza la nostra vita.»

Il programma dei Dreamers è il progetto di punta di Samos Volunteers, il mio stacanovismo è motivo di elogio e ammirazione. La nostra società glorifica l'autodistruzione produttiva.

«Il problema è che detestiamo parlare di salute mentale» dico. «Alcuni ne sono spaventati, mentre ad altri risulta proprio incomprensibile.»

«Certo» concorda Giulia. «Quando ti rompi il braccio, lo vedi e capisci. Ma quando si parla della mente la gente si sente a disagio e distoglie lo sguardo. Il braccio fa parte del tuo corpo, ma la mente sei *tu*. Per esempio, dici di *avere* un braccio rotto, ma di *essere* depresso.»

La mente controlla le nostre paure, le nostre speranze, i nostri pensieri, ed è terrificante pensare che possa guastarsi. Così minimizziamo, neghiamo, nascondiamo un problema che invece, se ignorato, è destinato a crescere.

Basterebbe capire che, se anche una parte del cervello fa le bizze, il resto funziona ancora: allora la malattia mentale diventerebbe qualcosa di cui si soffre, non qualcosa che pregiudica altro.

«Per la prima volta» dico, «mi sembra di vivere nei panni di mio padre, e sento di capirlo un po' meglio.» Giulia mi guarda in silenzio. «Da bambino credevo fosse costretto a lavorare tutto il tempo» continuo. «Ora mi guardo allo specchio e capisco che lo desiderava, e che in un certo senso era intrappolato: la società esigeva che accettasse la sua dipendenza senza fiatare.»

Se sei un uomo, se sei un padre, se sei colui che porta il pane a casa, devi stringere i denti e fartene una ragione. Ora lo capisco. Essere sempre impegnato mi conforta dal senso di vuoto che l'hotspot ha instillato in me.

«Non importa quanto lavoriamo, non basta mai.» Lancio un sasso in mare. «Non basterà mai.»

«Hai ragione» dice Giulia. La sua onestà mi colpisce come un pugno nello stomaco. «Il sistema è marcio. Ma se non ci fossimo noi a dare un po' di speranza, chi lo farebbe?»

Se non io, chi? Se non ora, quando? Stasera il fetore del porto cittadino è solo un ricordo. In questa spiaggetta sperduta, il mare profuma di primavera.

«Domani è il tuo compleanno.» Giulia sorride. «Come vuoi festeggiare?»

«Grigliata sulla spiaggia» dico. «Brodie e io portiamo gli studenti a vedere il bello di quest'isola. Farà bene a tutti.»

Sono passati i tempi in cui dovevo chiederle il permesso per dare vita a nuove iniziative. Giulia si fida di me e io di lei, e la sua lealtà mi fa quasi sentire a casa.

Compio venticinque anni, circondato dai miei piccoli sognatori.

La notte del mio compleanno, cinque bambini annegano tentando di raggiungere Samos. Con la bella stagione, i flussi migratori sono ripresi a pieno regime, e l'hotspot è tornato a divorare centinaia e centinaia di persone.

Poco dopo la festa in spiaggia, mi arriva notizia che lo zio di Hammudi sarà rilasciato a giorni. Il solo pensiero mi fa torcere le budella.

Vado da Nasir a cercare consiglio, ma trovo le tende tirate e la porta chiusa. Sebbene regnino l'oscurità e il silenzio, so che è in casa. Da quando l'hanno liberato, Nasir si è rintanato in se stesso, come una farfalla che cerchi di tornare nel bozzolo. La prigione ha lasciato un segno indelebile su di lui, cancellando l'entusiasmo che lo caratterizzava quando l'ho conosciuto. Anche il prete che gli offre l'alloggio ormai fatica a farlo uscire.

Scrivo ad Ahmed, il leader degli iracheni, e lui mi invita a casa sua. Dal giorno del tentato omicidio, l'Organizzazione l'ha rimosso dal campo offrendogli un appartamento nella parte vecchia della città.

Lo trovo a fumare e bere whiskey con un gruppo di amici. Ahmed mi abbraccia, i suoi compari si alzano in piedi e mi stringono la mano. Omar, il minore non accompagnato, è uno di loro. Mi offrono dell'erba, ma io rifiuto e chiedo ad Ahmed di fare una passeggiata.

«Lo zio di Hammudi ha smesso di bere in carcere» dice, lontano da orecchie indiscrete. «Ma ha iniziato a farsi di pasticche.»

Passeggiamo accanto a una chiesetta dall'intonaco bianco e azzurro. Le giornate ora sono più lunghe, e il sole bacia le case con ritrovata passione. Ci sediamo su un muricciolo mezzo crollato, tra i cui mattoni spuntano ciuffi d'erba. Ahmed si accende un'altra canna.

Mi guardo intorno. «Non credo sia una buona idea.»

«È una buona idea se sei me.»

«Ahmed…»

«Nico.» Ahmed fa un tiro. «Facciamo finta che io sia te, e tu sia me. Immagina di essere nella tua città natale. La tua vita è bella, la tua famiglia ti sta vicina e stai studiando.»

I ciuffi d'erba mi solleticano le caviglie tra i pantaloni e le scarpe. Davanti a noi si spande la città vecchia, uno stuolo di tegole e scalini ripidi e bianchi.

«Da bambino senti gli aerei volare in cielo e sganciare bombe da qualche parte. Bombardano un punto lontano, ma che si avvicina ogni giorno.»

Si leva un suono improvviso e guardo in alto, ma sono solo due piccioni che frullano le ali.

«Un giorno» continua, «stai tornando da scuola e vedi cadaveri per strada. Sembrano vestiti abbandonati. E nel caos che segue, gruppi criminali iniziano a razziare la città.»

Mentre Ahmed parla, i tetti davanti a noi crollano e i gradini spariscono sotto le macerie. L'aria odora di zolfo e i fumi del conflitto oscurano il sole. Non è Baghdad che vedo – come potrei anche solo immaginarla? – ma i ricordi di Ahmed sommergono il presente, e Samos non c'è più.

«Una mattina tuo padre riceve una lettera che dice che l'intera famiglia deve andarsene e lasciare tutto, oppure affrontare la morte. E quindi te ne vai.»

Vedo me stesso tra le macerie con mio fratello per mano, mia madre sul dorso di mio padre, troppo stanca per camminare, per aprire gli occhi. Ci aggiriamo furtivi nella notte, appresso una sola valigia: tutti i nostri averi.

«Vai a vivere con dei parenti in una città vicina.» Gli occhi di Aḥmed brillano come monete sul fondo di uno stagno. «Ma lì la situazione è tale e quale. Un giorno la mafia trova tuo fratello minore, gli punta una pistola allo stomaco e spara.»

Sento il rumore dello sparo in lontananza, e non so dire da dove arrivi stavolta.

«La settimana dopo viene il turno di tuo zio. E così te ne stai chiuso in casa, blocchi le finestre e le porte sapendo che è una questione di tempo prima che ti trovino e la facciano finita. E invece loro spariscono. Semplicemente, se ne vanno. E tu senti la speranza riaffiorare. Solo che il giorno dopo, attraverso un megafono, senti rimbombare la voce degli uomini barbuti: "Siamo ISIL. Abbiamo preso la città. Unitevi a noi, o vi uccidiamo".»

Ho un sussulto quando un prete ortodosso volta l'angolo. Ahmed trema e le lacrime gli rigano il volto.

«Allora i tuoi genitori ti mandano via. Spendono tutti i loro soldi perché tu possa attraversare le montagne e il mare, per raggiungere la sicurezza dell'Europa.»

Ogni parola di Ahmed si dipinge sulle macerie, e queste diventano monti e valli e gole mortali. E poi ancora: i militanti inturbantati nascosti tra le rocce, le capre e i bassi arbusti mutano, e le luci di una grande città turca prendono il loro posto, e appare Hammudi al fianco di Ahmed. Camminano l'uno accanto all'altro. Diversi i Paesi, l'età e il passato – ma la stessa ingiustizia.

«Raggiungi Samos prima degli accordi tra UE e Turchia, riparti dopo tre giorni, arrivi in Germania e ricevi finalmente l'asilo.» Un sorriso spunta tra i singhiozzi. «Ma poi ammazzano tuo padre. Devi tornare a casa, per il funerale e per prenderti cura di tua madre.»

Samos riappare piano piano. I tetti e i gradini bianchi tornano a occupare il panorama. Il sole splende senza l'ostruzione dei fumi e il cielo si estende libero dai bombardieri.

Cerco lo sguardo di Ahmed.

«Questa è la tua seconda richiesta d'asilo.» Sarebbe una domanda, ma mi esce come affermazione.

«Chiaro.» Ahmed si tocca la spalla sfregiata dalla coltellata. Pare sul punto di aggiungere altro, ma cala il silenzio. Mi guarda fisso, le guance ancora umide. «Altrimenti come farei a sapere il modo per fregare il sistema?»

Mi ci vuole un momento per capire, ma gli zirconi dei suoi occhi sono inequivocabili. Ahmed ha inscenato il tentato omicidio per ottenere l'asilo.

Mi torna in mente Omar in casa sua.

«Ahmed.» Ho un nodo alla gola. «Sei tu che spacci ai minori?»

Lui sostiene il mio sguardo a lungo. «No» dice. «Certo che no.»

Ci fissiamo in silenzio. Poi mi alzo e me ne vado.

Mi chiama da dietro. «Passi dopo per una birra?»

Mi volto, ma non so cosa dire. Vorrei trovare le parole, ma le ho finite.

«Non giudicarmi» dice. «Non hai percorso il mio sentiero.»

Mi sento esausto, sempre, e non so più cosa fare.

Scrivo un messaggio a Giulia: "Lo spacciatore è Ahmed".

Al meeting settimanale di Samos Volunteers fatico a incrociare lo sguardo di Ahmed. Passo in rassegna i ricordi condivisi per cercare indizi. Ripenso ai pomeriggi trascorsi al Centro Alpha pulendo, ridendo e servendo tè. Quante volte si è appartato con sconosciuti? Quanti di loro erano minori della classe di Brodie? E Omar?

Qualcuno bussa alla porta.

Ahmed si alza e va ad aprire. «Siamo chiusi» dice, ma gli muore la voce in gola. I volontari tengono gli occhi fissi su di lui, ma nessuno riesce a vedere con chi stia parlando.

Poi, un grido squarcia l'aria: «Nicolò!». È la voce di una bambina.

Volo verso la porta e trovo Hesther in lacrime, i pugni chiusi al petto e le ginocchia piegate, come un riccio davanti a un predatore. Appena mi vede, mi si tuffa al petto e i suoi singhiozzi mi scuotono le costole.

«Cos'è successo? Hesther, cos'è successo?»

La bambina guarda Ahmed e la calca di volontari che mi ha seguito alla porta. Le ultime luci del giorno dipingono un quadro di apprensione e curiosità sui loro volti.

«Vieni» dico, e la porto nel parcheggio di Alpha, lontano dal resto del gruppo. La faccio sedere sul marciapiede, nascosta tra una macchina e l'altra, e mi siedo accanto a lei. Restiamo in silenzio a lungo.

Lei mi afferra il braccio. «È la mia famiglia.» Nei suoi occhi, il terrore puro. «Mi stanno cercando.»

Le passo un braccio intorno alle spalle cercando di arginare il suo pianto. Hesther trema, fatica a respirare e picchia i pugni a terra.

«Mia madre mi picchia ogni giorno» dice, tra i sussulti. «Quando ci spostano da Samos, vuole mandarmi illegalmente in Germania, da mio fratello.»

Scoppia in un pianto isterico.

«Respira.» La cullo. «Hesther, respira.»

Hesther mi guarda e solleva le mani. «Mio fratello...» Le parole le escono a fatica. «Quando ero piccola...» Il suo volto s'increspa, ma continua a parlare. «Lui mi ha...»

Forma un cerchio con il pollice e l'indice di una mano e lo fora con l'indice dell'altra, e mi scoppia il cuore. Mi sento male. Non ce la posso fare.

«Mi dispiace» dico.

«Sono cattiva.»

«No, Hesther. Non è colpa tua. È lui che ha fatto una cosa orribile.»

«L'ho detto alla mamma e lei ha detto che non devo parlare male di mio fratello e...»

Passi in lontananza. Hesther si tende come una corda, si tappa la bocca con le mani, strizza gli occhi e si stringe a me, quasi potesse nascondersi tra le pieghe della mia felpa. È calata la notte e un lampione ci bagna di luce dall'alto.

Una coppia di greci entra ed esce dal parcheggio. Non sono i suoi genitori. Hesther si rilassa un poco.

«Ti aiuteremo» dico. «Ora entriamo e Giulia saprà cosa fare. Ti aiuteremo, Hesther.»

«Promesso?»

La abbraccio e le poso il mento sul capo per rassicurarla. «Promesso.»

Giulia mi aspetta sull'uscio, insieme portiamo la bambina nella stanza numero 4. Mentre Hesther le racconta tutto, Giulia le prende le mani e annuisce senza consigliare o giudicare.

«Non rimandatemi dalla mia famiglia» dice infine. Le sue labbra riprendono a tremare. «Mi faranno del male.»

Ahmed bussa alla porta. «La famiglia è qui fuori. Cosa dico?»

Hesther chiude gli occhi e abbassa la testa.

Giulia prende in mano la situazione. «Di' che il Centro è chiuso e che per legge la bambina deve aspettare l'arrivo delle autorità con noi.» Si volta verso di me. «Chiamiamo l'Organizzazione.»

Ripesco il numero dell'Ufficiale. Mi tornano in mente le sue ultime parole – «Smetti di chiamarmi» – ma traggo un respiro e chiamo lo stesso. Ha il telefono spento. Sono le otto di sera e l'Ufficiale è l'unico punto di riferimento per i casi di abuso minorile nel campo.

«Sento la polizia.» I bracciali di Giulia tintinnano mentre esce dalla stanza. «Continua a provare con l'Ufficiale.»

Scrivo ai volontari che, dopo la fine del meeting, si sono sparpagliati tra i vari caffè e ristoranti della città. Con un po' di fortuna, anche l'Ufficiale sta cenando fuori.

Giulia rientra. «La polizia mi ha liquidato. Dicono che se ne devono occupare le autorità dell'hotspot. Mi hanno sbattuto il telefono in faccia.»

Tento di nascondere a Hesther l'ansia che mi attanaglia.

«Hanno smesso di rispondere vedendo il mio numero» dice Giulia.

«Vuoi provare con...»

Mi interrompe l'arrivo di un messaggio. Uno dei volontari risponde dicendo di aver trovato l'Ufficiale in un ristorante di tapas vicino alla piazza centrale.

Pochi minuti dopo, l'Ufficiale mi richiama.

«Che è successo?» Irritazione, scorno e musica dal vivo in sottofondo.

Spiego la situazione e lei si presenta al Centro Alpha mezz'ora dopo, accompagnata da un interprete afghano.

Hesther mi guarda con apprensione. «Quest'uomo è amico di mio padre» mi sussurra all'orecchio. «Gli racconterà tutto.»

Riferisco all'Ufficiale e lei fa cenno sia all'interprete sia alla bambina di lasciare la stanza. Rimaniamo solo Giulia e io.

«State operando contro il sistema» dice, con il mento in su. «Non potete impedire ai genitori di vedere la bambina. C'è una prassi e ci sono specialisti incaricati, e voi siete dei *volontari*.»

«Ci dispiace di aver agito contro le vostre linee guida» risponde Giulia, in tono conciliante, «ma Hesther dice di sentirsi in pericolo con i genitori. Dice che la picchiano.»

«Potrebbe mentire.»

«Io le credo» dico.

L'Ufficiale mi scocca un'occhiata sprezzante. «In ogni caso, stasera deve tornare a casa.»

Giulia scuote il capo. «E se *tu* chiamassi la polizia?»

L'Ufficiale si alza e apre la porta. «Devono occuparsene le autorità incaricate.» Poi aggiunge: «Domani».

Fine della storia. Se ne va. Caso chiuso. Di nuovo.

Mi ribolle il sangue, ma voglio essere io a dare la cattiva notizia a Hesther. La bambina mi guarda scioccata. Le avevo promesso che l'avrei protetta, eppure eccomi, costretto a riconsegnarla alle grinfie dei suoi genitori.

La madre la accoglie con un abbraccio, piange e ringrazia l'Ufficiale senza degnarci di uno sguardo. L'interprete osserva la scena di fianco al padre. Se ne vanno tutti insieme.

Prima di lasciare Alpha, l'Ufficiale si rivolge a Giulia e me. «Vi aspetto nei nostri uffici la prossima settimana.»

«Perché?» Giulia pare preoccupata.

«Per un training, in modo che la prossima volta rispondiate correttamente ai casi di abuso minorile.»

«Per favore, tienici informati su questo caso.»

Lei non mi guarda neanche. «Solo le autorità designate saranno informate.»

Poi controlla l'ora, rimette l'iPhone nella pochette di Chanel e se ne torna al ristorante.

Passa una settimana e nessuno alza un dito per aiutare Hesther. La bambina sgattaiola fuori di casa all'alba, attende l'apertura di Alpha e rincasa dopo il tramonto ogni giorno – ma delle autorità neanche l'ombra. So che dovrei spingere perché l'Ufficiale faccia il proprio lavoro, ma mi manca la forza. A poco a poco, lo sento, qualcosa dentro di me si sta spegnendo.

Poi, con grande sorpresa di nessuno, arriva la conferma che temevo: la Manager dell'hotspot ha chiuso anche questo caso. La procura e i servizi sociali saranno tenuti all'oscuro. Hesther rimarrà con la sua famiglia.

«È assurdo che sia l'Organizzazione a insegnarci come riconoscere l'abuso minorile» dico a Giulia il giorno del training, «visto l'atteggiamento del loro ufficiale nei confronti delle vittime.»

Negli uffici dell'Organizzazione, l'Ufficiale ci accoglie in una stanza al primo piano, le pareti addobbate con foto strappalacrime di bambini e donne nel fango, in mare, per strada. Il loro logo campeggia ovunque.

Ci accomodiamo a un grande tavolo di legno scuro. L'Ufficiale si siede dalla parte opposta. Quando inizia a parlare, il motivo di questo training diventa chiaro.

«Sapete cos'è un bambino? Sapete come comportarvi con i bambini? Sapete cos'è l'abuso? Sapete cosa fare in caso di abuso minorile?» chiede a raffica, con una smorfia. «Contattate me, e basta» si risponde da sola.

Questo non è un training, è un ammonimento.

Per due ore, l'Ufficiale elenca gli errori che abbiamo commesso difendendo Hammudi ed Hesther, senza mai nominare i bambini direttamente. Ci rimprovera di aver messo i bastoni tra le ruote alle autorità, di aver agito al di fuori della nostra giurisdizione, di essere degli inetti. «Siete dei *volontari*» ripete a oltranza, ma ciò che sentiamo è: "Non siete *nessuno*. Rimettetevi a sedere".

Non mi sono mai sentito trattato con così poco rispetto.

«Evitate di contattare il guardiano, gli psicologi di First Reception o, ancora peggio, la Manager dell'hotspot» continua. «Esiste una procedura, e va seguita. Domande?»

«Qual è la procedura?» chiedo, esasperato.

«Non vi riguarda. Riguarda solo gli operatori dell'hotspot.»

«E se la procedura non funziona?»

L'Ufficiale mi guarda come se fossi uno scarafaggio.

«A volte» interviene Giulia, conciliante, «quando mandiamo un report senza alcun seguito, ci è difficile capire se le autorità si stanno muovendo adeguatamente oppure no.»

«Stai tranquilla» dice l'Ufficiale, «stiamo facendo il possibile. Altre domande?»

Faccio per alzarmi, ma Giulia mi ferma. «Ho scritto un report al vostro quartier generale di Atene» dice. «Vi ho mandato le prove dei minori non accompagnati costretti a prostituirsi con i pedofili per mangiare nella capitale. Nessuno ha fatto nulla. Perché?»

«La tua segnalazione è importante per noi, ma solo il team della capitale può occuparsene...»

«Ti ho mandato un report sullo spaccio all'interno del campo. Abbiamo individuato il pusher. Ci ha detto che è la polizia a portare la droga sull'isola. Non ne abbiamo la certezza, ma sappiamo che i minori non accompagnati consumano e vendono per sopravvivere nell'hotspot. A che punto siamo con *questa* indagine?»

«Stiamo vagliando le possibilità.» L'Ufficiale non sa più dove mettere gli occhi. «Altre domande?»

Esco dagli uffici dell'Organizzazione con una voragine in petto. Non solo hanno ignorato i drammi dei nostri bambini, ma ci hanno anche rimproverato per averli aiutati.

Una volta a casa, mi chiudo in camera. Prendo il mio portatile, apro la mia pagina Facebook e scrivo di getto una denuncia contro l'Organizzazione.

L'Organizzazione è uno degli enti umanitari più potenti al mondo e i suoi ufficiali sono la *crème de la crème* dei professionisti in ogni campo, eppure stanno a guardare. Potrebbero denunciare la Manager dell'hotspot, e invece tacciono davanti alle sue inadempienze. Perché?

Ho combattuto per mesi, ma la verità è che il sistema di asilo non funziona, e la "grande" Europa sta distruggendo la vita di migliaia di bambini. Questo training mi ha aperto gli occhi: il responsabile non è l'hotspot – l'hotspot non ha una volontà sua. I responsabili di questa crisi umanitaria sono le autorità che lo governano. Sono stati l'acquiescenza, l'indifferenza e la cronica immobilità dei grandi nomi dell'assistenza umanitaria internazionale a condannare Hammudi ed Hesther a una vita in compagnia dei loro carnefici. Ma le autorità sono esseri umani, e gli esseri umani possono essere sconfitti.

Scrivo di come un'organizzazione dal capitale pressoché illimitato paia più preoccupata di aggiornare il proprio sito internet con il numero di coperte distribuite e il salario dei propri dipendenti che dei reali bisogni dei rifugiati.

Scrivo di come l'Organizzazione si faccia virtuosa promotrice dei diritti umani, mentre addestra i suoi dipendenti a trattare chi dovrebbero aiutare come numeri.

Scrivo di come l'Ufficiale abbia ignorato molteplici report di abuso minorile e fatto spallucce davanti ai crimini perpetrati dalla Manager del campo profughi – primo tra tutti, seppellire le prove di abuso minorile.

Scrivo che un tempo sognavo di lavorare per l'Organizzazione, e che ora morirei prima di unirmi a loro.

Prendo un respiro infinito e pubblico il post. Potranno anche chinarmi la testa con la forza, ma non soffocheranno la mia voce. Potranno piegare il mio corpo, ma non incrineranno la mia anima. Potranno farmi appassire come un albero in una tempesta di sabbia, ma è così che spargeranno i miei semi.

Nel giro di poche ore, la mia denuncia diventa virale, totalizzando quasi centomila visualizzazioni e un'ondata di oltraggio da parte dei lettori. Molti di loro hanno donato soldi all'Organizzazione, ma si ripromettono di smettere seduta stante. Alcuni mi consigliano di fare attenzione e di rimuovere il post temendo per la mia incolumità, ma io li rassicuro e lo tengo.

Il giorno dopo, scopro Hammudi che rovista nella spazzatura fuori dalla casa dei volontari. Mi si spacca il cuore, ma posso solo immaginare la sua vergogna se dovesse accorgersi che sono lì. Mi nascondo dietro l'angolo. Hammudi trova un barattolo di yogurt ancora chiuso e lo porta via con sé.

Si pensa che il coraggio sia il contrario della paura. Non lo è. Il coraggio è il fratello della paura, e la paura è la sua anticamera. Il coraggio inizia dove la paura finisce.

Non getterò la spugna, non ancora. Ho un'ultima chance di salvare Hammudi: sua zia.

Mi presento al container di Hammudi una sera di fine marzo. Majida, la traduttrice dell'équipe medica, mi accompagna. Sto per giocare una carta rischiosa, e ho bisogno di tutto il supporto possibile.

La zia apre la porta e ci fa accomodare. Ci offre due tazze di tè. Anche lei pare più disponibile, da quando il marito è stato incarcerato. Le cuginette mi occhieggiano con curiosità, la più piccola mi si siede in braccio. Hammudi mi sorride dall'ultimo piano del letto a castello. Ricambio il suo sorriso.

Se il mio piano va a segno, quando uscirò da questo container mi odierà.

«Sono due mesi che cerco di togliervi il bambino» dico, bandendo i convenevoli. Majida traduce, e cala il silenzio. Sul volto della zia riappare la diffidenza del nostro primo incontro nella Gabbia, sei mesi fa.

Le racconto tutta la verità. Parlo del report all'Organizzazione, degli incontri con il guardiano, con le psicologhe e pure con la Manager. Dico di essere nato con i privilegi di un europeo bianco, e di quanto sia insopportabile per me sapere che ad Hammudi e agli altri bambini come lui saranno sempre negati i miei stessi diritti. Dico che posso offrire ad Hammudi una vita migliore di quella che loro, la Grecia e l'Unione Europea potranno mai dargli. Lo dico nella speranza che la zia mi urli contro, che mi cacci a calci e pugni. Lo dico sperando che vada dalla Manager e prenda d'assalto il suo container gridando che no, nessuno le porterà via il bambino. Lo dico perché è l'unico modo per costringere le autorità a dare alla zia, e non allo zio, la custodia di Hammudi.

La zia mi fissa a lungo, uno sguardo senza espressione. Poi si rivolge a Majida parlando in arabo.

«Va bene» traduce Majida. «Dice che puoi prenderti il bambino.»

E il gelo che ormai da mesi mi si è avvinghiato addosso diventa totale. Come può liberarsi di Hammudi con tanta disinvoltura?

«Il campo lo sta rovinando ogni giorno che passa.» La zia parla e Majida traduce. «Come per gli alcolizzati, il campo sta rimodellando il suo cervello. Ci sfugge la pericolosità di abbandonare i bambini a una vita senza speranza. Non è nei nostri Paesi che si crea l'estremismo, ma nei vostri.»

Prende il telefono e compone un numero.

Majida si sporge verso di me: «Sta chiamando il nonno di Hammudi per chiedere conferma».

Il cuore mi batte all'impazzata quando la donna inizia a parlare in arabo. Cosa faccio se il nonno dà il suo consenso?

Solo che poi il nonno inizia a urlare. Urla così tanto che lo sento pure io, seduto a un metro dal microfono. Urla, urla, e urla ancor di più.

«Sta dicendo: "Avete perso il bambino".» traduce Majida. «"Avete perso il bambino."»

Quando il nonno butta giù, il silenzio spacca i timpani.

La zia leva lo sguardo. «È meglio che ve ne andiate, adesso.»

Majida e io ci alziamo. Prima di uscire, lancio un'occhiata ad Hammudi, ma quando incontro il suo sguardo lui si volta e nasconde il capo.

Come da piano, il giorno dopo la zia va dalla Manager e pretende la custodia del bambino. Deve aver fatto il diavolo a quattro, perché gliela danno subito.

Come da piano, Hammudi mi odia a morte. Si rifiuta di parlarmi. Smette di venire a scuola. Si sente tradito dalle mie azioni, e lo capisco. Sono profondamente smarrito, ma non rimpiango nulla: ho fatto tutto ciò che potevo per proteggerlo.

Tutti pensano che sia ciò che dici a definirti, le tue opinioni, le tue risposte intelligenti o la conoscenza ostentata. Ma quel che davvero ti definisce è ciò che non dici, le lotte che eviti, le posizioni che non prendi, gli occhi che chiudi. Ogni persona è ciò che tace.

3
Non si uccidono così anche i cavalli?

Non sempre le nuvole offuscano il cielo:
a volte lo illuminano.

ELSA MORANTE

Aprile 2018

"Dobbiamo parlare."

Leggo il messaggio di Giulia e so d'istinto che si tratta dell'Organizzazione. Mi trovo da Nasir, che mi ha preparato una zuppa ai funghi per cena, ma leggendo queste due parole mi passa l'appetito. Mi sento il gelo dentro da mesi, e ormai temo sia diventato parte di me.

Giulia viene a prendermi in macchina. Senza dire una parola, accelera finché usciamo dalla città, poi accosta vicino a una panchina lavata dalla luce di un lampione.

Esce dall'auto e si siede. Oltre le punte dei pini marittimi si vede l'intera città.

Mi siedo accanto a lei. «Cosa è successo?»

«Oggi l'Organizzazione mi ha convocato.» Giulia parla con lo sguardo fisso davanti a sé. «Ho chiesto di cosa si trattasse, ma mi hanno risposto che me l'avrebbero detto solo al mio arrivo. Mi hanno portata nella stessa stanza in cui abbiamo fatto il training.»

«L'Ufficiale?»

«No, la capomissione e la responsabile del dipartimento legale.» Fa una pausa. «Mi hanno fatta sedere e mi hanno mostrato il tuo post.»

Per un momento ho il caos in mente e non riesco a ricollegare. Sono passate due settimane dal mio messaggio di denuncia contro l'Organizzazione. Poi capisco e chiudo gli occhi, aspettando che Giulia finisca il racconto.

«Si sono messe a urlare» dice lei, con voce piatta. «Hanno

detto che il tuo post è inaccettabile, che hanno le mani legate davanti alla Manager e che fanno molto altro oltre alla protezione dei minori.»

«Di cui non si preoccupano per niente» mi lascio scappare, gli occhi ancora chiusi.

Giulia continua: «Hanno chiesto la rimozione del messaggio». Fa una pausa. «E mi hanno lasciato intendere che, se non te ne vai, volteranno le spalle a Samos Volunteers.»

Apro gli occhi, ma non ho il coraggio di guardarla. La bocca dello stomaco si chiude in una morsa lancinante. Le parole mi escono a stento: «Mi state cacciando?».

«No» mi rassicura Giulia, «e gliel'ho detto subito. Non spetta a loro dirci come gestire i nostri volontari. Ma mi sono sentita minacciata, e colta alla sprovvista...»

«Lo vedi?» dico. «Si stanno rivelando per la mafia che sono...»

Giulia si volta a guardarmi. «Da te.»

«Io ti ho colto alla sprovvista?»

«Perché non mi hai detto di questo post?» mi chiede. «Perché non mi hai detto che tutte queste persone l'hanno letto?»

Io continuo a fissare davanti a me. L'aria sa di primavera.

«Conosci le regole di Samos Volunteers: non ci inimichiamo le autorità, non critichiamo l'operato delle altre ONG.»

«Ignorano l'abuso minorile!» Incontro il suo sguardo. «Come possiamo tacere e lavorare con loro?»

«E la soluzione sarebbe denunciarli su Facebook?»

Stiamo entrambi alzando la voce. Ce ne accorgiamo e lasciamo che il silenzio invada di nuovo lo spazio.

«Mi stai chiedendo di togliere il post, Giulia?»

«Non ti sto chiedendo niente.» Sospira. «Bogdan vuole vederti lunedì mattina. Volevo solo prepararti.»

«La lealtà è la qualità che amo di più in te» dico. «Ma se la tua lealtà verso Samos Volunteers si stesse trasformando in cieca fede? Stavolta non si tratta di cosa è giusto per Samos Volunteers, ma di cosa è giusto in generale. Abbassare la testa e togliere il post sarebbe un errore.»

"E ucciderebbe parte di me" penso.

Lunedì mattina mi va di lusso. Non devo neanche fare a pugni con la sveglia, perché sveglio lo sono già. Sono sveglio da prima che sorgesse il sole. Mi pare di essere sveglio da anni, ormai.

Dopo nove mesi su quest'isola, peso meno a venticinque anni di quanto pesassi a sedici. Sono tornato a soffrire d'ansia, come quando ero bambino. Ieri notte ho rischiato di svenire nella doccia. Me ne stavo in piedi sotto il getto tiepido quando mi è parso di aver perso il senso del tatto e l'equilibrio. Quando mi sono ripreso ho vomitato. È lo stress, che ormai mi accompagna come un cane fedele ovunque vada.

Dopo la doccia mi sono chiuso a chiave in camera, un'abitudine presa durante la lotta per la custodia: è l'unico modo per placare la paranoia che mi attanaglia ogni notte, la sensazione che un individuo non meglio identificato mi aspetti in agguato nell'ombra, pronto a farmi fuori per ciò che so e potrei scrivere.

Ho perso tutti gli amici che avevo. Mantenere i contatti con i compagni d'infanzia si è rivelato sempre più difficile con ogni anno di missione, in India prima e nell'hotspot poi. Il mio stacanovismo mi ha allontanato anche da tutti gli altri volontari. Lavoro sempre, sono sempre altrove. Mi è rimasta solo Giulia, e forse ora ho perso anche lei.

E quindi eccomi, nel letto ad attendere il suono della sveglia. Sono così stanco da non sentire più niente, neanche l'opprimente senso di perdita che provo nei confronti di Hammudi. Ho fatto l'abitudine alla preoccupazione: il lutto è meglio del nulla.

Incontro Bogdan e Giulia al caffè accanto alla piazza centrale. Ordino un espresso e mi siedo nel cubicolo con loro. Mi guardano straniti – chissà che faccia ho. Pure il cielo plumbeo pare affacciarsi a guardare dalla finestra.

«Come stai?» chiede Bogdan versandomi un bicchiere d'acqua.

«Non dormo da due giorni.» Bevo un sorso.

«Non mi pare una scelta salutare.»

«Non è proprio una scelta.»

È un tipo gentile, Bogdan, ma con lui non si scherza.

«Ho investito due anni nel rapporto con l'Organizzazione» dice. «E ora sono fuori di sé dalla rabbia.»

«Sono impauriti» interviene Giulia, «non arrabbiati.»

«È un segnale positivo» dico. «Significa che li stiamo toccando sul vivo.»

Bogdan mi guarda con occhi di pietra. «Quindi pensi di aver fatto bene?»

«Penso di aver detto la verità. Non sei d'accordo?»

«Sì» dice Giulia, «ma non è questo il problema.»

«Il problema è il mezzo.» Bogdan si passa una mano sulla barba. «Accusare sui social, oltre che inutile, è poco professionale.»

«Se fosse stato un giornale o una televisione, sarebbe stato diverso.» Giulia beve il suo cappuccino. «Hai agito d'impulso, lo capiamo…»

«D'impulso?» chiedo. «Abbiamo le prove e le abbiamo da anni. Perché nessuno dice niente?»

«Il problema non è il contenuto» ripete Bogdan, «è il mezzo. Sei d'accordo?»

Bogdan fa così. Vuole convincerti della sentenza prima di calare la spada. Forse in questo modo mantiene l'illusione di democrazia.

«Mi dispiace di aver compromesso il tuo rapporto con l'Organizzazione» sospiro. «Ma non credo dovremmo accettare più aiuti da loro.»

«In questo ambiente dobbiamo collaborare.» Bogdan si passa le mani sulle gambe. «È un sistema.»

Rieccoci, il sistema. Il sistema a cui noi tutti dobbiamo sottostare.

«Sono disposto a incontrare l'Organizzazione e chiarire la mia posizione.» Arriva il mio caffè e lo bevo in un sorso. «Spiegherò perché ho scritto quello che ho scritto. Magari potremmo iniziare sul serio a lavorare ai casi di abuso insieme.»

Bogdan sorride. «Dubito sia una buona idea.»

«Perché?»

«Sei troppo emotivo quando si parla di queste cose, e temo si trasformerebbe in una zuffa.» Fa una pausa. «Penso anche che dovresti astenerti dal partecipare ai meeting con l'Organizzazione, d'ora in poi.»

Faccio un respiro per raffreddare il sangue.

«... e credo dovresti rimuovere il post.»

Lo guardo negli occhi, cerco di scorgere un margine di dialogo. Ma chi illudo? La decisione è già stata presa.

«Bogdan» dico, «non farmelo fare. Non... non... Questo è l'opposto di chi sono.»

«È l'unico modo per farti continuare a lavorare sull'isola.»

E allora capisco. Non siamo qui per raccogliere le idee su come gestire il problema con l'Organizzazione, stiamo patteggiando la mia pena. La minaccia di perdere i Dreamers e abbandonarli all'hotspot mi colma d'inquietudine. Penso a Mays, con cui leggo libri dopo lezione; Hesther, che cerca sempre la mia spalla su cui piangere quando la famiglia la maltratta; e pure Hammudi – so che mi odia, ma ovviamente penso anche a lui.

Abbasso la testa. «Va bene.»

Bogdan beve un sorso di caffè. Lo sento sorseggiare, ma non lo vedo. Mi pulsano i timpani. Poi percepisco qualcosa, qualcosa di più, nel suo silenzio prolungato.

Sollevo gli occhi. Bogdan lancia un'occhiata a Giulia, ma lei distoglie lo sguardo.

«E abbiamo pensato che possa farti bene lasciare l'isola per un po'» dice lui.

«Cosa?»

«Hai lavorato tantissimo negli ultimi mesi, e te ne siamo grati.» Bogdan fa pesare ogni parola. «Crediamo sia ora che tu ti prenda una vacanza.»

«Bogdan...»

«Riposati, lascia calmare le acque con l'Organizzazione. Solo due settimane.»

La mancanza di sonno si fa sentire. Come posso abbandonare i Dreamers per due settimane? La mia assistente parte a giorni, e nessun altro volontario sa nulla di loro. Senza contare che una partenza imprevista contraddice qualunque buona prassi della psicologia infantile. Spezzerà loro il cuore.

«Bogdan, per favore.» Non supplicherei mai per me stesso, ma lo faccio per i miei ragazzi. «Dammi qualche settimana almeno, per addestrare un sostituto… altrimenti la classe piomberà nel caos.»

«Devi andartene entro la fine di questa settimana.»

«Bogdan…»

Giulia interviene: «Forse potresti partire per una sola settimana adesso e farti la seconda più avanti, quando avrai trovato un sostituto».

Bogdan le scocca un'occhiataccia. «Va bene» dice infine. «Ma devi andartene questa stessa settimana. E non puoi restare sull'isola. Torna a casa.»

«Certo» dico. Mi alzo. «È ora che vada. Ho lezione tra poco.»

Bogdan tiene lo sguardo fisso su di me. «E rimuovi il post oggi.»

«Va bene.» Poi, non so perché, aggiungo: «Grazie».

Giulia non riesce neanche a guardarmi.

Quando la cultura di una multinazionale, di un governo, di un'università, di una no-profit, di una chiesa, di una scuola o di una famiglia richiede che la protezione dei potenti valga più di quella dei dipendenti, dei cittadini, degli studenti, dei fedeli, la connivenza e la vergogna diventano parte della cultura stessa, e i soldi vincono sulla trasparenza. La paura diventa uno strumento di controllo e lascia una scia di frustrazione e dolore.

Questo è il luogo più oscuro in cui mi sia mai trovato in tutta la mia vita.

Parto domenica, con il traghetto. Giulia mi accompagna e mi abbraccia sul molo. Ci siamo scambiati poche parole nell'ultima settimana, ma so che tiene a me. Salgo sul ponte e mi sporgo a salutare.

È allora che scorgo un gruppo di piccoli sognatori che corrono verso il porto. I miei studenti si sono fatti quasi un chilometro di strada per salutarmi.

Vederli mi gonfia il cuore di gioia: sono il mio orgoglio più grande. Raggiungono Giulia sulla banchina e sventolano le piccole mani. Mays, Hesther, Anif, Saddam, Moumen – sono i Dreamers di lunga data, quelli a cui ho insegnato a leggere e scrivere, a fidarsi e sperare di nuovo, quelli con cui ho legato di più.

«Ti vogliamo bene!» urlano in coro, capitanati da Giulia.

«Io di più» dico, ma il grido del traghetto si porta via la mia voce.

Prendo il largo. Loro continuano a sventolare le mani. Lascio correre lo sguardo e un po' prima del porto, seduto sul marciapiede, vedo Hammudi che mi osserva mentre sparisco all'orizzonte. Alzo la mano, ma lui non risponde.

E così parto, parto per la prima volta da quella che pare una vita intera. Inspiro l'aria di mare. L'isola battuta dal sole primaverile diventa un puntino sempre più piccolo. Ho combattuto e ho perso, ma so di aver fatto del mio meglio. So di aver vissuto secondo le mie speranze e non secondo le mie paure.

Arrivo ad Atene di notte e scelgo l'ostello più economico nella zona del porto. Non ho soldi, e questa inaspettata vacanza non fa granché bene alle mie finanze. Mi ritrovo in una camera orribile, con le lenzuola ingiallite e il soffitto punteggiato di zanzare in attesa che spenga la luce. Ho freddo e fatico a vedere i colori di ciò che mi sta intorno. Sono in esilio, lontano da chi amo e privato di ciò che ho lottato per costruire.

Mi sento uno straccio, perso, in frantumi. Ma poi mi rimetto in cammino. Ho intenzione di sfruttare il tempo che ho a disposizione per visitare i Dreamers che hanno lasciato l'isola durante la Decongestione.

Ne incontro alcuni nella capitale, e ceno con le loro famiglie. Mangiamo cibo turco in un ristorantino vicino all'Acropoli. Ridiamo e ci meravigliamo di quanto sia strano e bellissimo incontrarsi lontani dall'hotspot.

Poi lascio Atene e visito una città al giorno, una famiglia al giorno, prendendo autobus e treni, dalla capitale all'entroterra, dall'entroterra al confine con l'Albania, e su lungo l'autostrada per Salonicco.

Mi sento solo, e parecchio, ma toccare con mano il frutto

del mio lavoro mi infonde coraggio. Vedo il miracolo della classe dei Dreamers: i bambini sembrano finalmente felici. Certo, il destino non è stato equo con tutti – alcuni vivono in appartamento, altri in campi profughi; alcuni vanno a scuola, altri sono abbandonati a loro stessi; alcuni genitori lavorano, altri attendono i permessi. Ma sorridono, e paiono quasi bambini normali. Questo, ne sono certo, è grazie alla nostra classe che li ha protetti dall'hotspot, come un tetto davanti alla tempesta.

Arrivo a Trikala, una cittadina sperduta in mezzo al nulla, dove riabbraccio Soran e la sua gigantesca famiglia. Mohammad, il padre, lavora in un negozio di elettronica, ed entrambe le mamme aspettano un bambino. Vanno tutti a scuola e stanno imparando il greco.

Trikala mi ricorda la mia città natale, fatta di parchi tranquilli, monumenti da visitare la domenica e bancarelle che vendono zucchero filato sul corso. Soran mi mostra il luogo che ora chiama casa, e la sera mangio nel loro appartamento guardando una partita di calcio.

«Guarda» dice Soran alla fine del primo tempo.

«Cosa?»

Soran alza il braccio. All'inizio non capisco, ma poi vedo una piccola chiave pendergli dal polso.

«L'avevi promesso» dice. «E sei venuto.»

Si slega la chiave dal polso e fa per restituirmela, ma io lo fermo.

«È tua» dico. «Finché ce l'hai, io sono con te. E anche se dovessi perderla, sarò con te comunque.»

Alla fine della partita, le mamme mi preparano un divano-letto. «Sei come un figlio per me» dice una di loro dandomi la buonanotte. Per la prima volta da mesi, mi addormento con il cuore leggero.

A Trikala, sdraiato sul divano in soggiorno, sento il calore tornare nelle punte delle dita e ricordo a me stesso l'importanza di tirare avanti. Soran e la sua famiglia si stanno integrando, e questo è il vero sogno. Il mio, invece, è vivere finché sono vivo, e morire solo quando sarò morto. Il mio sogno è amare ed essere amato, e non dimenticare mai chi sono. Il mio sogno è di non abituarmi mai alla disuguaglianza intorno a me, e cercare felicità anche nei luoghi più cupi. Cercare la bellezza anche quando pare essersi estinta, fino a ritrovarla. Sogno di non banalizzare mai ciò che è complicato o complicare ciò che è semplice. Sogno di rispettare la forza individuale, e mai il potere. Sogno soprattutto di vegliare, di cercare di capire senza distogliere lo sguardo. E mai, mai dimenticare.

Ora ho un nuovo obiettivo. All'inizio di aprile ho firmato il contratto di *Bianco come Dio* e ho ricevuto un invito come ospite sulla TV nazionale italiana. Avevo rifiutato, non potevo abbandonare i Dreamers. Ma adesso mi hanno esiliato, e così li richiamo e accetto. Ho due minuti in prima serata in uno dei programmi più guardati del Paese, in diretta televisiva.

Torno in Italia.

4
Mi manca la voce ma devo urlare

> È buffo tornare a casa. Tutto ha lo stesso aspetto,
> lo stesso odore, ti dà la stessa sensazione di sempre.
> Ti rendi conto che l'unico ad essere cambiato sei tu.
>
> FRANCIS SCOTT FITZGERALD

Aprile 2018

L'hostess apre il mio passaporto e mi squadra da capo a piedi.

«Sei invecchiato» dice.

Atterro in Italia e prendo l'autobus – anzi, ne prendo tre, per arrivare al paesino della nonna. Lei mi accoglie con il mio piatto preferito, i pizzoccheri, e mi abbraccia a lungo. Mentre appoggio il mento sulla sua testa e stringo la sua piccola figura, realizzo che il rito degli abbracci mattutini, quello che i miei studenti apprezzano di più, viene proprio da lei.

Ci sediamo a tavola e la nonna mi allunga il formaggio.

«Tutti ti avevano detto di andare a New York» dice. «Ti davano del pazzo, ma tu non li hai ascoltati. E hai trovato la tua strada.» Mi guarda. «Sono fiera di te.»

La ringrazio, ma ficco lo sguardo nel piatto. Le ho nascosto il vero motivo del mio ritorno. Se sapesse che mi sono messo a denunciare le autorità dell'hotspot e che l'Organizzazione mi ha intimato di lasciare l'isola le verrebbe un colpo. Per quanto ne sa, io sono in vacanza e per caso andrò in TV domani.

«Amo quello che faccio» dico, inforcando i pizzoccheri, «però a volte mi chiedo se mi stia smarrendo nella mia passione. Stravedo per i bambini, ma il sistema, l'amministrazione, le autorità... loro rovinano tutto senza che nessuno apra bocca.»

«A volte per salire devi scendere un po'.»

«Ma cosa significa, nonna?»

Lei fa un gesto vago con la mano. Temo che stia per chiedermi se voglio del formaggio, invece si fa seria: «Significa che hai faticato e sofferto ed è ora di pareggiare i conti». I suoi occhi mi puntano come spilli sotto il cespuglio di ricci. «Vai a Milano domani, e di' all'Italia la verità.»

Rimango di sasso, poi mangio una forchettata.

«Potrei avere un altro po' di formaggio, per favore?»

Tutta contenta, la nonna mi grattugia una spolverata di grana sul piatto.

Trascorro il pomeriggio con i cani, in campagna, proprio come quando ero bambino. Stavolta, però, cerco di non pensare a mio padre, che vive a pochi chilometri da qui. Cerco di non pensare alle stilettate della nostra ultima lite e, soprattutto, a ciò che ho imparato di recente: che i bambini faticano a vedere gli adulti come esseri umani, perché la loro imperfezione fa paura. Combattere per la custodia di Hammudi mi ha costretto a vestire i panni di mio padre, e così ho capito che avere un figlio dev'essere al contempo splendido e terrificante, ogni secondo della tua vita.

Oggi, però, devo concentrarmi sull'intervista. Il resto può attendere.

Chiamo Giulia per chiedere consiglio. Quando risponde, sento l'immancabile vociare di Alpha in sottofondo.

«Hai deciso di cosa parlare domani?» chiede.

«Non ancora.» Lancio il bastone al cane. «Non sono Shakespeare, e chissà quando scriverò un altro libro decente. Questa potrebbe essere la mia unica occasione di parlare a tutta l'Italia… ma non posso voltare le spalle ai Dreamers.»

«Credi che Bogdan ti impedirà di tornare, se parli?»

«Ha detto che il problema era il mezzo, non il contenuto.» Il cane riporta e mi assalta con la lingua penzoloni. «Ma l'ha detto prima di sapere che mi avevano invitato in televisione.»

«Qualsiasi cosa tu decida» dice Giulia, «io sono con te.»

«Grazie. Sentirlo mi scalda il cuore… Come sta la classe?»

«Stanno facendo dannare il supplente.»

«Com'è giusto che sia.»

Quando chiudo la conversazione, mi accorgo che il cane mi ha coperto di bava dalle dita al gomito.

Il dilemma dell'intervista mi lacera dentro. Ora che ho l'opportunità di fare giustizia, come posso scegliere il silenzio?

Chiamo Sarah: lei sa sempre come fare chiarezza tra i miei pensieri.

«Sai» le dico, dopo averle spiegato tutto, «preferirei insegnare le sottrazioni che decidere, stavolta.»

«Non ho una risposta» mi dice lei, «ma ho la solita, vecchia domanda: per cosa vale la pena di sorridere in questo preciso momento?»

«Sarah...»

«Pensaci. Non devi rispondere a me. Dillo a te stesso, domani, prima dell'intervista. Lo capirai allora.»

Mi siedo sull'erba. Mi piacerebbe avere accanto un cane che infonda tranquillità e si lasci abbracciare come nelle pubblicità, ma appena mi abbasso lui impazzisce di gioia e mi copre di pelo e altra bava. Sotto il suo assalto, decido di tagliare la testa al toro.

"Ciao, Bogdan" scrivo su WhatsApp. "Andrò in TV domani e mi piacerebbe raccontare la verità sull'hotspot, inclusi i crimini della Manager e la negligenza dell'Organizzazione. Cosa ne pensi?"

Bogdan impiega oltre ventiquattr'ore per rispondermi.

"Ne abbiamo già parlato" si limita a scrivere, e anche l'ultimo specchio si rompe.

Bogdan è un brav'uomo, e ha dedicato due anni della sua vita a Samos. Non fa parte del sistema, ma fa parte della cultura che lo perpetua. In quattro parole, mi ha confermato ciò che temevo, ma che in fondo sapevo fin dall'inizio: il problema del mio post non era il mezzo. Era proprio il contenuto. Anche lui mi vuole muto.

Faccio avanti e indietro nel mio camerino, in uno degli studi televisivi più grandi di Milano. Sudo freddo. Maledico la mia ansia, e intanto vorrei balzare fuori dalla mia stessa pelle.

È il grande giorno, ce la posso fare. Ripasso il discorso allo specchio, me lo sento scalpitare nel sangue, ogni parola incisa su un globulo rosso. È il mio addio all'hotspot, il canto del cigno, il colpo finale.

«Mi hanno costretto a lasciare i miei bambini» dico a mezza voce. «Ho svelato la verità e l'Organizzazione mi ha minacciato.»

Mentre immagino il silenzio del pubblico nel sentire un nome tanto importante, le pareti di gesso del camerino cadono e lo studio televisivo si apre intorno a me.

Sono davanti al conduttore, che mi ascolta con sguardo intenso ma cordiale.

«Questi sono report di abuso minorile» gli dico, mostrando alle telecamere le email che ho stampato. «L'Ufficiale li ha ignorati tutti. Ho provato con ogni mezzo a far sì che questi bambini venissero aiutati, sono arrivato al punto di candidarmi come padre in affido di uno dei miei studenti. Loro mi hanno detto di tornare al mio posto. Mi hanno preso per pazzo.»

I riflettori illuminano il centro del palco mentre le immagini che ho scattato di nascosto nell'hotspot sfilano sul megaschermo alle mie spalle.

«E forse *sono* pazzo. Forse sono pazzo a pensare che un Signor Nessuno possa avere una possibilità davanti a individui che agiscono come se fossero Dio in terra sulla pelle degli indifesi.» Sto andando bene, come mai prima d'ora, continuo spedito senza balbettare o perdere il filo del discorso: «Ma il problema non sono gli individui. Loro stanno solo eseguendo degli ordini. Il problema è il sistema, un sistema pianificato per ingrassare le tasche dei politici che si mangiano i miliardi dell'Unione Europea, per oliare la carriera delle autorità che si fregiano del "successo" degli hotspot, e per smembrare i rifugiati, ridurli a numeri, merce, esseri subumani. C'entra il governo greco, c'entrano l'Organizzazione e la Commissione Europea. Tutti sanno, nessuno parla. Nel caso di un'investigazione, nessuno sarebbe condannato. Per questo mi affido a voi, la gente. Voi siete l'ultima e la migliore possibilità delle persone che aiutiamo. Troppo a lungo ci hanno convinti della nostra impotenza. Troppo a lungo ci siamo accontentati di fare da tappezzeria nella nostra stessa vita. Ora basta. Voi avete il potere. Noi abbiamo il potere. Facciamo giustizia e distruggiamo l'hotspot adesso!». Vado a fuoco. Non soffro più d'ansia, non mi sento più piccolo e solo e, soprattutto, non ho più paura. Mi volto e guardo dritto nella telecamera: «So che mi state guardando» dico. «Potete strozzare la mia voce, potete piegarmi la testa, potete persino spezzarmi la schiena, ma non impedirete alla verità di venire fuori. Stiamo arrivando per...»

Mi suona il telefono. I miei pensieri s'interrompono e lo studio televisivo scompare. Rispondendo alla videochiamata, torno nel camerino – dove sono sempre stato.

«CIAO!» urlano i Dreamers all'unisono. Tutti faticano a entrare nello schermo, ma ci provano – un mucchio di teste che spingono per vedermi.

Mi si stringe il cuore.

«Sei già in TV? Facci vedere, facci vedere!»

Mostro loro il camerino.

«Sei bellissimo!» grida Hesther, e le altre bambine scoppiano a ridere.

Anif prende il telefono. «Digli quanto siamo bravi.»

«Ma state facendo i bravi *davvero*?» chiedo. «Giulia dice che state facendo dannare il supplente.»

«Il nuovo insegnante urla sempre e...»

«I maschi hanno fatto a botte» interviene Mays.

«Davvero?»

«Anche Hesther» dice Anif.

«Ma Hesther» protesto, «ti ci metti anche tu?»

Hesther si copre la bocca e continua a sghignazzare.

«C'è stata una rissa in classe» spiega Anif. «Si sono rotti due banchi, una sedia e la maniglia.»

Me ne sono andato e i Dreamers sono tornati al punto di partenza. Perché? Perché sanno di avere ogni giorno i minuti contati, nella stanza numero 4. Manca il senso di appartenenza – dopotutto, quella non è una vera scuola. L'unico collante, purtroppo, sono io. La notizia mi abbatte, ma mi fa sentire necessario.

«Vi voglio bene, più di quanto possa esprimere.» Faccio una pausa. «E torno presto.»

Quando metto giù il telefono, so che non parlerò. Non qui. Non stavolta.

Entro in studio e racconto delle condizioni fisiche dell'hotspot. Parlo dei ratti che mangiucchiano gli zaini dei bambini, parlo dei minori non accompagnati che tentano il suicidio, della luce vivissima dei programmi dei Dreamers e degli Achievers. Parlo di ciò che è visibile, taccio ciò che è celato. Si tratta di una denuncia importante, ed è la prima volta che l'Italia si confronta con la verità su Samos, eppure è solo la punta dell'iceberg. Il vero problema non sono le tende, i bagni o la spazzatura, ma i burattinai che prosperano nel caos che hanno creato.

Esco dallo studio televisivo sapendo di aver sacrificato una parte di me, ma al contempo sento un sorriso crescermi in volto: il mio amore ha vinto la mia rabbia.

Lascio l'Italia senza aver visto mio padre.

Una parte di me avrebbe voluto incontrarlo e cercare una sorta di riappacificazione, sono stato più volte sul punto di chiamarlo e chiedergli di vederci, ma non ce l'ho fatta.

Riparto sapendo che, proprio come in lui, anche dentro di me convivono luce e ombra – e va bene così. La luce mi rende buono, l'oscurità mi rende umano. Ogni scelta che compi forgia la persona che stai diventando. Ogni volta che colpisci un altro essere umano, ogni volta che manchi di rispetto, ogni volta che menti, ciò che hai fatto ti rimane dentro, sotto la pelle. Nulla è irreversibile, ma tutto resta, sia il buono sia il cattivo. Non è più la storia di chi sei o chi vuoi diventare, ma di *come* arrivarci. Il *come* è tutto – determina la differenza tra i buoni e i giusti.

«Sei invecchiato» mi hanno detto in aeroporto, e forse è così.

Ho imparato che vincere ed essere felici non sono per forza parti della stessa equazione, e che a volte è necessario fare sacrifici: il tempo con la propria famiglia o il rapporto con chi si ama. Un anno fa ero più felice, oggi sono più forte; ero più spensierato, oggi più consapevole; ero più piccolo, oggi più vecchio – no, anzi, più grande.

Una cosa è certa. Ogni giorno è stato un giorno ben speso. Ogni giorno è stato ben vissuto. Ogni giorno, anche quello più nero, ha rischiarato quello di qualcun altro, e così ho celebrato la vita.

Ma ora sono stanco. Stanco di avere paura, stanco di mentire per omissione. Sono stanco del silenzio.

Il suo nome è Winnie Banda, ed è l'Ufficiale per la protezione dell'infanzia dell'Organizzazione.

L'Organizzazione è UNHCR, l'Alto commissariato delle Nazioni unite per i rifugiati.

Il guardiano si chiama Lena Perpiraki, e lavora per Metadrasi, l'ONG incaricata dal governo greco della tutela dei minori non accompagnati.

Tim Randall è il Commissario europeo, gli occhi e la voce dell'Europa nell'hotspot.

E infine viene Maria-Dimitra Nioutsikou, la Manager dell'hotspot di Samos, colei che tira i fili di questo scempio.

Nel silenzio, la giustizia muore.

5

Lo strano caso del bambino arrestato a mezzanotte

> Chi lotta con i mostri deve guardarsi di non diventare, così facendo, un mostro. E se tu scruterai a lungo in un abisso, anche l'abisso scruterà dentro di te.
>
> FRIEDRICH NIETZSCHE

Maggio 2018

Quando torno a Samos, mi arrestano appena scendo dal traghetto.

Forse si tratta della barba, o dei vestiti sfatti, o dei rifugiati che scendono insieme e me, fatto sta che la polizia mi ferma e mi conduce nella struttura portuale insieme a un gruppo di arabi. I poliziotti controllano i nostri documenti e parlano fitto nelle ricetrasmittenti.

Guardo l'ora.

«Niente telefoni» dice un agente.

Uno dei ragazzi seduti accanto a me pesca un pacchetto di noccioline e uvette dallo zaino e me ne offre una manciata.

«Non mangiare» dice un altro poliziotto. «Questo non è mica il campo.»

Ci guardiamo basiti, eppure è chiaro che i ragazzi hanno fatto l'abitudine a un simile trattamento. Per un privilegiato come me, invece, è la prima volta: la prima volta che percepisco la fragilità dei miei diritti.

La sala d'attesa odora di sudore e respiri, il lascito di migliaia di profughi che vi hanno transitato negli anni aspettando il traghetto della speranza.

L'agente a cui stanno antipatiche le noccioline mi fa un cenno con le dita. «Andiamo in centrale.»

«C'è qualche problema?»

«Dimmelo tu» risponde. «Hai fatto qualcosa di male?»

L'intervista e il logo di UNHCR mi balenano in mente, ma il me stesso adolescente riemerge in mio soccorso. Gli rivolgo un sorriso smagliante. «Certo che no, signore» dico, e lo seguo nella volante.

L'agente delle noccioline si mette alla guida, mentre quello che odia gli orologi si inginocchia sul sedile del passeggero dando le spalle al parabrezza, rivolto verso di me e i due profughi. Ci punta gli occhi addosso e pare pronto a scattare contro di noi.

«Perché si siede così?» chiedo.

Il poliziotto snuda i denti. «Ricorda che la curiosità uccide il gatto» risponde, e pure il me stesso adolescente si nasconde davanti a tanta aggressività.

Arriviamo in centrale e i due ci scortano all'interno, uno in capo e uno in coda alla fila. Devo essermi perso il passaggio in cui sono diventato un ricercato di altissimo livello.

Ci accompagnano al primo piano, dove tengono i detenuti prima di sbatterli in cella.

Restiamo in attesa per più di un'ora, senza informazioni e senza la possibilità di fare telefonate. Proprio come quando ero ragazzino e rubavo biciclette, sento un vuoto nel posto in cui dovrebbero trovarsi la mia paura e la mia rabbia.

Desidero solo che la facciano finita. Questo posto mi sta denudando.

Poi, così come ci hanno presi, ci lasciano andare. Senza l'ombra di una scusa, mi restituiscono i documenti e mi dicono di togliermi dai piedi. Io eseguo in silenzio: so che reagire all'ennesimo abuso di potere si rivelerebbe inutile, e se denunciassi l'accaduto Samos Volunteers mi caccerebbe seduta stante.

Fuori dalla centrale di polizia fa caldo, ma le nubi minacciano tempesta. Cammino sul lungomare per schiarirmi le idee. Ho voglia di riabbracciare Giulia e Brodie, ma l'idea di tornare alla casa dei volontari mi serra lo stomaco in una morsa.

Mi dirigo verso il campo da basket dove i Dreamers si allenano ormai tre pomeriggi a settimana. Presto potranno confrontarsi con i bambini greci, ho già preso contatti con un prete ortodosso disposto a organizzare un'amichevole con i ragazzi della sua parrocchia.

Mi blocco trovando il campo demolito.

Da mesi girava la voce che il sindaco volesse abbatterlo per impedire ai profughi di giocare sul lungomare. L'avevo sempre liquidata come una chiacchiera. Eppure eccolo davanti ai miei occhi, un campo da tennis in costruzione, proprio di fronte a quello già esistente che quasi nessuno utilizza.

C'era già stato, a gennaio, un tentativo della polizia di bandirci dal campo. Poi a più riprese, nei mesi successivi, avevamo subìto le incursioni di vecchiette urlanti, esasperate, chissà perché, dalla presenza dei bambini. Una di loro aveva pure sputato a terra, sbraitando in greco.

Ho tentato in ogni modo di proteggere i Dreamers dalla discriminazione, e posso solo immaginare la loro delusione davanti all'ennesima dimostrazione di razzismo.

Non posso permetterlo, il Dreamers Team ha cementato l'unità della classe.

Ci negano il campo da basket? E noi iniziamo a giocare a tennis!

Vado al negozio di articoli sportivi e acquisto racchette e palline. Per la prima volta, lo faccio senza contare i centesimi, e mi dà un sollievo infinito. Il contratto di *Bianco come Dio* e l'intervista in TV hanno portato la missione davanti agli occhi dell'Italia e, dopo anni di fatica per raccogliere poche centinaia di euro, le mie sorti paiono migliorare. La fiducia dei lettori mi infonde nuova energia, mi sento a un passo da qualcosa di straordinario. Ma cosa? E *come*?

Il giorno dopo, i Dreamers mi accolgono con grida e risa. Mi riempiono mani e tasche di biglietti di bentornato e si affannano a raccontarmi la settimana che mi sono perso. Mi faccio strapazzare e, guardandoli, realizzo che la classe sta esplodendo: tre nuovi studenti si sono iscritti in mia assenza, per un totale di trenta sognatori sui banchi ogni mattina.

Accolgono la notizia del corso di tennis con l'usuale foga e, dopo un tramezzino a pranzo, ci dirigiamo ai campi. Li troviamo deserti. Il sole spacca le pietre e la brezza marina ci piroetta intorno: è la giornata perfetta per ricominciare.

Con il supporto di Abbas, un ex insegnante di educazione

fisica iracheno, spieghiamo la postura, l'impugnatura della racchetta e i movimenti base, poi iniziamo a lanciare le palline.

Mays ha giusto mandato a segno il primo dritto quando la polizia accosta e ci chiede di levare le tende.

«Dovete ottenere il permesso della municipalità per usare questi campi» dicono.

Reduce dall'esilio, evito di opporre resistenza ma, quando i poliziotti se ne vanno, chiamo il numero riportato sul cartello appeso alla rete del campo. La persona che risponde al telefono conferma che si tratta di campi pubblici, proprio come mi aspettavo.

«Ci piacerebbe usarli per insegnare tennis ai bambini, ma ci è negato l'accesso. Perché?»

«Sono bambini dell'hotspot?»

«Sì.»

Brusio di sottofondo.

«I campi sono chiusi a causa dei lavori di manutenzione.»

«Potrei sapere da quando, per favore?»

«Dall'inizio dei lavori.»

«Ho visto delle persone giocare ieri.»

Una pausa.

«Ai bambini è vietato l'accesso ai campi.»

«Potrei sapere di che fascia d'età stiamo parlando?»

«Scusa?»

«I bambini. A quale fascia d'età è permesso l'utilizzo dei campi?»

«Non si tratta di età. Solo i bambini registrati ai corsi di tennis possono entrare.»

«Se venissi nei vostri uffici ora, potrei vedere questa regola scritta?»

«Non è scritta.»

«Allora non è una regola.»

Silenzio.

«Non posso più parlarti. Devo lavorare.»

E riattacca.

La discriminazione che bracca questi bambini mi abbatte. Ai migranti è proibito sottrarsi alle proprie etichette proprio come agli uomini è proibito sottrarsi alla propria ombra. Ma non si tratta solo di Samos – parliamo di gran parte di un'Europa che va spegnendosi un poco ogni giorno. L'epidemia dell'intolleranza contagia i greci come gli italiani: la gente prova rabbia verso i rifugiati per i tre euro di paghetta che ricevono ogni giorno e i trentacinque dati a chi offre loro vitto e alloggio, ma la verità è che si tratta solo di una frazione dei miliardi che l'Unione Europea stanzia per l'emergenza profughi. Larga parte di questi soldi, il governo se li intasca.

Sia i cittadini sia i rifugiati sono vittime dell'abbandono e della cupidigia dei potenti, ma quando i poveri se la prendono con chi è messo peggio di loro significa che il piano dei burattinai è andato a buon fine: il lavaggio del cervello è ultimato.

Lasciamo il campo da tennis e Mays cammina a capo chino verso l'hotspot. Lei adora gli sport e ha trovato nell'esercizio fisico un modo per esternare la propria personalità e liberarsi dai pregiudizi maschilisti imposti dalla sua famiglia. Posso a stento immaginare come si senta, vedendosi precluso l'unico luogo in cui può essere se stessa.

«Sai cosa?» dico fermando il gruppo. «Possiamo ancora divertirci. A chi va di andare al cinema?»

Qualche testa si leva con occhi speranzosi. Ci dirigiamo all'unico cinema della città, dove abbiamo guardato *Star Wars* a Natale.

«I biglietti sono finiti» dice il gestore. «Sono esauriti fino alla fine della programmazione.»

Ci allontaniamo in silenzio, poi però il gestore esce e ci rincorre.

«Se volete possiamo organizzare uno spettacolo solo per voi, lunedì sera.»

I piccoli sognatori esultano, e io provo profonda gratitudine per quest'uomo. Il gestore del cinema Olympia rappresenta uno dei lumi rimasti accesi su quest'isola.

Nei giorni seguenti mi lascio assorbire dalla routine della classe. Rimpiazzo le attività sportive pomeridiane con lezioni extracurricolari al parco, seduti all'ombra dei cipressi e delle querce. Leggo insieme agli studenti, sediamo a terra e leggiamo ogni giorno un capitolo del *Piccolo principe*. Con Mays sviluppo un legame speciale, che mi ricorda quello tra me e Nicoletta.

Arriva la sera del cinema, e tutti si divertono un mondo. I Dreamers sono ragazzi difficili, degli ossi duri, ma stasera, almeno per qualche ora, possono sentirsi come gli altri.

Se non aiutiamo i bambini che bussano alla porta di casa nostra chiedendo aiuto, cos'altro ci resta?

Li guardo e mi meraviglio della strada percorsa insieme. Una classe di otto nazionalità diverse, e quasi altrettante lingue: una classe di bambini che si amano. Hanno visto il peggio che il mondo possa offrire, ma non hanno permesso che ciò li corrompesse. Sono diventati l'uno il supporto dell'altro, la reciproca ragione di sopravvivenza nell'inferno di cui sono prigionieri. Sono loro la Grande Bellezza.

Io sono un semplice uomo, e a volte ho paura, e mi sento insicuro. Sono solo un uomo, ma credo che il mondo si possa cambiare. Ci credo perché l'ho visto, un mondo migliore. Lo vedo ogni giorno negli occhi dei miei bambini. È per questo mondo che ci battiamo. È per questo mondo che continuiamo a vivere.

I Dreamers hanno preso l'abitudine di ricambiare le uscite al cinema o in pizzeria preparandomi la cena insieme ai genitori o portandomi del pesce appena pescato a casa la domenica. Non è mai particolarmente succoso, e io sono un cuoco assai carente, ma mangiarlo mi riempie di gioia.

E così, dopo mesi di ansia e preoccupazioni e rabbia, accetto che la felicità non tradisce, ma alimenta il mio attivismo. Quando il sistema intorno a te si fonda sulla paura e sull'isolamento, la felicità è un atto d'insurrezione.

Sto lavorando fino a tardi su un nuovo progetto che mi frulla in testa dal mio ritorno. Cerco un avvocato greco esperto in diritto dei profughi e leggi sulle ONG. Ho annotato un paio di numeri. Tutti gli altri volontari se ne sono andati, e il Centro Alpha mi osserva in silenzio.

Il mio stacanovismo, ne sono consapevole, è ormai una

forma innegabile di dipendenza. Il lavoro detta il mio umore: quando la classe va bene, mi sento su di giri; quando va male, sono giù di corda. Stento a ricordare l'ultima volta in cui mi sono fatto una birra e due chiacchiere con Brodie o Nasir, e quando me lo fanno notare m'invento scuse per giustificare la mia ossessione. La buona notizia, però, è che ora ne sono consapevole. So di usare il lavoro per distrarmi dai problemi della vita.

Hammudi non si fa vedere a scuola da quando ho detto la verità sulla sua custodia, e io mi tengo occupato per proteggermi da quel fallimento, dal vuoto che comporta. Il mio stacanovismo è un conforto esistenziale.

Qualcuno bussa alla porta del centro. È Ramin, e pare sconvolto.

«Hammudi» dice ansante, «Hammudi *polizia*. Hammudi...»

Non trova le parole. È arrivato da poco e ha perso quasi una decade di scuola in Siria. Poi però mi guarda e congiunge i polsi in un gesto inequivocabile.

Afferro la giacca e dico: «Andiamo».

Arrivati alla centrale di polizia, ad accoglierci troviamo un agente. È Noccioline. Maledizione.

«Sto cercando un tredicenne di nome Hammudi.»

«Chi sei?» chiede.

«Il suo insegnante.»

Fa una smorfia e so che sta per cacciarmi. Mi viene un'idea.

«E ho un avvocato» aggiungo.

Pesco il telefono dalla tasca e chiamo il primo numero della lista preparata ad Alpha.

«Rilassati» dice Noccioline. «Non c'è bisogno di scomodare la legge. Il ragazzo è al primo piano.»

Lo guardo perplesso. Non dovrebbe rappresentarla lui, la legge? Chiudo la chiamata e salgo le scale.

Hammudi siede in un ufficio e sta piangendo. Tiene la testa incassata nelle spalle e le mani infilate sotto le cosce. Pare minuscolo e indifeso.

Mi lancia un'occhiata e d'istinto distoglie lo sguardo, ma poi un singhiozzo gli increspa il volto.

«Cosa è successo?» chiedo.

Il poliziotto alza gli occhi dalla scrivania e mi squadra dalla testa ai piedi. «Stava facendo casino nell'hotspot. Una "protesta", come la chiama lui.»

«Quindi?»

«Quindi l'abbiamo portato qui per farlo calmare.»

Mi volto verso Hammudi. «Ti hanno toccato?»

Il poliziotto si sporge sulla scrivania. «Come hai detto?»

Hammudi scuote il capo.

«Voglio vedere i tuoi documenti» dice il poliziotto.

«Certo» rispondo, e tiro fuori il telefono, «ma in presenza del mio avvocato.»

Anche questo poliziotto sbianca. Ma che sta succedendo?

«Nessun problema» fa una voce alle mie spalle.

Mi giro e trovo un uomo alto, dalle spalle larghe. «Possono andare.»

È in borghese, ma non ho dubbi: è il capo della polizia, Dimitris Maistrelis.

Fuori dalla centrale, Ramin accoglie Hammudi con un abbraccio, ma il bambino tiene le braccia penzoloni e lo sguardo fisso. Poi si stacca e sferra un pugno al muro.

«Mi hanno fatto spogliare.» Sta piangendo di nuovo. «In ufficio, davanti a tutti. Dicevano che avevo della droga addosso. Non ne avevo. Non ne avevo, cazzo.»

Ramin e io rimaniamo ammutoliti, e in silenzio li riaccompagno al campo.

«Posso parlarti?» dico davanti al cancello.

Hammudi tace, ma fa un cenno all'amico e si siede su un muretto. Mi siedo accanto a lui.

«Ti chiedo scusa» dico, e i suoi occhi balzano nei miei per la prima volta in due mesi. «Scusa per averti mentito. Volevo solo aiutare... ma avrei dovuto dirtelo.»

Hammudi mi guarda come se fossi un fantasma. Mi guarda come a cercare un tranello, uno scherzo o anche solo un barlume di logica sul mio volto. Mi guarda come se fossi l'unico essere umano al mondo a essersi mai scusato con lui. Gli sto mostrando la mia vulnerabilità, e temo non abbia mai visto nulla del genere.

Mi alzo e mi spolvero i pantaloni.
«Ti voglio bene, Hammudi.»
Mi volto e lui ricambia lo sguardo.
«Lo so» dice.
È come liberare un respiro trattenuto troppo a lungo.

Stanotte resto sveglio in compagnia delle persone che hanno fatto di me l'uomo che sono. Ognuno di loro bussa alla porta della mia camera, entra e scompare.

"A volte per salire devi scendere un po'" dice la nonna.

"Ora capisco" vorrei dirle, ma è già sparita.

Nicoletta si fa avanti. "Tu non sei perso, sei solo in cerca."

La ringrazio per avermi salvato la vita.

"Se non puoi cambiare il mondo" dice Joshua, "cambialo almeno per una persona."

Joshua è il mio secondo padre, e a lui devo la mia rinascita.

Poi entra Priya, la donna che mi ha insegnato a insegnare. "Il senso della vita è alleviare il dolore di chi amiamo."

Antony, il mio quasi fratello in India, abbozza un sorriso. "Mi fido di te" dice.

"La soluzione non è andare via" fa D'Artagnan, il mio compagno di bravate adolescenziali. "La soluzione è andare dentro."

Sarah si affaccia timida e chiede: "Per cosa vale la pena di sorridere in questo momento?".

"Andrà tutto bene" dice Giulia, e io le credo.

"Cos'è la normalità?" È mia madre, e mi guarda con orgoglio. "Sii chi sei."

Entrano ed escono di scena, tutti quanti in punta di piedi, con la dolcezza propria dei ricordi. Li guardo sfilare, ascolto le loro parole e le faccio mie. Assorbo il silenzio che si sono lasciati alle spalle, ed è la parte migliore. Il loro è l'unico silenzio giusto che conosca.

Amore, lungimiranza, resilienza e domande – questi esseri umani sono le mie fondamenta.

Qualcuno bussa per ultimo. È mio padre, che entra nella stanza.

"Ciao, papà."
"Ti amo infinitamente" mi dice.
Io siedo sul letto, lui resta in piedi.
"Lo so" rispondo.
In camera l'aria è consumata, mesi e mesi di finestre tappate e porte chiuse a chiave.
"Sai, pa', ho passato metà della mia infanzia cercando di essere come te e tutta l'adolescenza cercando di essere l'esatto opposto. Ora sono diventato te."
Mio padre mi guarda, i capelli arruffati e le rughe della fronte a raccontare una vita di preoccupazioni. Mi rivolge un cenno del capo, e la dolcezza dei suoi occhi mi incoraggia a continuare.
"Ti biasimavo per qualcosa che ti è impossibile cambiare. Ho aiutato molti bisognosi, eppure non riuscivo ad accettare i tuoi difetti. Pensavo che punendoti il tuo problema mi avrebbe risparmiato." Faccio una pausa. "Ma ora mi sento pronto ad accettare il buono e il cattivo, e pure l'oscurità che ci sta in mezzo – l'oscurità che sfregia, sì, ma che ci fa anche sognare un domani migliore. Sono pronto ad accettarci entrambi come esseri umani."
"Ti sbagli" dice. "Posso cambiare. Molti dicono di essere fatti in un certo modo e di non poterci fare nulla, ma è tutta una scusa. Si può cambiare per chi si ama."
Le sue parole sanno di succo in un bicchiere da champagne.
"Strappiamo parti di noi per impedirci di provare dolore" continua. "Ci spolpiamo all'osso. Rischiamo di ridurci all'insensibilità e finiamo con niente da offrire... ma le persone che ami non meritano di subire le ferite che altri ti hanno inflitto."
"Parli così solo perché ti sto immaginando."
"Ma l'hai detto tu stesso, sei come me. Forse non sarò qui" dice indicando la stanza, "ma sono *qui.*" E si punta il cuore. "A ogni nostro litigio, io mi sentivo tanto fragile, impaurito e imperfetto quanto te. Avevo il cuore troppo pieno, e nessuna parola per liberarlo. Parte di noi si sente inadeguata, e per questo ci autodistruggiamo. Ma è il dovere di un padre offrire la migliore chance possibile al proprio figlio."

"E l'hai fatto, papà" dico. "Hai messo a nudo i tuoi errori e le tue mancanze. Da bambino scambiavo la tua vulnerabilità per debolezza, ma ora capisco. Ci vuole enorme coraggio per ammettere una sconfitta, e tu l'hai fatto. Mi hai sempre incitato a essere un uomo migliore di te, e ci proverò, ascolterò. Farò volare l'aquilone..."

"L'aquilone?"

Rido, e dopo un momento ride anche lui.

"Capisco che il tuo problema è parte di te, ma non sei tu." Trattengo il respiro. "E ti perdono."

Mio padre sbatte le palpebre. "Mi farò aiutare."

Mi tremano le mani, ma mio padre continua a guardarmi. Annuisce.

"Scusa per essere stato così impietoso con te" dico. "Scusa per non averti ascoltato."

"Non stavo parlando."

"Esatto."

Cala il silenzio. Il cuore mi batte all'impazzata, ma per la prima volta da un anno sento qualcosa di simile alla pace scorrere dentro di me.

"Un giorno" sussurro, "spero che avrò il coraggio di dirti tutto questo."

"L'hai appena fatto" risponde, e scompare.

Stanotte vado a dormire senza chiudere la porta a chiave.

6

Qualcuno volò sopra il filo spinato

Due strade divergevano in un bosco e io,
io scelsi la meno frequentata,
e questo ha fatto tutta la differenza.

ROBERT FROST

Maggio 2018

Ti hanno censurato, esiliato, detenuto. Ti sembra di aver perso la fiducia di tutti. Quando esci dalla caserma, però, è come se rivedessi il giovane Nicolò che è partito per l'India per la prima volta: quanta strada è passata da allora, quante speranze, quante delusioni.

Sono nato a Cremona. Non ci vivo più. Sono nato il 17 marzo 1993, figlio di uno sbaglio e di un grande amore. Sono cresciuto con i nonni, che mi hanno insegnato la compassione, e a mangiare la frutta. Sono cresciuto leggendo libri, tagliandomi i capelli di rado, e sospirando sempre per la ragazza sbagliata.

La mia infanzia profuma di biscotti, e pesche, e piedi nudi d'estate. Sono un bambino felice e solitario. Poi sono adolescente, e infrango ogni regola, e disprezzo lo studio. Continuo a leggere, però. Continuo a inseguire la ragazza sbagliata.

Ho diciott'anni e mi sento vecchio. Vivo in un paese che cannibalizza i propri figli e si pulisce i denti con le loro ossa. Fallisco, ancora e ancora. Prendo i miei fallimenti e ci faccio una collana. È una collana pesante.

«Non andrai da nessuna parte» dicono i miei insegnanti.

"Ci rinuncio" pensano i miei genitori.

La ragazza sbagliata, dopo tanto sospirare, mi fa un grande favore: mi spezza il cuore in un milione di piccoli pezzi.

Ho diciott'anni e mi sento vecchio. "Questa società è profondamente sbagliata" mi dico. "Abbiamo tutti rinunciato ai nostri sogni, e ci va bene così. Ci va bene questa vita preconfezionata. Ci va bene non esistere. Ci va bene arrenderci, e accontentarci e scegliere un dolore facile anziché un'impervia vittoria." Mi guardo intorno, e in questa piccola città non cambia mai nulla. "Io merito di meglio."

A vent'anni parto per fare volontariato. Non ne posso più, sono vuoto e lo sono da tanto, e così, quando metto piede in un piccolo orfanotrofio dell'India meridionale, i bambini trovano spazio in abbondanza in cui insediarsi. Quello spazio è il mio cuore, che finalmente, dopo quell'estate di lavoro e amore, si colma con una promessa: usare la mia fortuna di ragazzo bianco e occidentale per prendermi cura di loro.

Dopo quattro anni il mio orfanotrofio prospera e, con la promessa di continuare sempre a sponsorizzare l'educazione dei miei fratelli, lascio Dayavu Home e arrivo su quest'isola.

Tutto ciò che i miei bambini mi hanno insegnato in India, io lo dono ai miei bambini nel campo di Samos. Qui, in questo luogo che mi sta consumando, questo luogo di dolore e ingiustizia e profonda voglia di vivere, oggi so che ogni lotta, ogni lacrima o goccia di sangue versato, ogni singolo bambino aiutato significano che la nostra voce è ascoltata.

Ogni singolo giorno vissuto significa cambiare le cose. Ed è così perché cinque anni fa, quando uno dei taciti, invisibili treni della vita era in partenza, ho deciso di essere il miglior me stesso possibile.

Cinque anni fa ho detto no. No a una vita che non mi appartiene. No a ciò che la gente si aspetta che faccia. No ad accontentarmi del poco che la società è disposta a concedermi.

Cinque anni fa ho detto sì. Sì a una vita colma di significato. Sì alle mie aspirazioni, alle mie ambizioni e ai miei sogni, tutti quanti. Sì al cambiamento.

Negli ultimi cinque anni sono passato dall'essere un ragazzo arrendevole a cambiare completamente la vita di oltre cento bambini in difficoltà, dando loro una vera, concreta, equa possibilità. E sì, forse non avrò guadagnato granché negli ultimi cinque anni, ma se ho saputo risparmiare dolore ad altri esseri umani, allora mi considero un uomo decisamente ricco. Celebrare la vita, dopotutto, è farne il miglior uso possibile.

Penso ad Hammudi e agli altri bambini. Capisco che è per loro e per me stesso, per quel giovane Nicolò, che devo rialzarmi e ricominciare. Capisco che è giunto il momento di fondare una scuola.

Devo staccarmi da Samos Volunteers e concretizzare il mio sogno senza compromessi, senza bavagli, senza temere il pugno dei potenti. Finalmente, so *come* diventare chi so di essere nel profondo di me stesso.

La stanza numero 4 sta esplodendo. Il programma dei Dreamers conta oltre trenta studenti e la classe di Brodie sfiora i cinquanta ragazzi, confinati in quest'aula minuscola rispettivamente al mattino e al pomeriggio. Alcuni studiano con noi da mesi, altri da giorni. Alcuni leggono e scrivono in inglese, altri nemmeno nelle loro lingue madri. E altri ancora trovano impossibile rimanere seduti per più di due minuti filati, i traumi del conflitto ancora freschi nella loro mente.

Insegnare a tutti è diventato impossibile. Le risse sono tornate all'ordine del giorno. I bambini imparano a malapena e quasi un anno di sforzi pare cancellato dalle decine di barconi in arrivo. Con la bella stagione e con il servizio per l'asilo che batte la fiacca, l'hotspot fagocita ogni giorno sempre più persone. A oggi ingabbia duemilacinquecento anime: siamo tornati al punto di partenza.

I programmi dei Dreamers e degli Achievers stanno andando a catafascio.

Hammudi però è tornato. Mi risponde a monosillabi e sorride con parsimonia, ogni giorno viene a lezione senza zaino, nascondendo il proprio materiale nella borsa di Ramin per non insospettire gli zii. Ma è tornato a imparare, e questo mi basta.

Sto imparando anch'io: sto imparando ad accettare che a volte si compiono le scelte giuste e a volte quelle sbagliate, e che una decisione corretta per principio può comunque mandare all'aria tutti i tuoi piani. Il fallimento non è l'opposto del successo, ne è parte integrante.

Come al solito, alla fine di ogni lezione riaccompagno i Dreamers al campo, ma adesso inizio a spingermi fino all'uscio dei loro container e delle loro tende. Dopo mesi di burocrazia e delusioni, ritrovo il semplice contatto umano, la stretta di mano, la mano sul cuore delle loro famiglie. Inizio a conoscere i genitori dei nuovi studenti e ripristino i rapporti trascurati durante la lotta per la custodia.

Giorno dopo giorno, cerco di riacquistare la fiducia degli zii di Hammudi, sia perché permettano al bambino di tornare liberamente a scuola sia per vegliare su di lui. All'inizio la zia mi lancia occhiate torve e si gira dall'altra parte, ma con il tempo il suo rancore si placa. Torna persino a invitarmi per un tè. Scopro lo zio di Hammudi in uno stato pietoso. Le pastiglie che prende lo riducono a uno stato di letargia continuo, sempre sdraiato a terra sotto una coperta di UNHCR, la finestra del container tappata.

Entro e strizzo gli occhi nell'oscurità, lui fatica a stare sveglio. Quando mi vede, però, si alza e mi bacia sulle guance.

«Ti sei preso cura di Hammudi» traduce il bambino, e nei vacui occhi dello zio intravedo un barlume di riconoscenza.

Faccio loro visita ogni giorno dopo lezione e, se da una parte vedo lo zio andare alla deriva, noto anche che il rapporto tra Hammudi e la zia va rafforzandosi sempre più. Lei lo pettina e gli lava i vestiti, lo manda a fare la doccia e insiste perché vada a letto presto. Si tratta di una ruvida forma di affetto – niente abbracci o parole dolci – ma è pur sempre qualcosa.

Durante il mio esilio, Giulia ha affrontato Ahmed chiedendogli se fosse lui a spacciare ai minori. Ahmed ha negato, ma da allora non si fa più vedere ad Alpha, e i ragazzi di Brodie a lezione paiono più lucidi. Omar ha imparato l'inglese, aiuta a pulire il centro e si affida a Giulia nella gioia e nelle avversità. È un ragazzino, e Giulia non può certo fargli da mamma, ma hanno trovato la strada di casa l'una nell'altro.

Per svagarmi e scaricare la tensione inizio a giocare a tennis con Costas di Arogos due volte a settimana, e scopro in lui un amico tra i tanti volti ostili dell'hotspot.

«Ho iniziato a parlarci in via professionale» dico a Giulia dopo una partita. «Pensavo di poterlo usare come fonte contro le autorità, ma sono felice che tu mi abbia convinto a non farlo.»

Giulia mi passa un piatto di spinaci. «Ti ho convinto?»

«Mi hai convinto.» Mangio una forchettata. «Buono, grazie. Non hai nemmeno dovuto dire niente, solo essere te. Le autorità fanno soffrire chi dovrebbero aiutare, è vero, e ci hanno trattato da schifo e hanno fatto del male ai nostri ragazzi. Ma tu mi hai ricordato la differenza tra giustizia e vendetta.»

«Ti ho solo ricordato la scritta sul muro della tua classe.»

«Quale?»

Giulia si copre la bocca mentre mastica gli spinaci bollenti.

«Sei meglio di così.»

Sono tornato in Europa con il desiderio di diventare il cambiamento nella vita di chi soffre, ma il punto della questione era *come* lo sarei diventato. Sono felice di aver scelto la via della speranza anziché quella del dolore.

Lo dico con una certa difficoltà e grande imbarazzo: «Mi hai convinto perché sei il cuore più puro che abbia mai incontrato».

Giulia sorride. «Grazie, *habibi*.»

In silenzio ci ascoltiamo l'un l'altro mangiare spinaci. Poi chiamo a raccolta tutta la mia audacia e parlo: «Apriamo una scuola, Giulia».

«Va bene.» Giulia annuisce. «Ne abbiamo un disperato bisogno.»

Silenzio.

«Ma senza Samos Volunteers.»

Giulia smette di mangiare. «Ne sei sicuro?»

«Questa casa, la stanza numero 4, il silenzio – non ne posso più. Aprirei questa scuola solo con te. Non posso più starmene zitto, lo dobbiamo ai nostri ragazzi.»

«Samos Volunteers è un'organizzazione accreditata, ben connessa.» Giulia gesticola con la forchetta. «Le case comuni, la routine, le scarse responsabilità individuali… insomma, tutto. Anche solo i volontari, dico, dove li troviamo?»

«Li troveremo, e saranno fantastici, e li gestiremo come vogliamo noi…»

Una scintilla anima i suoi occhi. «Potremmo assumere specialisti...»

«Un vero e proprio staff per offrire ai ragazzi il meglio, ciò di cui hanno davvero bisogno, sempre.»

Giulia ci pensa su. «E potremmo puntare i piedi durante i meeting con le autorità.»

«E farci ascoltare. Saremo più trasparenti, più immediati, più liberi.» Mi ritrovo seduto sul bordo della sedia. «Sarà la scuola migliore al mondo.»

«Sarà dura» dice. Però sorride, e io di rimando.

«Sarà durissima.»

Ci guardiamo per un momento.

«Facciamolo» dice.

I miei bambini mi hanno insegnato a essere la migliore versione di me stesso, ma è Giulia l'unica persona al mondo a farmi sentire il più *me* possibile. Giulia è la sorella che non ho mai avuto.

Comunichiamo la decisione a Bogdan, e ascoltiamo le sue obiezioni con pazienza. Organizza pure una videoconferenza con gli ex coordinatori di Samos Volunteers per tentare di dissuadermi, ma so di essere sulla giusta strada. Lo ringrazio e vado avanti. I cassetti sono il peggior luogo in cui conservare i sogni, ed è ora di liberare i miei.

Apriremo la prima scuola per bambini e adolescenti rifugiati dell'hotspot di Samos.

Mi chiudo nell'armadio di camera mia. Si tratta di una chiamata importantissima, e non posso rischiare che gli altri volontari origlino. Mi sento le bollicine nello stomaco mentre ascolto il segnale collegare mari e continenti.

«Pronto?» dice Sarah.

Ascolto il silenzio che segue per un secondo, prima di rispondere. Ha la voce stanca, e io ho il fiato corto. Sono circondato da coperte che puzzano di naftalina.

«Hai detto di odiare il tuo lavoro, vero?»

«Non mi fa impazzire, no.»

Mi trema la voce. «Ti andrebbe di tornare?»

«Il problema è sempre il visto» dice, come una cantilena.

«E poi devo continuare la mia noiosa vita, guidare la mia macchina automatica, mettere i soldi in banca...»

«E se risolvessimo il problema del visto?»

Sarah cambia tono. «Come?»

Inspiro. «Sarah...»

«Nicolò?»

«Ti va di aprire una scuola con me?»

Silenzio. Aspetto la sua risposta, ma non dice nulla.

«Sarah?»

«Vendo la macchina domani.»

Rido.

«Dico davvero, domani.»

Smetto di ridere. «Sei sicura?»

«Fintanto che non sarai il mio capo.»

«Saremo alla pari, dall'inizio alla fine.»

«Allora ci vediamo lì» dice. La sua voce è tornata fresca, squillante.

Balzo fuori dall'armadio e mi metto a saltare dalla gioia. «Ci vediamo in aeroporto.»

Il cuore mi batte all'impazzata, come mai prima in tutta la mia vita. Nulla è mai parso tanto reale. Certo, gli ostacoli saranno infiniti, ma ce la faremo – me lo sento nel midollo. "Sei vivo" dice ogni battito del mio cuore, e io devo comportarmi di conseguenza.

Insieme a Giulia e Sarah in Grecia, e con Patrizia, Riccardo, Manuela, Giovanni, Emanuela, Valentina ed Elena in Italia, fondo Still I Rise, una ONLUS internazionale volta alla tutela e all'educazione dei bambini più bisognosi al mondo.

Il nome Still I Rise è tratto da una poesia di Maya Angelou. Significa: "Mi alzo ancora".

PARTE QUARTA
Attraverso i nostri occhi

I

A ovest della guerra, a sud dell'Europa

Cammina con i sognatori, con chi ci crede, con i coraggiosi,
con i gioiosi, con chi pianifica, con chi agisce, con chi ha successo
ma tiene la testa tra le nuvole e i piedi per terra.
Lascia che il loro spirito accenda un fuoco dentro di te
e lascia questo mondo migliore di come l'hai trovato.

WILFRED A. PETERSON

Giugno 2018

Alle volte ti tocca battere su una tastiera dalla mattina alla sera, chiamare le cosiddette persone importanti, presenziare a meeting, fare progetti che forse, un giorno, aiuteranno qualcuno. Ma questa è solo una parte di ciò che sei. La parte migliore di te è quella che ricorda, ricorda di meravigliarsi delle cose semplici, di ridere, di apprezzare i dettagli ed emozionarsi davanti a un bambino felice.

Pianificare è essenziale, certo, come lo è lavorare. Ma alla fine sono le persone che contano: le persone che lottano, soffrono e continuano a respirare. Non voltare mai loro le spalle: sono le persone a tenere viva la tua speranza, sono le persone a permetterti di restare umano. Se vivi solo per te stesso, scompari dopo essertene andato. Se vivi per gli altri, invece, sopravvivi in loro, nella loro parte migliore: quella che ricorda.

«Questo è il mio biglietto da visita» dice Dimitris, sedendosi alla sua scrivania con un cappuccino freddo.

È il sesto avvocato che interpelliamo. Quelli prima di lui si sono dimostrati poco competenti, poco disponibili o semplicemente dei gran razzisti. Dimitris è la nostra ultima risorsa.

«È una bilancia a forma di simbolo dei Metallica...» noto.

«Sì» conferma lui. «Quando ero a scuola adoravo i Metallica, e chiaramente ero vergine. Ora ho i Metallica sul mio biglietto da visita e sono ancora vergine.»

Sarah e Giulia si scambiano un'occhiata e fanno una risata nervosa. Sulla sua scrivania giacciono, sparpagliati, dei sottobicchieri a forma di fiche da poker.

«Quindi» continua, «volete aprire un'associazione a Samos.»

Mi rigiro il biglietto da visita in mano. «E poi una scuola.»

«Nessuno l'ha mai fatto prima.»

«L'associazione o la scuola?»

«L'associazione.» Dimitris beve dalla cannuccia. «Ci sono quasi più scuole che bambini su quest'isola.»

«Ma non per i rifugiati» dice Giulia.

«I genitori non vogliono che i loro preziosi figlioli stiano insieme agli *immigrati*.» Dimitris si appoggia allo schienale. «Ora, tornando all'associazione, di solito le ONG arrivano da Atene già registrate e pronte a partire. Verrà un colpo agli impiegati, su alla Camera di Commercio, quando presenteremo i documenti per costituire un'associazione direttamente sull'isola.»

Tocco il bordo della scrivania. «Significa che si può fare?»

«Certo» risponde Dimitris, «questa è la legge. Si trova sempre un modo.»

«Uhm» fa Giulia, «ok. Vogliamo farlo secondo le regole, però. Abbiamo in mente di denunciare le autorità e dobbiamo essere inattaccabili.»

«Nessun problema.» Dimitris inizia a battere sulla sua tastiera fluorescente. «Ci penso io.»

«E riguardo al mio visto?» chiede Sarah.

«Giusto, ci sono due possibilità. Hai duecentomila euro?»

«No.»

«Peccato. Avresti potuto acquistare un immobile in Grecia e ottenere il visto d'oro.»

Sarah lo guarda come se scherzasse.

«A dire la verità, non devi nemmeno acquistarlo per davvero. Puoi fingere l'acquisto, ottenere il visto e poi annullare tutto.»

«Mi mancano comunque i duecentomila euro.»

Dimitris ci pensa su. «Oppure puoi sposarmi. Anche questo non dev'essere per davvero. O anche sì.»

Sarah scoppia a ridere, stavolta. Giulia e io seguiamo a ruota. L'ufficio di Dimitris odora di cannella.

«Scherzo» dice lui. «Una volta registrata l'associazione, ottenere un visto di lavoro non dovrebbe essere un problema.»

Sarah tira un sospiro di sollievo. La segretaria di Dimitris entra e ci sorprende con un giro di cappuccini freddi. Giulia, da purista del caffè italiano qual è, fa una smorfia ben celata.

«Per prima cosa ci servono statuto e atto costitutivo.» Dimitris sorseggia il suo secondo cappuccino in trenta minuti.

«Ti ho mandato tutto per email.» Bevo. Niente male.

«Perfetto, allora traduco, aggiusto e presento alla Camera. Ci vorrà una settimana, però.»

«Una settimana?» esclama Giulia, ormai abituata ai tempi giurassici della burocrazia greca.

«Dipende dai funzionari» dice Dimitris. «Fosse per me sarebbe pronto domani. Questi bambini hanno bisogno di una scuola al più presto.»

Dopo sei avvocati incompetenti o razzisti, so che Dimitris è il nostro uomo.

«Come siete messi con il resto?» chiede. «Scartoffie? Contabilità?»

«Ci stiamo lavorando.»

Appena è tornata Sarah, ci siamo mossi senza sprecare un secondo. Il giorno stesso abbiamo steso un piano operativo dividendoci gli incarichi: io mi sarei occupato di coordinare la burocrazia tra Still I Rise Italia e la nascitura Still I Rise Grecia, cercando nel frattempo un commercialista sull'isola; Giulia avrebbe pensato al sistema di accoglienza, gestione e addestramento dei volontari; Sarah, infine, si sarebbe confrontata con l'apertura di un conto bancario locale e avrebbe redatto un business plan per avviare la scuola.

«L'unico problema è lo spazio.» Bevo un altro sorso. Il cappuccino peggiora piano piano.

«Fammi indovinare.» Dimitris fa una mezza piroetta sulla poltrona girevole. «Tutti vogliono affittare, ma appena sentono la parola "profughi" ti sbattono la porta in faccia.»

«Proprio così.»

I locali vuoti punteggiano la città. Le case abbandonate

crollano, i negozi sfitti si riempiono di polvere. La gente ha bisogno di soldi, ma quando nomini l'hotspot ti guardano male o ti buttano giù il telefono. Abbiamo visitato oltre quindici spazi adatti al nostro progetto, e ogni volta la trattativa è finita ancor prima di cominciare.

«L'unico aperto all'idea è un uomo di nome Yannis» dico.

«Oh» interviene Dimitris, «l'ho preso a pugni in faccia una volta, in tribunale.»

Silenzio.

«Uhm» fa Giulia. «Ok.»

Sarah non si lascia distrarre: «Yannis ha un bello spazio sulla via principale, sarebbe perfetto per una scuola… ma ci ha chiesto sedicimila euro di deposito solo perché lavoriamo con i profughi».

«Non firmate con lui.» Dimitris tira fuori il telefono. «Vi darà problemi a non finire.»

«Anche se volessimo, non abbiamo tutti quei soldi da regalargli.»

«Forse ho qualcosa per voi» dice l'avvocato, e si mette a parlare in greco al telefono.

Ci scambiamo occhiate incredule, ma sulle nostre labbra aleggia l'ombra di un sorriso.

«Domani.» Dimitris mette giù. «Domani vi porto a vedere uno spazio.»

Usciamo dall'ufficio come se avessimo appena vinto alla lotteria. Dopo settimane passate a cercare di scavare un sentiero dove nessuno era mai passato prima, finalmente sentiamo di aver fatto un concreto passo avanti.

Sarah ci dà il cinque. «Ci siamo.»

«Forse» dico, cercando di tenere i piedi per terra.

Giulia non si lascia scoraggiare. «È comunque un primo traguardo.»

«Festeggeremo quando i ragazzi saranno in classe.» Ne ho passate troppe per lasciarmi andare all'entusiasmo.

Sarah mi guarda strano, ma non dice nulla.

La stessa sera, completa il budget d'apertura e lo condivide nella nostra chat operativa. Mi sprofonda il cuore vedendo la stima finale: quasi cinquantamila euro. Date le dimensioni dello spazio di cui avremmo bisogno, tra l'affitto, i costi di ristrutturazione, i mobili, gli elettrodomestici, le spese legali e le spese di gestione per il primo mese, il bilancio supera di gran lunga le possibilità della nostra ONLUS.

Incontro Sarah su una delle tante scalinate mal illuminate di Samos.

«Maledizione» dico. «Già mi pare di tradire le aspettative dei nostri bambini, anche se non sanno ancora nulla. Maledizione.»

Di nuovo quello sguardo, di nuovo il silenzio. La conosco, Sarah: odia il confronto, e per questo tiene spesso le sue emozioni imbottigliate.

«Che c'è?»

Lei scuote la testa, i lunghi capelli risplendono sotto la luce del lampione.

«Se vogliamo che funzioni, dobbiamo essere onesti l'uno con l'altro» tento di incoraggiarla. «Ci attendono mesi duri e solo se restiamo uniti possiamo farcela.»

Sarah fissa un punto davanti a sé. «Sai che ti ho sempre detto che la tua migliore qualità è che non perdi mai la speranza? Quando tutto sembra perduto e una parte di te vuole mollare, c'è sempre l'altra parte che tira avanti.»

«Mi hai anche sempre detto che è la mia più grave condanna.»

Sarah annuisce. Sta scegliendo le parole con cautela. «Il problema è che adesso c'è di più.» Si volta a guardarmi e i suoi occhi mi inchiodano ai gradini. «Hai una nuvola nera intorno a te, Nicolò, e oscura tutto ciò che guardi e tocchi. Speri ancora, lo vedo, ma la tua speranza non è più la stessa. È come se ti fossi convinto che il mondo non troverà mai giustizia, e che tu non troverai mai pace.»

«Sarah...»

«No, non ho finto.» Deglutisce. «Sono tornata per aprire questa scuola con il mio amico... solo che il mio amico non c'è più.»

L'estate è arrivata, e con lei il profumo di gelsomino. Inspiro a fondo e chiudo gli occhi. Lo faccio per sfuggire al suo sguardo. So che ha ragione: la lotta per la custodia, l'esilio, la centrale di polizia e il silenzio – soprattutto il maledetto silenzio – mi hanno segnato in profondità. L'isola langue calda, piena di fiori, locali e turisti, eppure mi sento il gelo dentro e devo sforzarmi per vedere i colori. Non sono sempre triste, tutt'altro: vivo momenti di intensa felicità, eppure a tratti mi sento il vuoto sotto i piedi. È l'ansia, è la paranoia, è l'ossessione che l'hotspot ha risvegliato in me.

«Sarah, io...» Non riesco a trovare le parole per esprimerlo. Svegliarsi la mattina è come sforzarsi di posare per una foto di gruppo di cui non ti senti parte.

«Penso che tu sia clinicamente depresso» dice lei, «e che tu ne stia uscendo, lentamente, solo ora.»

Apro gli occhi. La guardo.

«Puoi farcela» dice. Mi posa una mano sulla schiena, ed è raro per Sarah, che si trova spesso a disagio con il contatto fisico. «Non sei solo.»

«Grazie.» Non sapevo di averne bisogno, eppure mi sento meglio. «Troveremo il modo» aggiungo.

«Di che parli?»

«Il budget. Troveremo il modo.»

Sarah annuisce, serissima. «So che lo troverai. Lo trovi sempre. Ma ricorda che, proprio come i bambini che aiutiamo, anche tu meriti affetto, comprensione e attenzione, *in primis* da te stesso.»

Su queste scale innaffiate di luce gialla, io sto scegliendo la mia famiglia. Sto decidendo che vita costruire per me stesso e per chi amo. Spero in una vita colma di affetto e colori, ma senza più bavagli. Una vita in cui sporcarsi le mani ogni giorno per ciò che è giusto. Una vita in cui non ci si arrende. Una vita in cui fidarmi di chi mi sta vicino. Una vita in cui sconfiggere il pregiudizio (quello degli altri, ma anche il mio) e rivolgersi sempre verso la luce.

Faccio un respiro, e per la prima volta da tempo mi pare che i gelsomini abbiano ritrovato il loro pieno profumo.

Sarah mi ha insegnato a cercare sempre il lato positivo delle cose, a dispetto delle avversità. Il sentiero è incerto, ma l'obiettivo è chiarissimo nella mia mente. Apriremo questa scuola, ne sono certo. Insieme.

Seguo il consiglio di Sarah e cerco di prendermi maggiore cura di me stesso. Continuo le partite serali a tennis con Costas, e l'esercizio fisico mi aiuta a smaltire lo stress.

Insegnare nella stanza numero 4 è diventato un incubo. Anche Brodie, abituato alla compostezza dei ragazzi più grandi, si trova a dover affrontare tensioni etniche e casi di bullismo. Il Centro Alpha straripa di uomini adulti, e nella sala comune i bambini non sono ben visti. Così, sprecano le giornate girovagando per una città a loro preclusa o nell'hotspot, tra i fumi della spazzatura in fermentazione e le risse tra ubriachi. Come se non bastasse, l'unico rubinetto del campo è fuori uso. Il campo oggi conta tremila persone, che sopravvivono senz'acqua potabile corrente.

«Che Europa è quella in cui i politici hanno i vitalizi ma i richiedenti asilo muoiono di sete?»

Siedo sulla panchina tra un palleggio e l'altro. Ansimo. Sono parecchio fuori forma. Costas si siede accanto a me e mi passa una bottiglia d'acqua gelata.

«Che hai detto?» chiede.

«Niente, io...» Sono giorni che mi domando se raccontargli o no di Still I Rise e della futura scuola. Costas è una brava persona e il suo cuore batte per la causa... eppure fa parte del sistema.

«Ehi» dice, «dove *sei*?» Si tocca le tempie con gli indici.

Mi butto: «Ricordi quando sono andato in televisione? Non ero in vacanza».

Costas mi guarda, inespressivo. «Lo so.»

Lo sa?

«Quando ho visto cosa stavi facendo per aiutare quel bambino» spiega, «ho capito subito che non avrebbero nemmeno considerato il caso.»

Qualcosa si spezza nella mia mente e l'isola si fa dieci volte più buia.

Costas china il capo e si asciuga il sudore dalla fronte. Emette un sibilo. Sta valutando se parlare o tenersene fuori.

«Apriremo una scuola» dico allora.

Alza gli occhi. «Una scuola?»

Gli racconto tutto: il post virale, l'esilio, la nascita di Still I Rise.

«Aiuteremo i bambini, ma a modo nostro.» Bevo. «Senza l'obbligo di sottostare a UNHCR o alla Manager. Però ho bisogno di sapere la verità sul sistema, se voglio che il mio aiuto sia concreto.»

Costas sostiene il mio sguardo. Poi inizia a parlare: «La protezione dei minori di UNHCR a Samos è un placebo». Lo dice senza battere ciglio. «Quando aprono una missione in un campo profughi, costituire un team per la tutela dell'infanzia e inviare un ufficiale delegato fa parte del protocollo. Solo che Samos si trova molto in basso, nella scala delle loro priorità. Gli operatori che mandano qui sono i più inesperti sulla piazza.»

Mi si torce lo stomaco.

«I report che inviate a UNHCR finiscono nel nulla. Non per una questione di indifferenza, ma perché manca del tutto un canale con i servizi sociali. Raccolgono i dati, ma non possono agire. UNHCR a Samos non si occupa di risolvere i problemi, solo di controllarli.» Costas aggrotta le sopracciglia e guarda a terra. «Winnie non è cattiva… semplicemente non sa che fare. Il problema non è lei, ma il sistema che l'ha assunta.»

Eccola, la verità. Sono cose che sospettavo, ma sentirle ad alta voce è comunque un pugno in faccia. Gli operatori di UNHCR hanno detto di avere le mani legate, ma la verità è che non hanno proprio le mani. E hanno mentito tutto il tempo.

Ho mille parole per la testa, ma taccio. Prendo un lungo respiro. L'aria sa di salsedine e sudore. Le onde si infrangono sugli scogli alle nostre spalle, e le ascolto, le sento bene: le gocce che guizzano e scavano le rocce, il brontolio della risacca e pure la quiete che precede il prossimo flutto. L'isola è tornata a vivere. O forse sono solo io che sono tornato a prestare ascolto.

«Grazie» dico. Mi alzo. «Un'altra partita?»

Costas è ancora seduto. «Contate su di me» dice. «Vi aiuto ad aprire la scuola. Non come operatore dell'hotspot – quello mi è proibito. Vi aiuterò da amico.»

Il giorno dopo, Dimitris passa a prendermi in moto. Come molti a Samos, guida senza casco. Monto dietro di lui.

«Che succede se ti fermano senza casco?»

«Mi tolgono la patente.» Sgasa e riparte. Poi, con noncuranza, aggiunge: «Mi è successo ieri».

«Ma stai guidando, adesso...» Dimitris non risponde. «Che succede se ti beccano?»

«Mi portano in tribunale.» Si ferma allo stop.

«E se ti portano in tribunale?»

Guarda a destra e a sinistra prima di ripartire. «Do battaglia.»

È fuori come un balcone. Mi piace sempre di più.

Ci fermiamo davanti a un negozio cinese sulla via principale, proprio di fronte allo spazio di Yannis, l'uomo che ci ha chiesto sedicimila euro di deposito. Dimitris entra dritto nel negozio, superando i gatti della fortuna che salutano con la zampa.

Lo seguo attraverso un dedalo di merci esposte, finché non finiamo in quello che pare essere il magazzino, uno spazio enorme popolato da appendiabiti sbilenchi, giocattoli e scatole colme di cianfrusaglie. In un angolo si intravede il vasino della figlia dei proprietari che, a giudicare dalla pozza giallognola sul pavimento, deve avere ancora molto da imparare. Nel mezzo della sala troneggia una scalinata dal corrimano di vetro impolverato. Il secondo piano è enorme, e si presenta come una giungla di mobili, scatole, uccelli in decomposizione e altre scatole ancora.

È perfetto. Manca tutto e c'è una montagna di lavoro da fare, però le ampie finestre e i colori caldi delle piastrelle e del parquet creano un'atmosfera accogliente. Intravedo un numero indefinito di classi emergere dall'open space. Con un pizzico di creatività, potremo ricavarne qualsiasi cosa.

«Questo» dico. «Quando possiamo incontrare il proprietario?»

«Non vuoi prima...»

«Devo chiamare Giulia e Sarah.» Sono in fibrillazione.

Dimitris sorseggia un cappuccino freddo. In condizioni abituali mi chiederei dove l'abbia trovato, ma ora riesco solo a pensare ai bambini che entrano da quella porta e trovano la loro prima scuola in Europa.

L'indomani, Giulia e Sarah approvano lo spazio. Nel giro di una settimana, ci troviamo di nuovo nell'ufficio di Dimitris e firmiamo il contratto d'affitto con Ilias, il proprietario dell'edificio, che si assume il notevole rischio di essere ostracizzato dai suoi concittadini, eppure se ne infischia.

«Voglio fare la mia parte per i bambini» dice.

L'affitto è inferiore a quello richiesto da Yannis, lo spazio è grande il doppio, il deposito è pari a un decimo. In attesa di ricevere le chiavi, ci dividiamo ancora una volta i compiti. Grazie a un appello sui social, un architetto prepara gratuitamente il piano di ristrutturazione, mentre un volontario sul campo lo corregge in base alle nostre esigenze. Scelgo un'azienda edile tra i tanti preventivi raccolti e coordino i loro sforzi. Sarah si occupa dei permessi e di avere tutto in regola prima di iniziare i lavori, mentre Giulia corre da una parte all'altra dell'isola per reperire i materiali e trasportarli in macchina.

Poi, la buona notizia: la Camera di Commercio ha approvato lo statuto di Still I Rise. Siamo diventati un'associazione riconosciuta anche in Grecia.

Il 20 giugno riceviamo le chiavi. Il 20 giugno coincide con la Giornata internazionale del rifugiato e con il quinto anniversario della mia missione.

Il modo migliore per creare speranza in luoghi che paiono esserne privi è alzarsi e mettersi al lavoro. Esci e impegnati per migliorare le cose, perché se aspetti non lo faranno mai. Il mondo riflette il tuo stato d'animo: riempi te stesso di speranza, e la speranza fiorirà tutto intorno a te.

Domani sveleremo la futura scuola agli studenti e inizieremo a ristrutturarla insieme.

Ci troviamo a cena da Epikairo, il nostro ristorante preferito, che offre musica dal vivo, piatti a metà tra la cucina greca e quella turca, e costa poco.

«Mi dispiace rovinare l'atmosfera» dice Giulia, «ma ho una cattiva notizia.»

La pianista continua a suonare, la voce del cantante la accompagna in sottofondo tra i tavoli all'aperto. Noi, invece, ci zittiamo.

Brodie, per prepararsi, si versa l'intero contenuto della sua bottiglia di birra.

«Deportano Nasir a settembre.» Giulia fatica a incontrare il nostro sguardo. «Ha rinunciato al suo appello alla Corte di giustizia. Ha detto che non ce la fa più ad aspettare. Lo rimandano in Turchia.»

«Hai provato a parlargli?» chiede Brodie.

«Ha buttato due anni per colpa della burocrazia di quest'isola.» Giulia si accende una sigaretta. «Ha il diritto di scegliere.»

Cala il silenzio. La cameriera, una punk dai modi gentili, porta i piatti in tavola: funghi saltati, polpo con marinatura d'aceto, pollo alle mandorle, prugne e uvetta.

Giulia fa un tiro. «Dice di sentirsi sollevato, e posso solo immaginare che sia così. Almeno ora è tornato padrone della sua vita.»

«Che peccato» commenta Brodie. «Ci siamo persi un cittadino eccezionale.»

«E a questo proposito...» continua Giulia, «Ahmed se ne va ad Atene. Gli hanno tolto il blocco di movimento e lo trasferiscono in settimana.»

Sarah emette un sibilo. «Che schifo, questo sistema. Rifiutano un futuro uomo d'affari per accettare uno spacciatore.»

Silenzio, di nuovo.

«Quello che fa più male, nell'hotspot, è la totale assenza di un *perché*» protesta Giulia.

Sarah riattiva l'ottimismo: «Siamo qui per cambiare le cose, però. Quindi niente musi lunghi e mettiamoci all'opera».

Fa passare i piatti e ci serviamo l'un l'altro.

Brodie beve. «I miei ragazzi dormono ancora a terra e senza bagni nel Livello 2» dice. «Oggi mi hanno detto che condividono quattro saponette e un flacone di shampoo in quattordici. La Manager gli nega i vestiti e le scarpe, la schiuma da barba e il dentifricio.» Finisce la birra in due sorsi e ne ordina un'altra. La preoccupazione dilaga sul suo volto. «Sono ragazzi senza famiglia.»

Giulia sospira. «Che razza di posto è quello in cui alcuni hanno tutto, e noi non riusciamo nemmeno ad assicurare del dentifricio ai bambini che fuggono dalla guerra?»

«È l'Europa» risponde Sarah, mesta.

«La nostra scuola dovrebbe distribuire dentifrici e spazzolini.» Brodie mima gli oggetti in aria, mentre parla.

«E deodoranti» fa Giulia. «Dio sa se ne hanno bisogno.»

Sarah si versa della limonata. «Che ne dite di tenere aperto tutto il giorno, così da proteggerli dal campo il più possibile?»

«Deve essere una scuola in cui amino stare» dice Giulia, «un luogo sicuro.»

«Un luogo a cui appartenere» concordo. Posso quasi vederla, la nostra futura scuola. «Un luogo pieno di amore.»

«Un luogo di pace» dice Brodie.

«Un luogo in cui essere se stessi» conclude Sarah.

Prendo le posate, ma le uso per tracciare piani a mezz'aria. «Avremo una libreria incredibile, stracolma di libri.»

«E aule separate per i diversi livelli linguistici.» Brodie si spinge gli occhiali sul naso.

«E per le diverse età.» Sarah tiene le mani in grembo, sempre composta, ma si vede che è elettrizzata.

Giulia appoggia i gomiti sul tavolo. «E avremo una sala comune.»

Penso alla pizza fatta in classe. «E una cucina!»

«E una sala in cui fare attività...»

«E guardare film tutti insieme...»

«E dipingere...»

«E danzare...»

«E non accetteremo mai soldi dal governo, dalle Nazioni Unite e dall'Unione Europea.»

Piomba il silenzio. Sono stato io a parlare, l'ho fatto di getto.

«Non ci terranno mai in pugno, *mai*. Faremo del bene senza compromessi.»

Giulia, Sarah e Brodie annuiscono. Ci guardiamo per un

istante e riconosciamo gli uni negli altri i quattro spicchi di un tutto. Davanti abbiamo l'avventura della nostra vita.

L'hotspot è un nemico quasi imbattibile. Solo creando la sua antitesi avremo una chance per sconfiggerlo. Solo così potremo sperare in un futuro per i nostri studenti e per l'Europa tutta. Dobbiamo aprire una scuola migliore di quelle che abbiamo frequentato, una scuola capace di restituire a questi bambini il diritto di essere bambini.

«Ehi, ma ci siamo dimenticati del cibo!»

È vero, eravamo talmente presi dai nostri progetti che non abbiamo ancora cominciato a mangiare. Rimedio subito e infilzo dei funghi: sono i funghi più buoni della mia vita. Scioccato, assaggio il polpo e poi il pollo, e niente, è tutto pazzesco – ricco, succoso, speziato. Faccio per complimentarmi con la cameriera, ma poi mi ricordo che, forse, sono io: sto facendo ritorno dal luogo più oscuro in cui mi sia mai trovato, e adesso, finalmente, ogni cosa è illuminata.

«Allora» dice Brodie, «avete pensato a un nome?»

Noi tre ci guardiamo e scoppiamo a ridere. Non pensiamo ad altro da settimane. Le abbiamo provate tutte: *verità*, *conoscenza*, *ponte*, *abbraccio*, *onda*, *integrazione*, *futuro*, *sogno*, *obiettivo*, *faro*, *noi* e chi più ne ha più ne metta. Nessuna ci convince. Nessun nome si addice alla nostra scuola.

Ci riflettiamo gustando la cena e ascoltando la musica tradizionale.

«Ne ho uno» dice Giulia infine.

Sarah si sporge un poco: «Siamo tutt'orecchi».

Il giorno dopo portiamo i Dreamers e gli Achievers a vedere la loro futura scuola. Senza una parola di spiegazione, li conduciamo fuori dalla stanza numero 4 e lungo la strada principale. Sarah apre il corteo, Giulia lo chiude, Brodie e io camminiamo nel mezzo.

Ottanta minori tra gli undici e i diciassette anni che sfilano per la città, saltellano sul marciapiede, si chiamano l'un l'altro, fanno a gara per porci domande. Noi restiamo zitti e sorridiamo: «Ci siamo quasi».

Eccoci. Sarah infila la chiave nella serratura e gira. La porta si apre.

I bambini si raccolgono nello spiazzo davanti all'entrata, mentre noi quattro ce ne stiamo accanto alla porta spalancata, senza fiatare.

«Giulia, Giulia!»

«Brodie!»

«Nicolò!»

«Sarah, Sarah!»

Ci chiamano a gran voce, ma noi niente, muti come sfingi ci limitiamo a occhieggiare le grandi vetrine alle nostre spalle, mentre loro chiedono, ci afferrano, si guardano intorno in cerca d'indizi.

«So cos'è» dice Hammudi, facendosi avanti. Inizia quasi strillando, ma finisce in un sussurro: «È una scuola».

Neanche un secondo di scarto e tutti gli altri iniziano a esultare e applaudire, entrano e si disperdono in mille direzioni. Salgono la scalinata e controllano ogni angolo, ogni scatolone, ogni granello di polvere. E noi li lasciamo liberi, liberi di ridere, liberi di sognare e di avere finalmente qualcosa per sé.

Hesther si sta asciugando le lacrime, ma quando incrocia il mio sguardo mi rivolge il sorriso più bello del mondo. Hammudi sale e scende le scale come un forsennato. Solo Mays è rimasta al mio fianco, le mani nelle mani, sorridendo lieve al futuro.

«Questo posto è nostro» dico quando si calmano. «Questo posto è nostro, e lo costruiamo insieme.»

Gli studenti mi abbracciano, ed è l'abbraccio più grande della mia vita. Mi schiacciano, comprimono, cercano di intrufolarsi gli uni tra gli altri. Contarli sarebbe impossibile, ma li stringo forte. È tutto ciò che conta. Il loro tocco scaccia l'inverno dalle mie ossa.

«Benvenuti» dico alla massa di teste intorno a me. «Benvenuti a scuola.»

Poi incontro lo sguardo di Sarah e vi trovo il suo infinito incoraggiamento.

«Sono tornato» dico a fior di labbra.

«Nicolò» chiede Hammudi, «come si chiama la nostra scuola?»

Lancio un'occhiata a Giulia. Lei sta già sorridendo.

«La nostra scuola si chiamerà Mazì. In greco significa "insieme".»

2

Alla ricerca del bambino perduto

La vita è così breve che non c'è tempo per litigi,
per il rancore e per la guerra. C'è solamente il tempo per amare,
e dura solamente un istante.

MARK TWAIN

Luglio 2018

Scendo le scale e trovo Hammudi addormentato sul divano. Forse l'hotspot l'ha tenuto sveglio con le urla della protesta di stanotte. Forse il ritorno dello zio ha reso l'alloggio invivibile. O forse, ancora, ha dormito all'addiaccio davanti al container ristorante nella speranza di ricevere la colazione. Lui non l'ha detto, e io non ho chiesto. Però adesso è qui, e riposa in pace.

Mazì è ancora un labirinto di pareti di gesso e cavi penzolanti, eppure si offre già come un rifugio per i bambini in difficoltà. Fresca e silenziosa, sa di pace dopo la tempesta, e di detergente alla mela.

Abbiamo trascorso gli ultimi giorni di giugno muniti di scope e stracci. Sia gli insegnanti sia gli studenti si sono rimboccati le maniche per sgomberare e far brillare la scuola. Oggi è il grande giorno: l'azienda edile inizia i lavori di ristrutturazione.

«Guarda chi c'è» dice Sarah alle mie spalle.

Mi volto e trovo Nasir sulla soglia di Mazì. È la prima volta che lo vedo nel giro di settimane. Lo abbraccio e faccio per mostrargli lo spazio, ma lui mi ferma.

«So già tutto» dice con un raro sorriso. «Sarah mi ha fatto fare il giro ieri sera. Ci sto.»

Lo guardo senza capire.

«Presto lascerò Samos» continua lui, «ma quello che volete fare qui sembra incredibile, e vorrei lasciarci una parte di me. Questi bambini sono la mia gente – so di cosa hanno bisogno.»

Costruire una scuola per rifugiati insieme alla stessa popolazione che desideriamo aiutare è un sogno che si avvera. «Benvenuto nel team» dico.

«E poi vi servirà tutto l'aiuto possibile se volete raggiungere il vostro folle obiettivo.»

Stavolta capisco al volo. «Proprio così, trenta giorni e apriamo!»

«Ci risiamo» dice Sarah, ma lo fa con l'estate negli occhi.

«Facciamolo» fa Giulia, scendendo le scale a sua volta.

Kyriakos e la sua squadra entrano muniti di trapani, martelli e spatole. Lavorano rigorosamente a torso nudo e con una mano sola – l'altra serve a reggere la sigaretta o lo sporadico cicchetto di ouzo –, non sanno una parola d'inglese, ma sono precisi e, soprattutto, rientrano nel nuovo budget. Li ha reperiti Ioanna, un'amica di Samos il cui cuore batte per i bambini dell'hotspot. Costas fa da interprete.

A partire da oggi, Kyriakos rifarà l'impianto elettrico e di condizionamento, costruirà un bagno per le bambine, sostituirà le mattonelle crepate e ridipingerà la scuola. Nel frattempo noi continuiamo a pulire, sistemiamo e risistemiamo i pochi mobili che possiamo permetterci e iniziamo a definire il nostro modello educativo. Ci lavoriamo fino a tardi, insieme, godendoci la brezza che spira dalla porta socchiusa e la pizza d'asporto.

«I nostri insegnanti saranno liberi di parlare di ciò che vogliono, seguendo la propria creatività.» Sarah siede sulle scale. «Non ci saranno imposizioni, solo linee guida.»

«Ogni spesa, dal materiale ai pasti, è a carico della scuola» dice Giulia, prendendo appunti sul portatile.

«Pasti?» chiede Brodie.

Giulia alza la testa. «Lasciami sognare in grande.»

La luce della luna filtra dalle finestre, sbozzando i nostri contorni. Passa una macchina, e i suoi fari si riflettono sugli occhiali di Brodie.

«L'atmosfera dovrebbe essere rilassata e informale, come… come in un pub.»

«Come in un oratorio, al massimo» lo rimbrotta Sarah, una punta di indignazione nella voce.

Ridacchio, constatando la nostra diversità. «Come una casa» dico poi. Siedo a terra, i calzoni troppo lerci per curarmi della polvere.

La musica di un ristorante vicino riecheggia dentro Mazì.

«E se non fossimo semplici insegnanti?» chiede Sarah. «E se fossimo qualcosa di più… mentori?»

«Ci sta. Non si impara per la scuola» cita Giulia, «ma per la vita.»

«Allora gli studenti dovrebbero scegliersi le materie.» Brodie mi passa una birra. «Il piano educativo dovrebbe essere personalizzato secondo i talenti del singolo.»

«E l'insegnamento incentrato sullo studente» aggiunge Sarah. «Gli studenti dovrebbero essere incoraggiati a porsi domande e a cercare ognuno le proprie risposte.»

«Non esistono test» dico. «Gli studenti si pongono degli obiettivi e l'apprendimento è misurato in base al loro raggiungimento. L'ansia non dovrebbe avere niente a che fare con l'amore per la conoscenza.» Ci penso su. «Troppo sdolcinato?»

«Chiaro» mi sfotte Giulia. «Ma ci sta.»

Sarah addenta un trancio di pizza al pollo e feta – specialità di Samos. «Dobbiamo incoraggiare i nostri studenti a restare in contatto con le proprie radici, ma sempre attenti al piano globale.»

«E senza paura della tecnologia» continua Brodie.

«Per ora ci mancano pure le lavagne» dico ridendo, «ma…»

«Ma sogniamo in grande» finisce Giulia. «E insegniamo *come* imparare. Mi passi la margherita?»

Le porgo il cartone. «Insegniamo come sposare ciò che li appassiona e ciò per cui sono portati.» Silenzio. «Chiediamo scusa quando facciamo un errore. Siamo tutti umani, insieme.»

«Sdolcinato» fa Sarah. «Ma ci sta.»

Tutti noi, ognuno a suo modo, abbiamo sofferto la scuola tradizionale e la sua rigidità, il suo bisogno di conformità incapace di stare al passo con le esigenze di un mondo sempre più dinamico. Noi puntiamo a formare esseri umani pensanti, non pezzi di ricambio nella catena di montaggio.

Mi vibra il telefono. È un messaggio di cui non riconosco il mittente.

Poi leggo e il mio cuore perde un colpo.

«Ragazzi» dico, ma mi mancano le parole. Faccio passare il cellulare e mi gusto i vari gradi di sorpresa sui loro volti.

«Dice davvero?» chiede Giulia.

Brodie non prova nemmeno a mascherare l'entusiasmo. «Impossibile.»

Solo Sarah mi guarda con un bel "Te l'avevo detto" negli occhi.

La notte profuma di aglio e origano, la taverna continua a cantare.

Un lettore vuole sponsorizzare la nostra scuola per un anno intero.

Nei giorni successivi, cerchiamo di tenere a freno le speranze. Procedo con i piedi di piombo per evitare di restare deluso, ma il generoso donatore si rivela legittimo. È colmo di concretezza e proposte, e non lo fa per la gloria o per scaricarsi le tasse, anzi. Dona in modo del tutto anonimo. È il nostro angelo custode.

«Da padre, vorrei che ogni bimbo avesse le stesse opportunità dei miei figli» ci dice.

Gli inviamo il business plan, ma ci affrettiamo a spiegare che si tratta di un sogno: «Sentiti libero di tagliare sui costi dove ritieni opportuno» lo rassicuriamo. Tratteniamo il respiro.

«Lo sostengo in toto» risponde, «le spese di apertura e cinquemila euro al mese per la gestione.»

Restiamo senza parole, ma solo per poco. Poi scoppiamo in un'esultanza mai vista prima. La gioia spazza via l'incredulità come un uragano con una casa di cartone.

Come dice sempre Giulia, stiamo sognando in grande, e questo significa offrire il meglio ai nostri bambini – non il meglio rispetto al campo profughi, ma il meglio in assoluto.

Il nostro benefattore è molto più di un individuo facoltoso, perché di ricchi è pieno il mondo. La verità è che noi tutti abbiamo talenti e risorse, noi tutti possiamo aiutare. Il nostro benefattore è, semplicemente, una brava persona. Come lui, molti altri si mobilitano per aiutarci nella nostra impresa: il sogno di Mazì conquista il cuore di decine e decine di lettori, che contribuiscono con donazioni piccole e grandi. Pacchi delle dimensioni più disparate iniziano ad apparire davanti alla nostra porta: un giorno ci arrivano dodici scatoloni colmi di cancelleria – la donazione del proprietario di una cartoleria italiana.

«Questo» dice Sarah aprendo le scatole. «Questo è il momento in cui sta *succedendo* davvero. Prima era tutto per aria, ma ora lo sento nelle ossa. Apriremo una scuola!»

È bellissimo. Non solo le centinaia di pastelli e pennarelli e matite e quaderni, ma l'amore straripante di un'Italia che rifiuta di arrendersi all'odio e sceglie una causa in cui credere ancora. Questo non è il Bel Paese, è il Paese più bello del mondo.

A metà luglio ordiniamo i mobili da Atene. Insieme agli studenti, scegliamo cento banchi bianchi e cento sedie nere, soffici divani, tappeti, sgabelli e pure i lunghi tavoli di plastica come quelli che usavamo nella stanza numero 4 l'anno scorso.

L'ordine arriva agli inizi di agosto, incompleto. Abbiamo solo banchi e sedie, una montagna di pacchi Ikea che ricordano dei cartoni per la pizza extralarge. Ovviamente, va tutto assemblato. Kyriakos e i suoi hanno finito le classi, e gli impianti elettrici e di condizionamento sono pronti all'uso, ma mancano le porte e tutti gli altri pezzi di arredo, e i trenta giorni sono ormai agli sgoccioli.

Chiamiamo gli studenti a raccolta e li coinvolgiamo nell'assemblaggio. Pezzi di cartone e involucri di plastica ricoprono Mazì come un tappeto infinito, e bambini di ogni età affollano le aule muniti di chiavi inglesi. L'emozione permea l'intera scuola.

Hammudi si rivela un provetto costruttore. Monta dieci sedie e banchi da solo nel giro di un'ora, e così si sposta di classe in classe per supervisionare e sistemare il lavoro altrui.

Io mi trovo alle prese con una sedia da mezz'ora, ormai, il che la dice lunga sulle mie abilità manuali. Con simulata nonchalance mi asciugo il sudore dalla fronte. Mi sento una specie di artificiere alle prese con una mina inesplosa, o un sommozzatore appena tornato in superficie.

Hammudi si siede accanto a me e mi mostra come fare perché la sedia smetta di traballare. Gli viene semplice. L'ennesima riprova dei suoi talenti mi riempie di orgoglio.

«Me l'ha insegnato mio nonno» dice.

«Grazie.»

«No.» Alza il capo e sorride. È da un secolo che non lo vedo sorridere. «Grazie a te.»

Giorno dopo giorno, stiamo recuperando il nostro rapporto. Mentre puliamo i pavimenti, fissiamo le lavagne al muro e pitturiamo le pareti, Hammudi riabbassa le difese e mi lascia entrare.

Perdere la lotta per la custodia pareva aver chiuso una porta, tra noi – e in effetti così era stato, la porta si era chiusa. Ma la vita è fatta di porte: quando una si chiude, basta trovare il coraggio di aprirla di nuovo. Dopotutto, le porte funzionano così.

L'affetto cura le persone, sia chi lo riceve sia chi lo dona. E io, grazie all'affetto di Mazì, imparo a perdonarmi per aver perso la lotta. Cerco sempre di accettare le mancanze degli altri, di non farli mai sentire inadeguati, ma colmi di valore, mai falliti e sempre amati. E allora perché non riesco a fare lo stesso con me? È ora di volersi un po' più bene.

Hammudi finisce la mia sedia e la spinge da parte. Resta immobile, la chiave inglese a mezz'aria. Silenzio. Sembra sul punto di dire qualcosa, ma non ci riesce. Io attendo, non voglio forzarlo a parlare.

«Sono sempre arrabbiato, Nicolò» dice poi. Le parole gli escono a fatica. «In Siria, in Turchia e anche qui, sento sempre questa rabbia, sempre di più, tutto il tempo.» Stringe la chiave inglese nel pugno fino a sbiancarsi le nocche. «Va tutto male, ma io sono stanco di essere arrabbiato.»

«Da dove viene?» chiedo. Hammudi mi lancia uno sguardo interrogativo. «La tua rabbia, da dove viene?»

Hammudi aggrotta le sopracciglia. «Io non...» dice, e il suo volto si increspa. «Io ho...»

Nel suo petto si agita un grumo di emozioni. Non riesce a esprimersi. Lascia cadere la chiave inglese.

«Sai» dico, «le persone più belle che io conosca hanno fallito, hanno sofferto, hanno perso, ma poi hanno sempre trovato il modo di rialzarsi. Come te. Queste persone capiscono la vita meglio di chiunque altro, perché la vita le ha rese più sensibili. Piangono quando altri rimangono indifferenti, si rallegrano di cose che altri non notano. Ma soprattutto, le persone come te resistono davanti alle avversità.»

Hammudi mi guarda a tratti. Sbircia il mio volto, distoglie lo sguardo, e poi torna a sbirciare.

«Non vergognarti dei tuoi sentimenti.» Gli poso una mano sulla spalla. «Possiamo controllarli, possiamo gestirli. Ma non siamo noi la loro causa.»

Hammudi ha imparato una montagna di inglese nell'ultimo anno, eppure non so dire quanto abbia capito. Mi lancia un'occhiata, e subito fatico a interpretarla. Poi capisco, e allargo le braccia. Hammudi mi stringe forte.

Sono proprio i bambini più difficili che trascorrono più tempo a Mazì. Dal momento in cui apriamo la mattina fino a quando giriamo la chiave nella toppa la sera, loro sono qui. Mazì non è ancora aperta, ma è già più di una semplice scuola. È un rifugio. Hammudi è un bambino difficile, e adesso piange tra braccia fidate.

In questo abbraccio capisco che non ha bisogno soltanto di un padre, ma di qualcosa di più. Ha bisogno di qualcuno in grado di accettare sia il suo amore sia il suo odio, restando comunque dalla sua parte. Ha bisogno dei come e dei perché di questo incredibile groviglio che chiamiamo vita.

Sciolgo l'abbraccio e mi guardo intorno: le lavagne sono appese, le matite spuntano dai portapenne sulle cattedre, le sedie e i banchi si ergono fieri intorno a noi. Che altro stiamo aspettando?

«Domani iniziamo» dico. «Alle nove nell'Aula Rossa, il nostro primo giorno di scuola.»

Hammudi balza in piedi e va a dirlo agli altri, mentre io ordino le pizze per stasera. Ceniamo nella Sala Grande, seduti sul pavimento. Mazì è ancora un casino di cellophane e pezzi di cartone, secchi di vernice mezzo usati e angoli vuoti che reclamano a gran voce di essere riempiti, ma domani aprirà per una classe di prova: i miei Dreamers, i miei studenti da quasi un anno.

Mangiamo la pizza, come ormai da tradizione. Stasera, però, non andiamo al ristorante: la mangiamo nella nostra scuola. Ceniamo a terra, nella polvere, ma il formaggio fila e la Coca-Cola solletica il palato, ed è uno dei momenti più belli della mia vita.

Il giorno dopo accolgo i miei studenti nell'Aula Rossa, e per quattro ore facciamo lezione indisturbati. Hammudi, Mays, Anif, Moumen, Hesther, Michael, Dyla, Dilvin, Benjamin e Maaria – i bambini a cui ho insegnato l'alfabeto e le tabelline, i bambini che da quasi un anno vivono vittime dell'hotspot, i bambini per i quali ho rinunciato ai miei piani – per la prima volta imparano liberi dalle risse dei nuovi arrivati, dalle interruzioni degli adulti e dagli sguardi torvi dei volontari del Centro Alpha.

E questo momento, questo preciso istante, è il più grande successo della mia esistenza. Mancano ancora le porte, certo, e Kyriakos sbraita alla sua squadra al pianterreno, e ammetto che alcune sedie traballano un po', ma questi dieci bambini oggi hanno una scuola tutta loro. Sono gli ultimi tra gli ultimi, gli scarti di un'Europa a pezzi, eppure sono tornati a splendere. È stata una corsa selvaggia, ma ne è valsa la pena.

Alla fine preferisco aver amato troppo, anziché troppo poco.

I miei dieci Dreamers si godono Mazì da soli per una settimana. Nel frattempo, Kyriakos finisce il lavoro, arrivano le porte e Hammudi sistema tutti i banchi e le sedie.

Il 6 agosto apriamo al resto degli studenti: ottanta Dreamers e Achievers la riempiono di speranza. Pareva impossibile, ma abbiamo raggiunto l'obiettivo.

Celebriamo la prima settimana di scuola con una festa di inaugurazione per le famiglie degli studenti. Accogliamo mamme, papà e fratelli più piccoli nella Sala Grande, dove serviamo stuzzichini e anguria fresca. Centinaia di persone entrano ed escono durante la giornata, e sebbene gestire la folla si riveli un compito impegnativo, sembrano tutti felici. È questo che conta.

Nel tardo pomeriggio entra una famiglia con due bambini. Devono essere arrivati sull'isola da poco. Il bambino indossa vestiti troppo piccoli, la bambina – il capo avvolto in un velo rosa – si guarda intorno con la meraviglia negli occhi.

Per l'ammissione chiedo i documenti provvisori: si tratta di poche pagine fotocopiate, in bianco e nero, bassa qualità – ma per loro sono un tesoro. Controllo le carte, ne faccio una copia per i nostri registri e le restituisco. Quando dico loro che sono iscritti, la bambina non riesce a contenersi, batte le mani dalla felicità come fosse il regalo più bello al mondo. Mi si allarga il cuore.

Sarah fa loro da guida. Mostra alla famiglia ogni classe, e loro ne sono estasiati.

«A che ora lunedì?» chiedono più volte i bambini. «Dobbiamo portare qualcosa?»

«Solo voi stessi» li rassicuro. «Dite alla mamma che tutto il resto ve lo diamo noi.»

«Non sono la mamma, sono la zia» mi dice la donna.

«La mamma non c'è» spiega il padre, senza perdere il sorriso. «Io sono sia mamma sia papà. Abbiamo lasciato l'Iraq proprio per dare ai piccoli una scuola così.»

Lo dice con tale affetto e semplicità che quasi mi commuovo. Mi sento l'uomo più fortunato al mondo.

La festa va a gonfie vele, così decidiamo di organizzarne una anche per gli abitanti dell'isola e gli altri operatori umanitari: una vera e propria cerimonia di apertura.

Distribuiamo gli inviti a tutti coloro che ci hanno aiutato a costruire Mazì e a rendere la classe dei Dreamers una piccola bolla di gioia. Chiediamo a Epikairo, il nostro ristorante preferito, di occuparsi della cena, e prepariamo una presentazione della nostra missione a Samos. Saranno i ragazzi a parlare: hanno costruito la scuola insieme a noi e ogni giorno la gestiscono al nostro fianco, è giusto che siano loro a raccontarla. Dopo anni passati a sentirsi ospiti indesiderati, ora diventano i padroni di casa.

I giorni precedenti frizzano d'eccitazione. Pure io, che preferisco vestire in modo sobrio, rispolvero le camicie che indossavo durante i meeting con le autorità del campo. L'hotspot mi ha fatto scoprire il peggio dell'essere umano, ma Mazì mi mostra l'esatto opposto. Ho perso battaglie le cui cicatrici mi porterò dentro per sempre, è vero, ma sono sopravvissuto e ho guardato la vita dritto negli occhi, e che bellezza ci ho trovato.

«Non puoi farci nulla» mi avevano detto. Non ci ho creduto. Questa scuola è il più grande atto di ottimismo di cui io sia capace.

E poi la sorpresa più gradita: la nonna viene a trovarmi. Insieme a mio fratello, prende due aerei per vedere Mazì e i nostri bambini. Ha ottantatré anni, soffre di artrite e d'insonnia, ma se ne infischia. Credo che il mio desiderio di aiutare i bisognosi nasca dalla sua incondizionata generosità: «Se potessi» diceva sempre davanti al telegiornale, «andrei subito ad aiutarli». Oggi vede il suo sogno concretizzarsi attraverso di me. Le mie radici affondano nella sua vita, proprio come i suoi fiori sbocciano nella mia.

La sera della festa ci sono tutti: il nostro avvocato Dimitris con accompagnatrice; il nostro contabile Nikos; Costas, Ioanna e le loro famiglie; il gestore del cinema; il dentista e l'oculista dei Dreamers; Kyriakos il carpentiere e Chris l'elettricista; la famiglia cinese del negozio accanto; la nostra nuova insegnante di greco Sofia; Nasir e Majida; pure i genitori di Giulia, che più orgogliosi di così non potrebbero essere. I rappresentanti di classe si sono tirati a lucido e sono la fine del mondo.

«È la scuola più bella dell'isola» dice Ilias, il proprietario dell'edificio. Si è esposto alle critiche dei concittadini affittandoci lo spazio, ma stasera so che non se ne pentirà.

Quando ho iniziato come volontario, sentivo parlare di Samos come di un'isola di razzisti. Oggi mi guardo attorno e so che nulla potrebbe essere più lontano dalla verità.

A poco a poco arrivano gli operatori delle ONG – non tutti:

molti hanno ignorato l'invito – forse mossi dalla curiosità, forse segretamente stanchi e desiderosi di cambiamento.

«Mi piacciono gli oleandri» dice Jasmine, indicando le piante che ornano la Sala Grande.

Jasmine ha aiutato Bogdan a costruire Samos Volunteers e ha preso il posto di Giulia come coordinatrice dei volontari.

Ma il vero colpo di scena arriva quando Winnie Banda, l'Ufficiale per la tutela dei minori di UNHCR, varca la soglia. Parte di me sperava che si presentasse per mostrarle che esiste un altro modo, che aiutare davvero si può, ma vederla in carne e ossa dopo tutto il dolore e la rabbia che mi ha causato mi fa torcere lo stomaco. La saluto con un cenno e mi defilo per tenere a freno l'ansia. Quando mi giro, me la trovo davanti.

«Congratulazioni» dice, porgendomi la mano. La guardo e nei suoi occhi scorgo una punta di rammarico. «Davvero.»

Parte di me vorrebbe rifiutare la sua stretta di mano, aggrapparsi al risentimento e al rancore e soprattutto alla vittoria finale. Una parte di me vorrebbe che Winnie pagasse per i suoi errori. Ma mi tornano in mente le parole di Costas, e ricordo che il reale nemico è il sistema, e non la neolaureata che il sistema usa per perpetuare se stesso.

Le stringo la mano, e posso quasi sentire il suono di queste pesanti, gigantesche catene crollare a terra, spezzate. La rabbia è energia, ma è il tipo di energia che ti consuma. Vivere di rabbia è facile, la rabbia è autosufficiente e sempre disponibile. Puoi sempre attingere alla fonte della rabbia per tirare avanti. E più lo fai, più questa cresce. L'amore e la rabbia sono simili sotto questo aspetto: crescono man mano che li eserciti. La differenza, però, è che vivere di rabbia è una strada in discesa, non richiede alcuno sforzo e ti permette di correre velocissimo – solo che poi fermarsi è quasi impossibile. Quando vivi di rabbia, muori nell'impatto. Vivere d'amore, invece, è un percorso in salita in cui ogni passo richiede volontà e lavoro. Ma una volta in cima, che vista, ragazzi.

«Me ne vado tra una settimana» mi dice Winnie, lo sguardo annebbiato da una stanchezza che conosco bene. «Non ce la faccio più.»

Le auguro buona fortuna e, mentre i rappresentanti di classe mostrano all'Europa la scuola per cui hanno lottato e pianto, la scuola che hanno costruito e per cui sono sopravvissuti, mi volto verso la nonna.

«La cosa più bella della mia vita sei tu» mi dice.

Per una volta, non sta neanche piangendo. È solo felice.

3
Come costruire una tana

> Non dubitare mai che un piccolo gruppo di cittadini coscienziosi ed impegnati possa cambiare il mondo. Infatti, sono gli unici ad averlo mai fatto.
>
> MARGARET MEAD

Settembre 2018

Mazì è fatica, ma anche grande soddisfazione.

Lavoriamo come pazzi durante il primo mese. In quattro gestiamo un'intera scuola, aperta dalle otto e quarantacinque del mattino alle sei e trenta di sera, con ottanta minori divisi per età e livello linguistico, per una media di sei ore di lezione al giorno. Ognuno di noi insegna quattro unità e, dopo la chiusura, si dedica ai vari compiti amministrativi, dalla contabilità al rifornimento dei materiali, dalle email di routine alla ricerca di nuovi volontari. Non è insolito trovare uno di noi appisolato sui divani, nella sala lettura o ancora in ufficio, tra una lezione e l'altra.

C'è un sacco da fare, e ci riusciamo solo insieme ai nostri bambini. I rappresentanti di classe puliscono la scuola, supervisionano gli spazi comuni e fanno orientamento ai nuovi iscritti. Tutti loro provano un amore viscerale per Mazì – glielo si legge negli occhi.

Nonostante la stanchezza fisica, la felicità per me è svegliarmi ogni mattina pensando: "Non vedo l'ora di mettermi al lavoro" e andare a letto la sera guardandomi allo specchio e dicendo: "Stanotte posso dormire con me stesso". Forse non sembrerà un granché, ma per me questo è il senso della vita.

Sostenere questi ritmi per sempre è infattibile, però. Anche con l'aiuto dei ragazzi, ci servono volontari. Lasciando Samos Volunteers, abbiamo rinunciato al loro folto team, e ora trovare le persone giuste si sta rivelando più difficile del previsto. La cruciale differenza sta nella selezione: Samos Volunteers prende quasi chiunque, mentre noi, sebbene a corto di personale, preferiamo spaccarci la schiena e aspettare il volontario adatto al nostro obiettivo. I nostri bambini meritano il meglio. E così ce la mettiamo tutta, per impartire loro lezioni di qualità e trasmettere passione.

«Incontrerete bambini più ricchi di voi, in Europa» sento dire a Sarah un giorno. «Alcuni avranno vestiti alla moda. Alcuni avranno una vita più facile. È ingiusto, ma non è questo il punto.» La classe la ascolta con il naso all'insù. «Voi siete le creature più potenti sulla Terra. Avete visto il mondo, avete vinto mille battaglie e sapete cosa conta davvero nella vita. Siete speciali, e potrete arrivare ancora più in alto di tutti gli altri. Quando lo farete, direte loro quanto è bello il panorama.»

I corridoi di Mazì profumano di mura pitturate da poco e mobili di legno, la luce dorata dell'estate greca entra a fiotti dalle ampie finestre.

«Arrivare in cima sarà difficile, è vero, ma voi non competerete contro gli altri. Il vostro avversario siete voi stessi, il vostro ego, la vostra indecisione, la conoscenza che trascurate e i rischi che non correte. Combattete contro la vostra stessa negatività e, proprio perché è vostra, avrete il potere di trasformarla in positività.» Sarah fa una pausa e sento i suoi passi tra i banchi. «Spetta a voi e a voi soltanto ricordare che siete più svegli di quanto pensiate, più forti di quanto vi sentiate e più coraggiosi di quanto crediate.»

Un altro giorno, mi sto godendo il vento che soffia dentro Mazì quando sento Brodie insegnare alla sua classe, gli adolescenti più grandi di livello avanzato.

«Diffidate di chi cercherà di convincervi che siamo tutti uguali» dice. «Dobbiamo costruire un mondo di parità, non uno di uniformità.»

I suoi studenti prendono appunti. Alcuni di loro avrebbero le qualità per ricevere borse di studio presso le più importanti università al mondo, eppure sono bloccati in un campo profughi, senza documenti.

«Ogni volta che la gente dice: "Siamo tutti uguali", dimentica o ignora di proposito qualcosa.» Brodie accende il proiettore e mostra alla classe l'immagine di un uomo in manette piegato su una volante di polizia. «Nel caso dei neri d'America, dimentica la schiavitù, la segregazione e la brutalità della polizia. Nel vostro caso, dimentica il colonialismo, la guerra e le politiche europee. Se diciamo di essere tutti uguali, allora cala il silenzio, e la disuguaglianza prospera nel silenzio. L'ingiustizia sopravvive dove la gente non alza la voce. Il privilegio si manifesta quando si cancella la storia.»

La brezza mi scompiglia i capelli. Gli Achievers continuano ad ascoltare in religioso silenzio. Stravedono per Brodie.

«Non sono le nostre differenze a dividerci» conclude, «ma la nostra incapacità di riconoscerle, accettarle e celebrarle.»

All'inizio di settembre iniziamo a preparare tramezzini alla Nutella per arginare i morsi della fame che assalgono gli studenti all'ora di pranzo. Non è granché, ma è meglio della sbobba che ricevono nell'hotspot. Ne sto divorando uno quando sento Giulia parlare a un gruppo di bambine che le si sono raccolte intorno nella Sala Grande.

«Sognate in grande, perché le ragazze che sognano diventano donne con dei progetti. Se a una bambina piacciono i motori e a un bambino la danza, che problema c'è? Ciò che amate non vi rende deboli. Non vi rende strane.»

«Va bene essere amiche dei ragazzi qui?»

«A Mazì siete al sicuro. So che al campo le cose sono diverse, ma qui nessuno vi giudicherà. Se mai doveste avere problemi con un ragazzo, noi vi ascolteremo, vi crederemo sempre, e cercheremo in ogni modo di proteggervi.»

Mays siede tra le nuove bambine e traduce per loro.

«*No* significa *no*» continua Giulia, gesticolando per dare forma ai concetti. «Nessuno, uomo o donna, possiede un altro essere umano, sia esso un coniuge, una sorella o una figlia. Avete diritto di scegliere e diventare chiunque vogliate diventare.»

Mazì ci infonde grande ispirazione, gonfiando in noi i bisogni di libertà, giustizia e diritti umani. Ogni lezione riflette l'atmosfera della nostra scuola.

«Quando avevo la vostra età» dico ai miei Dreamers una mattina, «la scuola ha quasi distrutto la mia autostima. Per proteggermi mi sono chiuso nell'indifferenza, ma non è bastata. "Al massimo potrai inscatolare merendine in fabbrica" dicevano i miei insegnanti, e alla fine ci ho creduto.»

Altri bambini avrebbero ridacchiato di quest'aneddoto, ma la mia classe mi fissa con l'orrore negli occhi.

«Come si chiamano?» chiede Anif, battagliero come al solito. «Gli facciamo una bella telefonata e gliene diciamo quattro.»

La loro lealtà mi strappa un sorriso. Non importa che siano passati quasi dieci anni, i miei Dreamers vogliono proteggermi dalla meschinità altrui. I bambini, dopotutto, sono fatti così: ripagano la lealtà con la lealtà.

«I loro nomi non hanno importanza» dico. «Quel che importa è come reagisci a chi cerca di abbatterti.»

«E tu cosa hai fatto?» chiede Rayi, uno degli ultimi arrivati. Ha solo dieci anni, ma il suo livello linguistico è eccezionale.

«Ho sofferto.» Frase dopo frase, scrivo parole nuove alla lavagna. «Finché un giorno ho capito che ero io a dare potere alle loro parole, e quando l'ho capito, le loro parole sono svanite, i loro volti sono svaniti, e così l'influenza che avevano su di me. Sono diventati polvere, e io mi sono rialzato.»

La classe mi guarda senza fiatare, ma il sollievo del lieto fine è chiaro sui loro volti. So come ci si sente a essere il Signor Nessuno, e perciò mi assicuro che i miei bambini si sentano inestimabili ai miei occhi.

«Voglio che sappiate che valete l'universo intero» dico guardandoli uno per uno. «Vi vedo, e siete le persone più forti che io conosca, ed essere il vostro insegnante è l'onore della mia vita.»

La verità è che, se la cattiveria e l'indifferenza possono distruggere una persona, la gentilezza può salvarla. Portiamo tutti le cicatrici del nostro passato. Non possiamo liberarcene, ma possiamo farle brillare al sole. Insieme ai Dreamers, scrivo una nuova frase sul muro della classe: "Lo scopo della vita non è la felicità, ma la gentilezza".

A settembre, leggiamo e guardiamo *Harry Potter*. Da un lato, gli studenti imparano a comprendere il testo e analizzare le scene, dall'altro si lasciano contagiare dalle mie passioni. La passione è come un virus, si trasmette. È la semplice abilità di accendersi un fuoco dentro, un fuoco per ciò che può essere esplorato. Credo che proprio questa sia la lezione più importante: diventare capaci di appassionarsi a qualcosa al di fuori di se stessi. Se più persone facessero ciò che amano, il mondo sarebbe un luogo migliore.

Nell'ultimo anno insieme, i miei dieci Dreamers hanno imparato a leggere, scrivere e parlare con scioltezza. Ma anch'io ho imparato altrettanto: ho studiato, fatto pratica e sbagliato un milione di volte, e ora so di essere un insegnante migliore. Ho imparato ad ascoltare senza giudicare o tentare di sistemare le cose. Ho imparato a creare una connessione con ognuno di loro anziché cercare di avere ragione nei diverbi o fare la ramanzina a chi si comporta male. Ho imparato che la vera lotta è quella che si combatte tra se stessi e i propri problemi, e mai l'uno contro l'altro.

«Meravigliatevi» dico una mattina. «Ponetevi domande. Scusatevi quando necessario, e fatelo convinti. Date il meglio. Onorate la parte migliore altrui e scegliete la parte migliore di voi stessi. Fate sì che il mondo vi veda per chi siete davvero, e per chi potete diventare.»

Il capo chino, Mays prende appunti come una forsennata. Beve ogni parola che dico.

«Siate gentildonne» ripeto in continuazione, «e siate gentiluomini. Le vostre giornate saranno migliori se siete buoni gli uni con gli altri. Vivere, dopotutto, non è cercare se stessi né creare se stessi. Vivere è cercare il proprio scopo, farne qualcosa di valore, e donarlo agli altri.»

Hesther si fa tradurre qualche parola qua e là da Rayi, poi annuisce e mi mostra il pollice.

«E soprattutto» continuo, «amate ad alta voce. Se volete bene a qualcuno, fateglielo sapere: verrete ricambiati. Forse pensate di non averne bisogno, ma fa bene sentirsi apprezzati. E poi, insomma, ve lo meritate. Siete il risultato dell'amore e delle lacrime di migliaia di esseri umani venuti prima di voi. Mica poco!»

Hammudi mi scocca un sorriso a trecento denti.

Insieme, scriviamo altre due frasi sul muro. «Il segreto per una vita colma di significato è semplice» dico mentre tiro fuori cartelloni e pennelli. I Dreamers indossano impermeabili gialli per proteggersi dagli schizzi di pittura. «Basta porsi due domande e viverle appieno.»

A lavoro finito, facciamo un passo indietro, i volti spruzzati di blu, e leggiamo ad alta voce.

«Cosa vi rende felici?»

«Cosa vi rende grandi?»

Prima della fine di settembre raggiungiamo i cento alunni iscritti. La popolazione dell'hotspot ha raggiunto livelli inimmaginabili – siamo a quota quattromila persone. Mazì, però, resta un'isola di pace. Anzi, più il campo peggiora più gli studenti trattano la scuola con riguardo. La maggioranza dei bambini resta con noi dalla mattina alla sera. Mangiano un solo tramezzino in nove ore di apprendimento e gioco – al momento è tutto ciò che riusciamo a garantire – ma preferiscono digiunare che trascorrere la giornata in tenda tra i ratti, con il pensiero costantemente rivolto alla famiglia che hanno perso o a quella che rischiano di perdere.

Tra le situazioni più preoccupanti c'è quella di Mays, i cui genitori, dopo un anno nell'hotspot e dopo il secondo rifiuto alla richiesta d'asilo, attendono ormai inermi l'avviso di deportazione, in preda alla depressione e all'incertezza.

Lei, però, rifiuta di darsi per vinta. La sua tenacia è incontenibile e la sua mente è sempre in cerca di stimoli. Questa è la prima scuola della sua vita, e Mays ha intenzione di sfruttarla al massimo: studia senza sosta, partecipa a ogni lezione e anche nel tempo libero, spesso per conto suo, legge, disegna e fa esercizi. Proprio come me alla sua età, trova nella lettura il rifugio ai problemi del crescere. Da quando abbiamo aperto Mazì, ha pure iniziato a togliersi il velo a scuola.

Mays è pura dedizione, è la vita nella sua forma più fulgida. Se ne avrà l'opportunità, ne sono certo, sfiderà ogni stereotipo.

Nella tranquillità di Mazì, ogni giorno dopo lezione io e lei ci sediamo sui tappeti e leggiamo *Il piccolo principe*. Mays ne adora ogni pagina, ha fatto sua una delle frasi del libro e ogni tanto, senza un motivo apparente, me la comunica, senza parlare: si punta gli occhi chiusi e rivolge i palmi delle mani al soffitto – "L'essenziale è invisibile agli occhi".

Più la guardo crescere più mi convinco che il Piccolo Principe avesse ragione, parlando della sua rosa: ognuno dei nostri bambini è assolutamente unico e vale, da solo, l'intero universo.

Dopo settimane di tramezzini e pance brontolanti, decidiamo di iniziare un programma alimentare a Mazì. Ci rivolgiamo a una dietologa per definire un menu che sia al contempo sano ed economico e lanciamo una campagna di raccolta fondi. Nonostante l'appassionata risposta dei lettori, per il momento mettiamo insieme solo quanto basta per la colazione, ma è un inizio. Serviamo frutta, latte, crêpes, omelette, torte, tramezzini e yogurt con il miele, e i bambini accolgono la novità con gioia vorace.

Settembre purtroppo coincide con l'estradizione di Nasir. Noi tutti stiamo in guardia aspettandoci di vederlo in manette da un momento all'altro, pronto per essere rispedito in prigione, poi sull'isola di Lesbo e infine in Turchia. È come guardare una tazza di porcellana cadere al rallentatore: sai che si romperà, ma non puoi fare nulla per impedirlo.

Una sera, però, Giulia ci raduna in ufficio dopo la chiusura.

«Nasir è in Germania» dice in un sussurro, anche se non c'è nessun altro ad ascoltarci. «Mi ha appena scritto.»

«Cosa!?» esclamiamo all'unisono.

«Non ne sapevo nulla... pare avesse preso accordi con un trafficante greco mesi fa.» Dagli anelli rossi intorno ai suoi occhi, temo abbia trascorso una notte insonne. «Si è fatto fare un passaporto falso e ora chiederà l'asilo in Germania.»

La fissiamo in silenzio, tentando di raccapezzarci con la notizia.

«Grazie a Dio» dice Sarah infine. Dopo lo shock, il sollievo si riversa su di noi.

Giulia sospira. «C'è di più.»

«Oddio...» fa Brodie.

«Ahmed è tornato in Iraq.»

Ancora una volta lo stupore si impossessa di noi: «Eh!?».

«Dice che Atene l'ha deluso, che non ce la faceva più e che gli mancava sua madre.»

Silenzio.

«Nasir è costretto a farsi contrabbandare in Germania e uno come Ahmed rinuncia all'asilo?» Brodie fa una smorfia. «L'ennesima riprova che il sistema d'asilo fa acqua da tutte le parti.»

«Hai altre notizie bomba o possiamo spegnere i pacemaker?» chiedo per sdrammatizzare.

«A dire la verità, c'è dell'altro...» Ci prepariamo alla batosta. «Abbiamo un volontario. Si chiama Nina. Ha iniziato con Samos Volunteers, ma è una specialista dell'infanzia e vuole staccarsi per lavorare con noi.»

Brodie accenna una danza da seduto e dice: «Dov'è lo champagne?».

«Eccolo!» Sarah gli passa un tetrapak di succo.

Nina è tutto ciò che abbiamo sempre sperato: ha il cuore nel posto giusto, ma è anche qualificata, ha esperienza e opera con estrema professionalità. E poi è brava, ma proprio brava, e i ragazzi la adorano.

Dopo un primo periodo come volontaria, Nina diventa il primo membro assunto dello staff di Still I Rise. Dopo un anno a mangiare piadine con il formaggio, possiamo permetterci di assumere i volontari più talentuosi e offrire allo staff un rimborso spese. In questo modo eliminiamo la più pericolosa variabile della nostra missione: l'incertezza del futuro. E certo, il nostro rimborso è inferiore al salario minimo di ogni Paese europeo, ma che ce ne facciamo dei soldi? Mazì ci trasmette già tutto ciò di cui un essere umano ha bisogno: speranza, voglia di vivere, e soprattutto uno scopo.

Non siamo dei san Francesco, non siamo delle madre Teresa. Sapere che ogni centesimo donato va alla missione anziché a noi ci dà maggiore felicità di qualsiasi capo firmato o cibo prelibato o vacanza in resort di lusso. Stiamo costruendo un mondo un po' migliore – cosa sono i soldi in confronto? Non abbiamo stipendio né contributi, e probabilmente non avremo neanche la pensione, ma riceviamo qualcosa di gran lunga più prezioso: ogni giorno ci guardiamo allo specchio fieri di chi vediamo, e ogni sera ci addormentiamo felici dopo una giornata ben spesa.

Dopotutto, desideriamo una vita colma non di cose, ma di significato.

4
Le mille e una scuola

È impossibile cambiare il mondo combattendo la realtà esistente.
Per cambiare qualcosa, costruisci un nuovo modello
che renda quello esistente obsoleto.

BUCKMINSTER FULLER

Ottobre 2018

L'autunno porta con sé i rinforzi. Volontari da tutta Italia si uniscono al nostro team – psicologi, educatori, atleti e medici. I lettori che per anni hanno supportato la missione da lontano ora scendono in campo.

Insegniamo inglese e greco, storia e attualità, scienze e geografia, arte e musica, educazione civica e sessuale, danza e informatica. Dato un ventaglio di opzioni, gli studenti hanno pieno potere decisionale su quello che desiderano imparare.

In più, insegniamo competenze di vita: igiene mentale, intelligenza emotiva, etica. Insegniamo come affrontare il fallimento. Uno dei crimini più gravi dell'aiuto umanitario organizzato è lucrare sulla dipendenza dei beneficiari. A Mazì, il nostro obiettivo ultimo è emancipare i nostri studenti rispetto a qualsiasi tipo di aiuto – soprattutto il nostro.

Cerchiamo di insegnare ciò che la scuola tradizionale ignora. Insegniamo come gestire una relazione e affrontare la rottura quando l'amore finisce. Li incoraggiamo a comprendere le decisioni altrui e a mettersi nei loro panni. Insegniamo loro a porsi domande e a sognare in grande, a non accontentarsi mai di risposte preconfezionate. I lavoratori del futuro competeranno con macchine sempre più sofisticate. La creatività e le abilità critiche e sociali diventeranno essenziali alla vita professionale di ognuno. Allora perché la scuola insegna ai bambini a comportarsi come robot? Nell'età delle macchine, le scuole stanno insegnando alle nuove generazioni a essere superflue.

Gli insegnanti dovrebbero offrire sicurezza, approvazione, empatia e comprensione. Il futuro dell'educazione, come quello della medicina, si trova nella personalizzazione del servizio. È sempre l'individuo, e non il sistema, la chiave di volta. Tutti sono perfetti, se hanno la possibilità di essere chi sono veramente.

Nella nostra scuola, noi offriamo ciò che i bambini europei danno per scontato. Per farlo, puntiamo tutto sui nostri volontari e su un modello di volontariato etico. La mia esperienza da volonturista in India e la scarsa professionalità di alcuni volontari a Samos dimostrano che alcuni fanno volontariato per le ragioni sbagliate – per i selfie, per noia, per trovare se stessi o per il complesso del salvatore bianco, ovvero la necessità di provare pietà per i bisognosi e piangere davanti alle loro storie. Ma ciò di cui i meno fortunati hanno bisogno è proprio sapere di essere più delle loro storie, più di semplici sopravvissuti. Non hanno bisogno di pietà. Hanno bisogno di una equa, concreta possibilità.

A Mazì stiamo tentando di creare l'opposto del volonturismo. Cerchiamo eccellenza, non semplice manodopera. Selezioniamo i nostri volontari con scrupolo, valutando le loro abilità, la loro esperienza e il loro background, e rifiutando quote di partecipazione. Non si tratta di nulla di rivoluzionario, ma riporta i rifugiati al centro dell'attenzione.

Richiediamo un tempo di coinvolgimento minimo, perché i reali problemi non sono mai la povertà, la malasorte o l'ignoranza, ma i sistemi che li nutrono, ed è impossibile cambiare un sistema in due settimane. Una volta arrivati sul campo, investiamo nei nostri volontari tramite un training intensivo di due giorni ancor prima che possano interagire con i bambini. E poi li responsabilizziamo, diamo loro fiducia e potere decisionale. Creiamo un senso di appartenenza alla scuola e alla causa tutta.

La struttura di Still I Rise è orizzontale. Sia i volontari, sia lo staff, sia i rappresentanti degli studenti partecipano come pari. Il voto di ognuno vale quanto quello di ogni altro. E tutti puliscono i pavimenti.

Il volontariato etico è impegnativo, ma funziona perché riconosce l'intrinseca reciprocità del volontariato stesso: sia le persone che aiutano sia quelle aiutate traggono beneficio dalla missione. Questo crea eguaglianza e sposta l'attenzione dal "fare del bene per" al "fare del bene con". Insomma, è un volontariato onesto.

Arrivano i rinforzi, e Mazì opera finalmente a pieno regime. Francesca, la nostra psicologa, tiene laboratori incentrati sull'elaborazione e la gestione delle emozioni, sull'integrazione e sul rispetto della libertà altrui. Michele, il nostro insegnante di teatro, consolida l'autostima attraverso esercizi di recitazione.

Tutti noi ci muoviamo verso un obiettivo comune: instillare tenacia, l'imprescindibile qualità di ogni essere vivente sulla Terra. Insegniamo ai nostri bambini a immaginare il futuro che desiderano, e a impegnarsi per crearlo. Parliamo loro come se fossero le creature più sagge, gentili e magiche del mondo, perché si diventa chi si crede di essere.

Mi sono sempre sentito respinto dal sistema scolastico tradizionale, che faticava ad accettare la mia personalità. Mi sentivo fuori posto. Mi sentivo ignorato. Per questo la mia passione ora è ascoltare i miei studenti e rafforzare la loro voce. Ho costruito la scuola di cui avrei avuto bisogno quando ero bambino, perso e in cerca di casa.

«Prendete fogli e matite» dico entrando in classe.

Incontrano il mio sguardo con una punta di perplessità e il lume della curiosità negli occhi.

«Disegnate un medico.»

«Quello del campo?» chiede Michael.

«Chiunque vogliate.»

Anif alza la mano: «Disegniamo un chirurgo?».

«O uno psicologo?» chiede Hesther.

«Chiunque vogliate.» Distribuisco i pastelli. «Disegnate il medico più bravo al mondo.»

Li osservo tracciare linee sui fogli in silenzio. Ci pensano su. Cambiano idea e cancellano più volte. Poi acquistano sicurezza e si mettono a colorare.

Dopo dieci minuti, raccolgo i disegni.
«Non sbirciate» dico. «Questo è il *vostro* medico. Ognuno ha il suo.»
Appendo i disegni alla lavagna. I Dreamers li guardano in silenzio, gli occhi che si posano prima sull'uno e poi sull'altro. Poi Mays capisce, e il suo sorriso si unisce al mio.
«Quando avevo la vostra età» racconto, «la mia insegnante fece lo stesso esperimento con me e la mia classe. Appese i nostri disegni al muro e ci chiese di elencare le differenze tra un disegno e l'altro. Alcuni medici erano alti, altri calvi, alcuni portavano gli occhiali e altri la barba lunga. Ma notammo che avevano una caratteristica in comune: erano tutti uomini.»
Cala il silenzio.
«Perché?» chiede Hammudi.
«Bella domanda. Nonostante tutti noi avessimo incontrato almeno una dottoressa nella nostra vita, parlando di medici ci siamo immaginati degli uomini.»
Silenzio in classe. Ad alcuni dei bambini, temo, sfugge il senso di questa storia.
Poi Mays, con esitazione, guarda i disegni sulla parete e alza la mano: «I nostri dottori sono metà e metà» dice.
Annuisco. «Perché, secondo voi?»
«Forse perché siamo gentiluomini e gentildonne» risponde Rayi.
«Forse perché facciamo le lezioni speciali sui diritti delle donne.»
«Forse perché abbiamo studiato Malala.»
«Forse perché siamo in Europa, adesso» dice Mays. «E possiamo.»
A fine lezione, tolgo i disegni dal muro. La classe saluta e inizia a scendere. Tutti tranne Mays.
«Posso avere il mio disegno, per favore?»
Glielo porgo. «Certo.»
Pare pensierosa per un secondo.
«Questo non è il medico più bravo al mondo» dice poi. «Questa sono io da grande.»
Mi limito ad annuire. Lei si volta ed esce, subito inghiottita dal vociare della pausa pranzo.

Scendo la scalinata di Mazì leggero come una piuma. I nostri bambini hanno perso tutto fuggendo dalla guerra, hanno attraversato bombardamenti, monti e il mare mortale. L'hanno fatto per avere una chance di dignità e di vita. Il campo profughi ha spento quella chance. Ma se noi riusciamo a riaccendere in loro la voglia di vivere e li prepariamo a compiere scelte migliori delle nostre, forse c'è speranza di creare una scuola migliore, per tutti.

E se c'è speranza per la scuola, io credo, c'è speranza per il domani.

Una mattina Mays arriva in ritardo. Non è affatto da lei. Bussa, socchiude la porta e mi guarda attraverso lo spiraglio.

«Forza» dico, invitandola a entrare. Torno a leggere *Storie della buonanotte per bambine ribelli*, un evergreen della nostra classe. Ma Mays resta sulla soglia.

«Che succede?»

«Mia mamma è in ospedale.»

Cala il silenzio. Resto così, imbambolato con il libro in una mano e l'altra a mimare la storia che stavo leggendo. Solo che poi Hesther lancia un grido di gioia e va ad abbracciare Mays. Le bambine si stringono ed esultano come se avessero ricevuto l'asilo.

Lancio un'occhiata alla classe e trovo la mia stessa perplessità sui loro volti.

Mays abbozza un sorriso. «Sta nascendo il bebè.»

«Bebè!?» esclamiamo, insegnante e alunni insieme.

Mays non riesce più a contenersi e fa un sorriso grande come il mondo. «Avrò una sorellina.»

La sorpresa mi travolge. Cerco di scandagliare i ricordi per trovare indizi. È possibile che l'ultima volta che ho fatto visita alla famiglia, la madre di Mays avesse aperto le finestre di un container altrimenti sempre immerso nell'oscurità? Mi aveva forse rivolto un sorriso simile a quello che Mays sfoggia ora? E il suo ventre era gonfio, sotto gli strati di indumenti?

«Devo andare adesso» dice. «Vieni a trovarla oggi?»

«Ma certo.»

Mays sparisce alla velocità della luce. Hesther mi lancia uno sguardo di supplica.

«Vai» dico, e anche lei si mette a correre.

Quella sera compro un peluche di Yoshi, il dinosauro verde amico di Super Mario, e mi reco in ospedale.

«Già dimessi» fa l'infermiera del reparto maternità.

«Una madre e un neonato in un campo profughi a poche ore dal parto? Assurdo.»

L'infermiera controlla i registri. «Non sono nell'hotspot. Ci sono state complicazioni e le autorità hanno spostato la famiglia in un appartamento.»

«Sa dove?»

«Ti pare?»

Silenzio.

«Ok» dico. «Sa quale organizzazione si è occupata del trasferimento?»

L'infermiera fa un cenno del capo, alza le sopracciglia e, tanto per non farsi mancare nulla, fa schioccare la lingua. Poi guarda il pupazzo di Yoshi con malcelato scetticismo. Yoshi sostiene lo sguardo.

Fuori dall'ospedale chiamo Jasmine, la nuova coordinatrice di Samos Volunteers.

«Dovrebbero aver trasferito una famiglia dall'ospedale a un appartamento, oggi. Per caso hai informazioni dall'interno?»

«Ah-ah! Sbaglio o il nostro rivoluzionario preferito ha *bisogno* del sistema, adesso?»

«Dài, Jazz, aiuta un collega.» Poi mi viene un'idea. «Ti porto a cena fuori stasera.»

«Avresti dovuto iniziare così. Dove?»

«Epikairo?»

Silenzio. Sento Jasmine battere sulla tastiera del suo portatile. Incrocio le dita.

«Dove sei?» chiede.

«All'ospedale, perché?»

«Ti passo a prendere. Li hanno messi nella città vecchia, e conosco un buon ristorante nei dintorni.»

La macchina di Jasmine profuma di menta. Dopo le divergenze con Bogdan e la separazione da Samos Volunteers ho tentato di tenere il muso, ma Jasmine ha vinto le mie difese. Incontro dopo incontro, si è rivelata spiritosa e preparata, arguta e dolce, e così mi sono aperto con lei. Nelle serate trascorse a chiacchierare, il dolore che avvolgeva i miei ricordi legati all'associazione ha allentato la presa, e ho ritrovato la chiarezza necessaria a riconoscere che, nonostante la sua gestione, Samos Volunteers aiuta centinaia di persone.

Spesso mi sono chiesto se rubarle un bacio fosse la scelta giusta.

Jasmine accosta. «Eccoci.»

Tre stanzette impilate l'una sull'altra compongono l'appartamento, una fetta di formaggio schiacciata dalle due case adiacenti. Ha l'aria bizzarra, ma sprizza carisma da ogni crepa nell'intonaco.

«Sicura di non voler entrare?»

«Vai» dice. «Ti aspetto qui, *habibi*.»

Sorrido al vezzeggiativo in arabo, scendo e busso alla porta.

Il padre di Mays, aprendo, mi mostra le fessure tra i denti. Non l'ho mai visto così felice.

La casa odora di fritto. I fratelli di Mays, guanti e grembiule indosso, sono alle prese con i fornelli per la prima volta, a giudicare dal fumo che avviluppa la cucina. Mi salutano e indicano la scala a chiocciola.

Mays fa capolino dal terzo piano. «Sali!»

Trovo la madre già in piedi e il bebè in un completino rosa confetto al centro di un letto matrimoniale. Fatico a decidere se l'emozione più grande sia la piccola, la madre che già si dà da fare sistemando la casa nuova, o Mays seduta, finalmente, su un letto vero.

«È bellissima» dico, riferendomi a tutte e tre.

Mi avvicino alla piccola, le poso il pupazzo di Yoshi accanto e le sfioro la guancia. Sembra di toccare una nuvola. Mays la prende in braccio e me la porge. Sento il panico montarmi dentro, ma esito solo un istante prima di accoglierla tra le mie braccia. Le sorreggo la testa che, pur standomi nel palmo della mano, pare pesantissima, colma di sogni e colori in potenza, e me la metto vicina al cuore, al sicuro. Lei alza lo sguardo e agita le braccia.

Il padre di Mays mi tocca la spalla. «Sarah.»

«Mi ha detto che viene domani» rispondo.

«No» ride Mays. «Sarah è il suo nome. L'abbiamo chiamata Sarah.»

Ci resto di sasso, poi guardo la piccola Sarah e ammetto che, come quella grande, è una ventata di ottimismo nel baratro di questo posto.

«Mi dispiace non avertelo detto» dice Mays. «Il nostro avvocato ha detto che era l'unico modo per impedire l'estradizione.»

E così capisco. Guardo prima il padre, poi la madre, e mi soffermo su ogni ruga, ogni macchia di vecchiaia, ogni capello ancora nero. Che Europa è quella che costringe una coppia alle porte dell'anzianità ad avere un quinto figlio per evitare l'estradizione?

«L'avvocato dice che Sarah cancellerà i rifiuti alla nostra richiesta d'asilo.» Mays è raggiante. «Non ci mandano più in Turchia. Andremo ad Atene!»

Abbasso di nuovo lo sguardo. Reggo tra le mani la speranza personificata, un raggio di sole tra le tenebre. Ogni respiro della piccola Sarah, ogni scatto delle sue gambine sancisce la salvezza della sua famiglia. Credo che mai una bambina sarà amata e rispettata più di questa.

Beviamo tè insieme, e Sarah mi rigurgita un poco sulla spalla. La famiglia di Mays mi fa promettere che, ora che hanno una casa, accetterò il loro invito a cena. Non mi faccio pregare: adoro il cibo mediorientale.

«Hai qualcosa sulla spalla» dice Jasmine quando torno in macchina.

«Credo sia la speranza.»

«Odora di vomito.»

«Speranza.»

Al ristorante ordiniamo calamari e patatine fritte. Lei mi parla di Bogdan e dei volontari che stanno lasciando Samos Volunteers, io le dico che troverà una soluzione e che credo in lei. Parliamo di tutto. Parliamo di niente. Un uomo in bretelle suona la fisarmonica e fuma. Le racconto i nostri piani per il futuro, e lei mi racconta i suoi: vuole diventare un grande avvocato per l'immigrazione e aiutare i rifugiati in Inghilterra. Le dico che ce la farà, e lo penso davvero.

Dopo cena sediamo in macchina, i gomiti che si toccano, un'idea di vino isolano nei nostri respiri. Non parliamo da un po', osserviamo un brandello di baia brillare nel dedalo dei vicoli. Lei si volta a guardarmi. Faccio altrettanto. Guardo le sue labbra e lei guarda le mie.

E poi ricordo. Ricordo le battaglie combattute e quelle che verranno. Realizzo che l'hotspot, anche solo un anno fa, mi pareva un buco nero senza inizio e senza fine, mentre ora so che si tratta dell'ennesima macchina creata dall'uomo, e come tale trema – trema e teme. L'hotspot si può sconfiggere. Le autorità risponderanno dei loro crimini. E noi cambieremo il sistema.

«Sei ancora qui?» Jasmine mi scocca un'occhiata sardonica. «O ti sei perso nella mia bellezza?»

Mazì è un sogno divenuto realtà, ma la mia missione è lungi dall'essere finita, e fino ad allora non posso permettermi di accogliere il cuore altrui accanto al mio. Perché è lì che colpiranno: quando sentiranno il nostro grido alzarsi, il cuore sarà il loro primo bersaglio. Devo essere pronto.

Ridacchio. «La seconda.»

«Forse dovremmo tornare. Domani sono piena di meeting.»

«Forza» dico.

Un giorno, forse, ma non oggi.

Oggi cambiamo il sistema.

5
La voce degli innocenti

Quando il mondo intero sta in silenzio,
anche una sola voce diventa potente.

MALALA YOUSAFZAI

Ottobre 2018

Ottobre odora di foglie novelle su alberi stanchi.

È una mattina di sole quando la volante della polizia si ferma davanti a Mazì.

Hammudi entra correndo, quasi piegato in due, gli occhi verdi infiammati da una luce spiritata.

«Sono tornati» dice. Il suo volto è ridotto a una maschera di angoscia. «È il *mio* poliziotto.»

Esco di corsa.

Due agenti stanno perquisendo Omar. Gli aprono lo zaino, gli mettono le mani addosso, nelle tasche, sotto le ascelle, in mezzo alle gambe, ovunque. Lo fanno in pieno giorno, sulla via principale della città.

«È un minore!» grida Giulia dal marciapiede. «È un minore e la legge vi vieta di toccarlo!»

Niente. I poliziotti continuano la perquisizione. L'intera scuola si è riversata in strada. I bambini guardano scioccati, in silenzio.

So cosa fare. Tiro fuori il cellulare e inizio a filmare.

Subito un agente si stacca e si avvicina con la mano davanti al volto.

«Amico mio» dice piazzandomisi davanti, «non puoi fare video.»

È Noccioline.

«La legge...» mi muore la voce in gola, ma solo per un momento. Mi sono informato. Conosco i miei diritti. «La legge dice che posso. Questo è un luogo pubblico e la legge greca permette la registrazione degli individui anche senza il loro permesso, forze dell'ordine incluse.»

«Ok, dammi il tuo passaporto, per favore.» Si mette davanti alla telecamera, lasciando nascosta, dietro le spalle, la scena della perquisizione.

«Io non ti devo dare nulla.»

«*Devi* darmi il passaporto.»

«Perché? Che legge sto infrangendo?»

Silenzio.

«Senti» dice, «se vuoi filmare va bene, ma se lo pubblichi ti denuncio.»

«Ciò che faccio con il materiale di mia proprietà non la riguarda.»

Faccio un passo indietro per riprendere ciò che mi interessa, ma Noccioline mi segue allargando le braccia. «Dammi il passaporto.»

Lo guardo negli occhi. «Ora chiamo il mio avvocato.»

Noccioline abbassa le braccia ma, quando si accorge che sto continuando a filmare, mi afferra. È una presa lieve, ma mostra tutto il suo potere.

«Non toccarmi mai più» dico scandendo le parole, «o mostro questo video a duecentomila persone pronte a fare giustizia.»

Noccioline mi molla all'istante e si allontana. La perquisizione è finita.

Chiamo Dimitris. Non risponde. Chiamo Jasmine e le chiedo di raggiungermi alla centrale di polizia. Quando mi volto, gli agenti sono spariti e Omar rientra, lo zainetto in mano, in lacrime. Hammudi gli passa un braccio intorno alle spalle e i compagni li lasciano entrare senza proferire parola.

Incontro Jasmine davanti alla centrale. Devo impormi la calma e controllare la respirazione per rallentare i battiti del mio cuore, che pare sul punto di scoppiare.

«Devo parlare con il capo della polizia» dico alla reception.

«Non c'è.»

Calma, Nicolò.

«Due dei vostri agenti hanno perquisito un bambino in pubblico» dico, «anche dopo essere stati informati che si trattava di un minore. Io li ho ripresi.»

Una pausa.

«Di sopra» dice il poliziotto. «Da quella parte.»

Saliamo le scale.

«Che cazzo è successo?» Il capo della polizia, Dimitris Maistrelis, esce dal suo ufficio.

«Per prima cosa» dice Jasmine, «ho bisogno che si calmi. Il suo comportamento si qualifica come intimidazione di un testimone.»

Maistrelis cambia immediatamente registro. Jasmine spiega l'accaduto, e le sue parole lo tagliano come burro. Lui ascolta con espressione grave.

«Non ho alcun interesse a mettermi contro di voi» dico io, «ma non tollererò più la violazione dei diritti dei bambini di cui sono responsabile. Se dovesse accadere di nuovo, pubblicherò il video.»

Maistrelis mi fissa privo di espressione. «Aspettate qui.»

«Mi tremano le mani» fa Jasmine quando si allontana.

«Sei stata grande.»

Maistrelis torna con Noccioline.

«La prossima volta che si rifiuta di mostrarti i documenti» dice puntandomi un dito contro, «tu lo porti in centrale.»

Il cuore, maledizione – faccio di tutto per tenerlo a bada, ma pare impazzito.

«E non dovete mai» continua, «*mai* toccare un minore senza il permesso del suo tutore legale.»

Noccioline fatica a guardare in faccia il suo capo. Tiene gli occhi puntati sulla sua camicia blu.

«Ci siamo intesi?»

«Sì» risponde Noccioline, e se ne va.

Tendo la mano a Maistrelis. Lui me la stringe.

Uscendo dalla centrale di polizia con Jasmine, salvo la registrazione audio sul mio telefono e il video sul cloud. Abbraccio Jasmine a lungo, il naso colmo della menta dei suoi capelli. So che può sentire il mio cuore battere contro il suo.

Torno a Mazì e ad accogliermi c'è un mare di gratitudine. Soprattutto i ragazzi più grandi, che più e più volte si sono trovati inermi davanti allo strapotere della polizia di Samos, mi guardano come se avessi appena smentito un dogma, infranto un tabù assoluto.

«L'Europa vi ha trattati in modo orribile» dico. «Lo sappiamo e ci scusiamo a nome della nostra terra. Ma non tutta l'Europa è come l'hotspot. Non lasciate che vi cambi. Siamo qui per voi, e con voi. Non fateci l'abitudine. La polizia, i ratti, i container, la spazzatura – nulla di tutto questo è normale, e voi meritate molto meglio.» Il silenzio regna nella Sala Grande. «Noi siamo qui per ascoltarvi. Siamo qui per raccogliere la vostra testimonianza. E siamo qui per contrattaccare: non possiamo fermare la polizia, ma possiamo esporla. Possiamo difenderci, insieme.» Guardo Omar. «Promesso.»

La scuola applaude. Hammudi però mi osserva con una luce indecifrabile negli occhi. Sorpresa? Dubbio? Risentimento, forse? Non sarebbe poi la prima promessa che infrango, con lui.

Dopo le lezioni, attende che i Dreamers lascino l'Aula Rossa e mi si avvicina mentre ripongo il portatile nel mio vecchio zaino.

«Perché lo fai?» chiede.

Lo guardo. È cresciuto parecchio nell'ultimo anno. Sempre di uno stecchino si parla, ma si è alzato e ora porta i capelli più lunghi. Vederlo crescere mi rende orgoglioso.

«Cosa?»

«Tutto questo.»

«La lezione di storia?» scherzo.

«Perché ci aiuti?» Hammudi, forse sovrappensiero, mi prende un lembo della felpa. «Perché hai lasciato la tua famiglia? Perché hai rinunciato all'America? Perché t'importa di tutti noi?»

«Perché, Hammudi...» Mi fermo a pensarci. Potrei dargli una risposta da bambino, ma so che ogni mia parola potrebbe cambiare la sua vita per sempre. E poi, chissà quanto altro tempo ci è dato trascorrere insieme. «Perché ho passato la vita in cerca di casa. Ho cercato casa in un luogo e ho cercato casa in altre persone, ma solo quando ho smesso di cercare *là fuori* e ho costruito le fondamenta *qui dentro* mi sono sentito completo.»

Hammudi aggrotta le sopracciglia, i suoi occhi mi scavano l'anima.

«Questa scuola» continuo, «Giulia, Sarah, Brodie, tu, Mays, Hesther, Omar e tutti gli altri... voi mi fate sentire me stesso. E non mi era mai capitato prima.» Mi tocco le tempie con un dito. «*Casa* è uno stato mentale.»

Hammudi stringe la mia felpa tra le dita.

Uno dei miti più tossici sulla vulnerabilità consiste nell'associarla alla debolezza. La vulnerabilità però è anche la culla dell'amore, del senso di appartenenza, della creatività e dell'autenticità. Accettare la propria vulnerabilità dà immensa forza.

«Hanno sparato a mio padre durante le proteste» dice Hammudi di punto in bianco. «Gli hanno sparato e io non ho fatto nulla.»

Mi sento tentato di dire qualcosa, rincuorarlo e aggiustare la situazione, ma so che lo farei per me stesso. Lo farei per lenire il disagio che la sua confessione provoca in me. E così mi limito ad ascoltare mentre Hammudi racconta.

Racconta di suo nonno, di sua nonna, di *mama*, di Fatima, di Sham, degli uomini barbuti, dei trafficanti e dei cucitori. Mi dice della sua scuola bombardata. Parla degli attacchi chimici e dei corpi allineati in strada. Mi mostra lo scorcio di un Paese che amerà per il resto della sua vita, senza sapere se lo vedrà ancora. Si tratta di un racconto confuso e frammentario, fatto di silenzi e pugni chiusi, ma mentre parla vedo l'incendio che finora gli divampava in mente spegnersi, una parola dopo l'altra.

«Sono sempre arrabbiato» dice, «perché ho paura. Ho paura tutto il tempo.»

«E va bene così.» Mi abbasso per guardarlo negli occhi e gli poso una mano sulla nuca. «Non voglio dirti che ti capisco, perché non ho mai vissuto ciò che hai vissuto tu, e non ho idea di come possa sentirti. Ma voglio dirti che essere spaventati è normale, e non è colpa tua.»

Hammudi distoglie lo sguardo, gli occhi velati di lacrime.

Mi poso la mano sul cuore. «Ho fallito in passato, ma stavolta rischierò il tutto e per tutto per mantenere la parola data. Mi batterò con la vita per la nostra scuola. Lo giuro.»

Mi guarda e annuisce. Nient'altro, ma per me significa il mondo intero. Significa che il lavoro di anni ha salvato almeno un altro essere umano.

Proprio come mio padre, io sono uno stacanovista. A differenza sua, però, so di avere un problema e non permetterò che mi definisca. Non permetterò che faccia male a chi amo.

Sto imparando a vivere, e a vivere bene. Mi impegno a fare grandi respiri e sonni profondi. Chiudo gli occhi quando addento del cibo che amo e lo gusto appieno. Faccio caso agli odori e ai rumori intorno a me. Passeggio al sole. Ammiro il mare in tempesta. Non è sempre facile, e a volte ricado nelle vecchie abitudini, ma vivo con piena coscienza – o, almeno, ci provo. Si pensa che vivere accada in automatico, ma nulla potrebbe essere più lontano dalla verità. Vivere è un impegno continuo. Ogni giorno devi ricordartene. Quindi sii gentile con gli altri. Sii diverso. Sii audace. Permetti a te stesso di provare felicità e tristezza e pure rabbia, senza lasciare che ti consumino. Fa' sì che ogni giorno sia colmo di tutto il possibile.

Non c'è tempo per nulla di meno.

Arrivano le piogge. Come un anno fa, il mare si gonfia e il cielo si riempie di piombo. I turisti si danno alla macchia. L'isola s'impregna di petricore.

La differenza cruciale sta nel numero di prigionieri dell'hotspot – quasi cinquemila, il doppio rispetto allo scorso anno. E stanotte attendiamo l'uragano. Solo che stavolta lo affrontiamo preparati.

«L'Aula Gialla è pronta» dice Brodie, già con l'impermeabile indosso.

«Aula Blu?» chiede Sarah.

Nina sta trasportando una pila di tappetini da yoga. «Fatta.»

Sarah fa un'annotazione sul suo quaderno. «Rossa?»

«C'è» dico.

Giulia scende le scale. «Venti sacchi a pelo nell'Aula delle Attività.»

«La Verde?» Sarah scuote il capo. «Ah, no, quella è la mia.»

Abbiamo chiuso Mazì con una raccomandazione: se stanotte le cose dovessero mettersi male, le porte sono aperte per gli studenti e le loro famiglie. Un numero spropositato di minori – millecinquecento nel campo e oltre trecento senza famiglia – vive nella foresta, in tende da campeggio acquistate al negozio cinese. Se l'uragano dovesse abbattersi su Samos, Mazì diventerà un rifugio notturno.

«Mai vista un'allerta meteo simile» dice Ioanna. «Mai in cinquant'anni.»

«Cambiamento climatico» risponde Costas, stendendo sacchi a pelo nella zona lettura.

Anche loro ci danno una mano, stanotte. Abbiamo disposto sacchi a pelo e materassini ovunque, nelle classi e nella Sala Grande, chiudendo in ufficio tutto ciò che una massa di persone grondanti potrebbe danneggiare cercando riparo.

Mazì conta quasi duecento iscritti, ormai. Insieme alle loro famiglie, stanotte prevediamo di ricevere fino a quattrocento esseri umani.

La tensione riempie la scuola. Una volta preparato un piano di emergenza e salvato il salvabile, sediamo sui divani e tentiamo di fare conversazione.

«Il ministro ha chiesto di usare le palestre delle scuole come rifugio» dice Ioanna, «ma la municipalità ha rifiutato.»

Silenzio. Brodie fa passare delle birre.

«Temo per questi bambini.» Ioanna beve un sorso. «Cosa faranno stanotte?»

«Se avranno bisogno di noi» risponde Giulia, «sanno che la porta è aperta.»

Sarah raddrizza la schiena. «Potremmo tenerli qui domani. Preparare della zuppa calda, e lavare i loro vestiti...»

«Sì, ma a dicembre?» chiede Brodie. «A dicembre, quando piove a dirotto ogni notte, cosa facciamo? Non possiamo tenere aperto ventiquattr'ore su ventiquattro.»

Sarah si affloscia di nuovo sul divano.

Pragmatica come solito, Giulia si stringe nelle spalle. «Facciamo del nostro meglio con ciò che abbiamo.»

Per un minuto ascoltiamo il ticchettio dell'orologio della Sala Grande.

«La nostra scuola è infinitamente più bella della mia da ragazzino» dico, guardandomi intorno. «Immaginate cosa potremmo fare se ci trovassimo in un luogo più stabile.»

Brodie sbatte le palpebre. «In che senso?»

«Non lo so, io...» Mi fermo a rifletterci sopra. Forse è troppo presto per esprimere i miei pensieri in parole, ma ci provo lo stesso. «Ci sono circa cinquanta milioni di bambini profughi nel mondo. Provate a immaginare quanto li aiuterebbe una Mazì da cui le autorità non li strappano senza preavviso, una Mazì in cui restare... una Mazì a lungo termine.»

«Ma qui è impossibile, lo sai» dice Sarah.

«Vero. Stiamo colmando il vuoto lasciato da un sistema corrotto e da un'Europa inefficiente. Proteggiamo i nostri ragazzi dall'hotspot, ma non possiamo sostituirci completamente allo Stato. Esistono delle leggi, e le autorità dovranno seguirle, prima o poi.»

«Aspetta» fa Brodie, incerto, «stai parlando di aprire una seconda scuola?»

Sorrido e mi stringo nelle spalle.

«Dove?» chiede Costas.

«Qual è il Paese che ospita più rifugiati al mondo?»

«La Turchia» dice Giulia. «Tre milioni e mezzo.»

«Pensate se potessimo aprire una scuola per tutti i bambini che non possono neanche permettersi di prendere i barconi.»

«Solo una frazione dei profughi in Turchia tenta la traversata...» Sarah torna a sedere diritta. «Lì i profughi attendono la fine della guerra, a volte per anni. Sarebbe una scuola a lungo termine. Potremmo accompagnare gli studenti fino alla maturità.»

«E potremmo mettere a punto un modello educativo nostro» esclama Giulia. «Far sì che sia riconosciuto dal governo.»

«Creeremmo un *sistema* nuovo.» Sto parlando a ruota libera, ora. «Un sistema nostro. Un sistema migliore, forse.»

Ioanna si volta a guardare Brodie. «Avvocato del diavolo, che ne dici?»

Lui si tira su. «Va bene» dice, «ammettiamo che funzioni. I ragazzi si diplomano a Mazì e sono preparati come nessun altro diciottenne profugo in Turchia. Ma, se sono ancora bloccati in un Paese ostile, a che gli è servito?»

«Buona domanda.» Siedo sul bordo del divano. «La risposta è: a entrare in Europa.»

«Con una *barca*?»

«Legalmente.»

Tutti zitti.

Brodie mi guarda come se fossi impazzito. «Che?»

«So che suona folle, ma dammi un momento...»

«Tutte le università più esclusive si vantano di avere borse di studio per i rifugiati» interviene Giulia prima che io possa rispondere. «Fa bella figura, chiaro. E chi meriterebbe la borsa di studio più di un ragazzo o una ragazza che ha lavorato sodo per anni in una scuola europea per sfuggire al campo profughi?»

Le lancio un'occhiata. Lei sorride.

«Colpo di scena» scherza Costas, «ora siete due contro due!»

«Oh» Brodie fa schioccare la lingua, «a me piace semplicemente polemizzare. Mazì in Turchia? Ci sto.»

«Sarah?» dico.

Lei mi lancia un'occhiata di finta indignazione. «Non ho mica venduto la macchina per tirarmi indietro.» Si fa seria. «Lo sai, Nico, ci fidiamo di te.»

Anche io mi fido di loro. Sono circondato dalle persone di cui mi fido di più al mondo.

Spesso chi raggiunge obiettivi importanti nella sfera professionale fatica a mantenere connessioni con le persone della sua vita, ma finché noi restiamo insieme, io sono al sicuro. Mi guardo intorno e quello che vedo non è un team, è una famiglia – la famiglia più improbabile che potessi immaginare, ma ci siamo scelti, e questo significa tutto.

Fin dall'inizio della mia missione in India cinque anni fa, ho vissuto ascoltando la mia fame di libertà e il mio bisogno di solitudine, ma ho sempre temuto che un giorno avrei perso la mia forza e mi sarei ritrovato solo. Stanotte però mi guardo attorno e mi dico che, in fondo, la vita si riduce a una semplice regola: cammina accanto alle persone nei loro giorni più bui e non camminerai mai solo.

È così che guido la nostra famiglia. Questo è chi sono perché queste sono le persone che amo.

«Ragazzi» dico ridacchiando, «per ora il nostro conto in banca non ci permette neanche di servire il pranzo, figurarsi aprire una nuova scuola...»

«Ma sogniamo in grande» dice Giulia.

Annuisco. «Sogniamo in grande.»

Si è fatto tardi.

«Se inizia a piovere» si raccomanda Ioanna, «chiamatemi a qualsiasi ora della notte.»

Costas la segue con la stessa promessa, e così Brodie e Nina e Sarah. Restiamo solo io e Giulia, in una scuola perfettamente immobile. Come sempre, siamo io e lei, uno di fianco all'altro. Giulia dorme su un divano, io resto sveglio ad ascoltare la notte. Quando lei è con me, io mi sento più sicuro.

Musica lieve riempie l'aria. Le luci della Sala Grande accarezzano le piastrelle. Ecco, scroscia la pioggia. Inizia senza preavviso. Un tuffo al cuore.

Picchietta sulle finestre di Mazì per dieci minuti, poi smette.

Proprio così: stanotte la tempesta ci risparmia. I venti si muovono verso Lesbo e Chio, e infine si stemperano al largo.

Ci svegliamo con il torcicollo e il sole in faccia. Scuotiamo il capo ridendo di noi stessi per aver dormito a scuola, un'altra avventura spuntata dalla nostra lista dei desideri. Apriamo la porta e ad accoglierci troviamo solo il vento autunnale, nessuna famiglia tremante.

Pranziamo a Mazì. In memoria dei vecchi tempi, Giulia cucina gli spinaci.

«Sto cercando di mandare Mays a scuola» dice.

«Mays è già a scuola.»

«La scuola pubblica, intendo.» Giulia getta due spicchi d'aglio in padella. «Mi sono fatta un anno di meeting in cui le autorità ripetevano che i bambini del campo non possono iscriversi a scuola perché l'hotspot non si qualifica come indirizzo di residenza legale. Ora però Mays vive in appartamento.»

«E Mazì?» chiedo. È una domanda sciocca, lo so.

«Deve andare a scuola con i bambini greci.»

«Ma l'educazione che offriamo qui è di gran lunga superiore.»

«Hai ragione» dice, «ma Mays deve integrarsi. Deve avere un diploma riconosciuto, se vuole un futuro in Europa.»

«Lo so, Giulia, ma l'idea di perderla fa male...» Sospiro. «C'è nulla che possa fare? Minacciare qualche burocrate e dirgli di fare il suo lavoro, tanto per cambiare?»

Lei ride. «Ci penso io.»

A fine ottobre, Mays inizia a frequentare la scuola pubblica.

Riempiamo il suo zaino di matite, pastelli, biro, gomme e quaderni. Ci sentiamo quasi dei genitori che preparano la figlia al primo giorno di scuola, solo che Giulia, a differenza delle mamme qualsiasi, ha lottato come una leonessa perché accadesse.

All'ultimo meeting sull'educazione ha fatto la voce grossa. Ha rifiutato le prevaricazioni delle autorità e, quando le hanno intimato di rimettersi a sedere, lei ha mantenuto la sua posizione. Nei giorni seguenti li ha incalzati con email, telefonate e incontri "casuali" per strada. Ha insistito finché non hanno ceduto. Sono finiti i tempi in cui li temevamo: ora siamo liberi di alzare la voce.

Mazì, come sempre, profuma di detergente alla mela, e Mays è passata a salutare prima di recarsi a scuola. Il sole traccia archi dorati nella Sala Grande. L'aria è colma di bollicine.

«Sarà difficile all'inizio» sta dicendo Giulia. «E andando avanti sarà sempre più difficile. Ma tu sei forte e ce la farai.» Si rivolge a Mays, ma tutte le bambine ascoltano. «Nessuno nasce sapendo tutto, si diventa bravi lavorando sodo. Fai domande e chiedi aiuto quando ne hai bisogno. Chiedere non è un segno di debolezza, ma di determinazione. Noi lo facciamo ogni giorno. E quando farai fatica, o ti sentirai scoraggiata, o ti sembrerà che gli altri ti abbiano data per persa, non arrenderti. Se lo fai, svuoti te stessa. Se realizzerai il tuo potenziale, invece, tutti ne beneficeranno. Riempirai il mondo intero.»

Giulia è la donna più incredibile che abbia mai incontrato. La nostra amicizia è iniziata con una lite, ma poi ci siamo riscoperti, ci siamo scelti. Ha donato il cuore ai minori dell'hotspot di Samos. Ha salvato vite umane con le sue stesse mani. Conosce la corruzione del sistema a menadito, e per questo può combatterla con grande coraggio. Si batte senza incentivi, senza cedimenti, senza lasciarsi mai scoraggiare. Giulia è il cuore più puro che abbia mai avuto la fortuna di incrociare: quando si parla di lealtà, io penso a lei.

Mays si alza e Giulia l'abbraccia. La bambina procede a salutare ogni insegnante e compagno di scuola come se stesse partendo per un lungo viaggio, e in un certo senso credo sia così. Stringe la mano ad Hammudi e asciuga le lacrime di Hesther. Stringe Sarah, la sua prima maestra, la donna che ha ispirato il nome di sua sorella. Saluta Brodie da sopra la spalla, un timido sorriso a incurvarle le labbra.

Mi cerca con lo sguardo. Da metà scalinata, le faccio un cenno. Mays mi viene incontro. Le ombre dell'ustione di un anno fa spariscono nel bagliore del suo sorriso. Mi abbraccia, e so che forse sono l'unico uomo non appartenente alla sua famiglia che ha l'onore di ricevere questo abbraccio. O forse no, non più.

Poi scende le scale e attraversa la Sala Grande, ma alla porta si ferma. Si indica gli occhi chiusi e rivolge i palmi delle mani al soffitto. "L'essenziale è invisibile agli occhi."

Mays è la mia studentessa preferita. Lo è sempre stata. Adesso esce, e Mazì diventa una sorta di porta magica, la porta da cui entri fuggendo dalla guerra e che ti lasci alle spalle per entrare nel mondo. Oggi lo stiamo cambiando, il mondo: quello di una bambina profuga. La gente ci darà degli idealisti, ma chi se ne importa della gente. È vero, sono un Signor Nessuno, ma lo siamo tutti. Siamo dei piccoli pesci in un mare enorme, ma il bello dei pesciolini è che si muovono in branco: quando si uniscono, spaventano anche i predatori più pericolosi.

Quando l'ingiustizia diventa legge, la resistenza è un dovere. I politici, la polizia e le grandi ONG – è tutto un trucco, esistono solo finché permetti loro di esistere. Insieme, tutti noi Signori Nessuno possiamo farli crollare.

Mi guardo attorno, e non è Casa, perché Casa è dentro di me, e non è proprio famiglia – quella mi vive nel cuore. È semplicemente la versione più vera di me stesso. Con le mie stranezze, con i miei errori, con le mie cicatrici e le mie paure.

Mi guardo attorno e mi sento capito. Guardo il mio team e so che condividono le mie bizzarrie, e insieme camminiamo tra le fiamme.

Per la prima volta nella mia vita, mi sento pienamente me stesso.

Sarah mi raggiunge sulla scala. «Tutto bene?»

La ascolto, ma continuo a guardare la porta magica, perso nell'infinita bellezza di questa vita selvaggia. Inspiro l'odore di Mazì, che è oleandro e cibo caldo e bambini al sicuro.

Sarah mi posa una mano sulla schiena. «Per cosa vale la pena di sorridere, in questo preciso momento?»

Mi volto a guardarla. «Per tutto.»

6

Vai, docile, in questa notte buona

Un giorno questa terra sarà bellissima.

PAOLO BORSELLINO

Ottobre 2018

Lo stesso mare che ti ha portato qui, ora ti porta via.

Caro Hammudi, sei arrivato nella mia vita con i fuochi d'artificio negli occhi e il sorriso più grande del mondo, e te ne vai allo stesso modo.

«Vado ad Atene» dici. «Stanotte.»

Ti abbraccio quando scoppi a piangere. Ti riaccompagno al campo, dove trovo la tua famiglia intenta a fare le valigie. Mi unisco a voi: indumenti di seconda mano in sacchi della spazzatura. Tua zia saltella da un angolo all'altro del container. Tuo zio va alla deriva in un mare di nebbia.

Vi invito fuori a cena, stasera.

«Non so se...» dice la zia lanciando un'occhiata al marito.

«Andiamo!» gridano le tue cugine.

«Noi non...» fa lo zio.

«Per favore» dici tu.

Ci troviamo a scuola poco prima delle otto. Vi faccio entrare, ma sei tu ad aprire le porte delle classi, accendere le luci e spiegare. È la tua scuola, dopotutto, e tu sei un pezzo del mio cuore.

Ceniamo nel mio ristorante preferito, e voi siete vestiti di tutto punto. Le bambine portano i ricci in code di cavallo ben pettinate, e la zia indossa i veli della festa. Mangiamo pollo alle prugne e formaggio con il miele. Dobbiamo cambiare tavolo quando si mette a piovigginare. Ascoltiamo il silenzio tra noi come fosse musica dal vivo. È il silenzio di un anno di promesse e rimpianti – e grandi, grandissime speranze.

Vi riaccompagno al campo, vi lascio al cancello meridionale. Passate sotto il filo spinato un'ultima volta. M'incammino giù per la collina.

«Nicolò» chiami. Mi prendi la mano e mi leghi una Promessa al polso. Senza dire una parola, ti volti e te ne vai. Lo zio e le cugine sono spariti nella notte, ma la zia ti aspetta poco più su. Ti segue con lo sguardo e ti accarezza il capo quando la raggiungi. Non capisco le sue parole, ma sento la tua risposta.

«Va bene» dici. E poi aggiungi: «*Mama*».

Abbasso lo sguardo e legato al mio polso, dove un tempo pendeva una chiave, trovo l'amuleto che ti portasti da casa, l'Occhio di Fatima. Rialzo il capo e vi osservo allontanarvi insieme.

Quando fai dell'aiutare gli altri la storia della tua vita, figlio mio, l'ultimo capitolo non arriva mai. Il tuo lascito continua all'infinito. Doni la tua luce a una persona, e questa ne illumina un'altra, e un'altra, e un'altra ancora. Ti auguro che il tuo futuro possa essere brillante e pieno di sogni inauditi. Ti auguro di creare qualcosa che prima non esisteva. Possa la tua vita colmarsi di persone sagge, gentili e amorevoli, perché alla fine ci circondiamo di chi ci rispecchia veramente.

Ora sai che l'amore disinteressato esiste: cercalo ovunque, negli altri, per il resto della tua vita. E non lasciare che questo addio ti spezzi il cuore. Puoi salutare chi ami e non vederlo più, ma lui vivrà nel tuo cuore, nel tuo stomaco e nei tuoi occhi, per sempre.

Se ci pensi, i veri addii non esistono. Io sono io. Tu sei tu. I tuoi ricordi sopravvivranno intatti, e i tesori che nascondono restano con te. Ricorda le mie parole nei momenti difficili e rispondimi a tono, come hai sempre fatto. Ridi degli scherzi passati senza lo spettro della nostalgia a intaccarli. Piangi, se devi, ma non lasciare che il passato mini il tuo futuro. Solo perché sono invisibile, non significa che me ne sia andato. Ci sono ancora, più vicino che mai, oltre una porta di cui tu solo hai la chiave. È lì che troverai la tua luce. Vivi con entusiasmo: solo così la terrai accesa.

Spero che anche l'Europa, prima o poi, veda la tua luce.

Ma se così non fosse, tieni duro. Alcuni ti accuseranno. «Brilli troppo forte» diranno. «Chi ti credi di essere?» Non te la prendere: forse ti apprezzeranno in pochi, ma quei pochi arriveranno. Non inseguirli: sii d'esempio, e verranno da te. Scopri chi sei, chi vuoi diventare, e come diventarlo. Prendi i tuoi sogni sul serio. Fai volare l'aquilone. Chi appartiene alla tua vita verrà a cercarti. Sii libero, Hammudi. Continua a brillare.

Viviamo in un mondo punteggiato di dolore e ingiustizia, eppure per tanta distruzione troverai il doppio della bellezza: è in suo nome che vale la pena lottare. Finché gli esseri umani si batteranno per i più deboli, ci sarà speranza per il mondo.

«Sei un idealista» ti diranno. «Non lo puoi cambiare, il mondo» ti diranno. «Fallirai come tutti prima di te.»

Fregatene.

Sii abbastanza coraggioso da sapere di poter fare qualunque cosa nella vita. Perché cambiare il mondo si può, ma solo attraverso gli altri. Solo se uniamo le forze costruiremo un mondo più giusto, in cui tutti siano trattati alla pari a dispetto del loro sesso, razza, orientamento sessuale, credo religioso o disabilità. Per farlo, insegneremo l'uguaglianza insieme all'analisi del periodo e alla Rivoluzione francese. Costruiremo un mondo senza prostituzione o spaccio di sostanze, non perché illegali ma perché inutili. Insegneremo il rispetto per gli altri e per noi stessi, così come insegniamo a dire "grazie" e "scusa". Costruiremo un mondo che abbia minimizzato la povertà e sradicato l'analfabetismo. Apriremo scuole, non prigioni. Costruiremo un mondo libero dall'industria militare, un mondo privo di campi profughi, un mondo in cui le persone vivano felici nella propria terra d'origine. Manderemo tutti i figli della guerra a scuola.

Se non noi, chi? Se non ora, quando?

È notte fonda e siamo al porto. L'inverno alita sull'isola addormentata.

Mi mancano le parole. Respiro a fondo per trattenere le

lacrime. Ti trovo stipato dentro la struttura adibita ai trasferimenti insieme ad altre ottanta famiglie.

Prego le guardie per ottenere l'accesso. Una di loro mi conosce e ha il cuore buono: apre la porta.

«Sii un gentiluomo» ti dico.

«Terrò un piccolo te nella mente» rispondi.

«E io un piccolo te nel cuore.»

La guardia si tocca l'orologio con l'indice e il medio. Devo andare.

Gli ultimi abbracci. Le ultime raccomandazioni. Altri abbracci. E poi un ultimo, e poi un ultimo ancora, per davvero stavolta. Negli addii, le promesse ci si imprimono addosso. Le tue me le strofino dentro, dove fa più male, al sicuro.

Fuori si gela e il vento odora di pesce e acque nere. Mi segui fino alla vetrata e appoggi la mano. Lo faccio anche io: ti tengo la mano perché so che hai paura, non lo nascondi più.

Ti tengo la mano attraverso il vetro finché arriva il traghetto. Solo allora lascio andare. Ti seguo, di finestra in finestra, fino a vederti sulla banchina, oltre la recinzione, sfilare carico di borse. Sparisci inghiottito dal traghetto, finalmente. È bellissimo. È terribile.

Ricaccio le lacrime e sorrido. Parte del mio cuore se ne va stanotte. Batti anche per me.

Eccoti, sul ponte. Guardi nella mia direzione e levi il braccio. Sei minuscolo, eppure tocchi il cielo con un dito. Che incredibile esperienza, essere umani.

Il traghetto lancia un grido e molla gli ormeggi.

Arrivi ad Atene all'ora di pranzo, e ti offrono cibo salutare. Ti caricano su un autobus che ti porta alla tua nuova casa. Si tratta di un piccolo appartamento in una vecchia palazzina in periferia, odora di cavolo bollito, ma è per voi, solo per voi. Ora puoi pensare al futuro.

Dopo una settimana, ti iscrivi a scuola. Seguire le lezioni è difficile, ma i compagni si dimostrano gentili e un'insegnante ti prende sotto la sua ala. Fai grandi progressi in poco tempo.

Nel mentre, il governo ha inserito tuo zio in un programma di integrazione: impara la lingua greca e la cultura europea. Presto inizia a lavorare come imbianchino. Tua zia impiega più tempo. All'inizio, la sola idea di uscire di casa sotto gli occhi di tutti questi uomini e donne bianchi la mette a disagio, ma grazie al supporto delle autorità si fa forza e prende parte a un programma per le donne vittime del conflitto. Le tue cugine bagnano il naso a tutti, e nel giro di qualche mese in Grecia è come se ci fossero nate.

Dopo sei mesi, la Germania accoglie la vostra richiesta e il sistema vi ricolloca a Berlino. Cresci circondato da amici tedeschi, siriani, palestinesi, afghani e congolesi. La tua passione per gli aquiloni ti spinge a studiare ingegneria, e quando ti laurei, decidi di tornare in Siria.

Ricostruisci il Paese. Lo fai cercando il compenso minimo, ma la massima soddisfazione personale. Aiuti gli ultimi a rimettersi in piedi, e al contempo collabori con i vertici, facendo la tua parte perché il nuovo sistema sia migliore di quello precedente. Incontri tua moglie nella stessa piazza in cui iniziarono le proteste.

Lei è bellissima, i vostri bambini hanno i suoi occhi e il tuo sorriso. Il vento di Damasco ha perso l'odore di gas e carne bruciata, e il profumo di sapone all'olio d'oliva è tornato nell'aria.

Un giorno varchi la soglia della nostra scuola e, nonostante il tempo trascorso, ci riconosciamo senza ombra di dubbio. Ti abbraccio, figlio mio, perché hai vissuto l'inferno in terra, ma sei sopravvissuto. Ti è stata offerta una sola opportunità, e tu l'hai colta, e ne hai tratto il meglio.

"L'ho trovata" dici, "la pace."

"E hai cambiato il mondo." Ti poso una mano sulla spalla. Ormai sei ben più alto di me. "Basta questo, Hammudi, a cambiare le cose: scegliere la vita anche quando tutto intorno a te il mondo si oscura."

Mi riscuoto dal sogno a occhi aperti. Il grido del traghetto mi fora i timpani e il gelo del porto mi entra nelle ossa. Hai il braccio alzato e mi guardi da lassù. Che bello sarebbe se questo fosse davvero il tuo futuro. Te lo auguro. Te lo auguro con tutto il cuore.

Alzo il braccio a mia volta. Restiamo così, le braccia in

aria, senza dire nulla. Ogni parola sarebbe superflua. Tengo il braccio in cielo finché sparisci nella notte, e oltre.

«Sei libero» sussurro. «Finalmente.»

Terrei il braccio alzato per tutta la vita, se questo ti desse conforto quando ti guarderai indietro.

Batti, cuore. Batti anche per me.

Nota dell'autore

La verità non danneggia mai una causa giusta.

GANDHI

Hammudi vive in un campo profughi vicino a Salonicco, dove le autorità lo hanno collocato in una tenda, privo della possibilità di andare a scuola. Vivrà lì fino al 2020, quando riceverà la risposta alla domanda d'asilo. Nel frattempo l'Europa volta lo sguardo.

Mays e la sua famiglia sono stati assegnati a Ioannina, al confine con l'Albania. Abbiamo perso i contatti appena dopo la loro partenza. Ho provato a chiamarli, ma il loro telefono risulta sempre spento e i messaggi finiscono nel vuoto. Sono passati cinque mesi, e di Mays non c'è più traccia.

Hesther ha raggiunto Atene con la famiglia. Nella capitale, i genitori hanno trovato un trafficante che l'ha portata in Germania, da sola. Una volta raggiunta Berlino, Hesther mi ha scritto. Dice che non ha ancora rivisto il fratello, ma che lui sta cercando di ottenere i permessi e farle visita.

Omar ha lasciato la Grecia dopo essere finito per strada ad Atene. Ha cercato invano di raggiungere la Germania, attraversando a piedi i monti e i fiumi dell'Albania e del Montenegro, solo per restare bloccato in Bosnia. Ha tentato più volte di proseguire attraversando il confine croato, ma la polizia l'ha fermato, imprigionato e torturato ogni volta. A uno dei suoi compagni di viaggio, a sua volta minorenne, la polizia ha spaccato il cranio. Omar dice di non farcela più.

Soran e la sua famiglia, però, continuano a vivere felici. I bebè sono nati entrambi forti e sani. Mi hanno mandato le foto. Soran e i suoi fratelli e sorelle vanno a scuola tutti i giorni, mentre Mohammad lavora per mantenere la famiglia. Ci sentiamo spesso.

Dopo il trasferimento di Hammudi sono partito per il tour di *Bianco come Dio*: quasi cinquanta tappe tra scuole, librerie, teatri e biblioteche in meno di un mese. L'obiettivo? Rompere il silenzio e sensibilizzare migliaia di italiani sulla catastrofica politica degli hotspot in Europa.

Ho fatto ritorno a Mazì esausto, febbricitante, ma lieto della risposta dei lettori. Migliaia di persone in tutto il Paese hanno accolto la mia denuncia come una verità a lungo cercata, mobilitandosi per cambiare le cose. I giornalisti hanno iniziato a scrivere di Samos e del fallimento del sistema di asilo, i volontari a dare la propria disponibilità sul campo e la gente a donare a seconda delle proprie possibilità.

Nei mesi successivi, grazie a uno sforzo corale e tutto italiano, abbiamo portato "l'Espresso" a Samos, dimostrando oltre ogni dubbio le condizioni degradanti dell'hotspot. Anche Rai 2 e TGcom hanno unito la loro voce alla nostra: esistono dieci hotspot in Europa, cinque in Grecia e cinque in Italia, e a oggi quello di Samos è il peggiore. È ora che la gente sappia la verità.

Al contempo, grazie al supporto dei lettori, Mazì è fiorita. Oltre milleduecento bambini hanno goduto dell'istruzione, della protezione e dell'affetto della nostra scuola in meno di un anno. Abbiamo iniziato a servire il pranzo ogni giorno. Con regolarità teniamo laboratori sempre più specializzati sulla cultura europea e sulla riabilitazione dai traumi. Grazie alla collaborazione di un'équipe italiana abbiamo offerto assistenza oculistica ai bambini dell'hotspot, e grazie al talento del nostro team abbiamo ristrutturato il seminterrato di Mazì trasformandolo in una palestra e riportando così gli sport di cui il municipio ci aveva privati distruggendo il campo da basket.

Sempre grazie ai nostri volontari, abbiamo insegnato ai nostri bambini la fotografia, per poi distribuire macchine fotografiche usa e getta. Il risultato è "Attraverso i nostri occhi", la prima mostra al mondo di scatti fatti da bambini profughi all'interno di un hotspot. Sogniamo di portarla in tutta Europa e lasciare che i nostri ragazzi raccontino senza filtri la loro vita, le lotte e le loro speranze.

Giulia ha incalzato le autorità e vinto la battaglia per aprire la scuola pubblica ai bambini dell'hotspot. In barba alle proteste di un comitato di genitori che si rifiutava di mischiare i propri figli ai profughi, oggi decine di bambini rifugiati vanno a scuola. E noi a Mazì abbiamo assunto Giwrgos, il nostro primo insegnante greco, dando così una mano anche alla popolazione locale colpita dalla crisi economica.

E per il mio compleanno, finalmente, sono tornato in India e ho costruito la nostra biblioteca, adempiendo al fine di *Bianco Come Dio*.

Dopo anni di sconforto, un'Italia scioccata dall'odio e dalla chiusura dilagante si era risvegliata, ed era tornata a scegliere: insieme eravamo tornati a dire sì. Tutto andava per il meglio, era un grande inno alla vita.

Solo che una notte l'ennesimo abuso mi ha riportato alla realtà. Quella notte le autorità hanno separato due fratelli afghani senza famiglia, e io ho dovuto ricordare a me stesso che, nonostante il bene che stiamo facendo, l'hotspot continua a divorare innocenti, la Manager a comandare impunita, la polizia a usare il pugno di ferro senza controllo, certe ONG a mentire e il sistema a proteggere se stesso tramite il silenzio di chi volta lo sguardo. Quella notte ho realizzato che perderemo la lotta, se non ci uniamo e alziamo la voce senza paura.

Quella notte ho scritto le seguenti parole:

> È la notte più fredda e buia dell'anno, e il mondo odora di pura follia.
> Mi trovo al molo di Samos e mi sento colmo di rabbia e tristezza e mi sento sconvolto e impotente e pure vuoto al contempo, ma soprattutto vorrei urlare fino a farmi cadere la testa. L'Europa deve sapere che qui le autorità sono delle bestie e stanno separando i bambini dalle famiglie.
> Ho gli alluci intirizziti mentre saluto Rayi, il bambino di dieci anni più minuto e dolce che abbia mai incontrato in vita mia. Accanto a me, suo fratello di sedici anni piange e picchia i pugni. Dopo migliaia di chilometri e pericoli vissuti insieme, gliel'hanno appena portato via.
> Rayi è arrivato dall'Afghanistan con suo fratello, loro due

da soli. Puoi immaginare? Il papà di Rayi è fisicamente impossibilitato a fuggire e così ha dovuto mandare i suoi unici due figli lungo una delle tratte più pericolose al mondo, per salvare loro la vita. Puoi immaginare? La mamma di Rayi è stata assassinata dai talebani davanti ai suoi occhi. Puoi immaginare?

No, non possiamo. Non possiamo neanche iniziare a immaginare. Come non possiamo immaginare il trauma inflitto a questo bambino che stanotte perde l'unico brandello di famiglia che gli rimane.

Rayi è il più piccolo della nostra scuola. Abbiamo fatto un'eccezione iscrivendolo: era l'unico minore non accompagnato così giovane nell'hotspot. Rayi si è contraddistinto fin da subito per la sua intelligenza (lo trovi spesso nella nostra Sala Grande a leggere libri in inglese ai compagni) e per la sua dolcezza (l'intera scuola l'ha adottato – anzi, che dico – l'intero campo l'ha adottato). E suo fratello è altrettanto degno di lode. Spesso con i miei colleghi diciamo che sono i nostri fratelli preferiti al mondo. E stanotte le autorità, ignorando le loro suppliche, li separano. Così, con noncuranza. Il fratello più piccolo parte per Atene, diretto a un'anonima casa famiglia, mentre il maggiore resta nel campo profughi di Samos. Quando si rivedranno? Nessuno lo sa.

Rayi ha trascorso quattro mesi all'interno del campo profughi di Samos – un minore non accompagnato mescolato a quattromilacinquecento persone in condizioni di degrado – e questo è già di per sé inaudito e una barbarie. Ma ci sarebbero stati altri mille modi di aiutarlo tenendo i fratelli uniti. Avrebbero potuto aspettare di trovare posto ad Atene per entrambi e trasferirli insieme. Avrebbero potuto fare posto nella casa famiglia di Samos per Rayi così che potesse vedere suo fratello ogni giorno. E invece se ne sono fregati, e se ne fregano perché non sono figli loro. Hanno deciso di prendere la via più comoda per le autorità e dolorosa per i bambini.

Abbiamo provato a intercedere. Non c'è stato nulla da fare. «Piangono per i primi giorni» ha risposto il guardiano dei minori non accompagnati, «poi si abituano.» Ed è una madre a parlare.

E così guardo impotente, il cuore in frantumi, i due fratelli piangere e ricoprirsi l'un l'altro di baci, stanotte durante l'ultimo saluto. Abbraccio il mio studente senza sapere cosa dire se non "ti voglio bene". Non voglio dirgli "sii coraggioso". Nessun bambino di dieci anni dovrebbe sentirsi dire "sii coraggioso" in Europa, soprattutto dopo gli orrori che ha già passato. Eppure questo è il sistema criminale che, sotto gli occhi di tutti ma taciuto dai più, macchia i confini d'Europa.

Per farvi capire che splendido essere umano sia Rayi, quando mi ha visto stanotte la prima cosa che mi ha detto è stata: «Sei ancora ammalato, maestro?». Si preoccupava della mia salute quando era lui a essere in procinto di essere sradicato dalla sua vita, verso l'ignoto, per sempre. Rayi merita molto più di questo.

Ciò che mi terrorizza, però, è quanta poca paura le autorità abbiano della nostra voce. Quanti di noi dovranno gridare per umiliare pubblicamente queste bestie? Quanti di noi dovranno alzarsi in piedi per forzare l'intervento dell'Europa? Quanti di noi dovranno fare baccano perché il sistema sia portato davanti alla giustizia?

Aiutatemi a far sì che accada, per favore!

I lettori hanno reso questo post virale, raggiungendo quasi un milione di persone in Italia. E così ho capito che mi sbagliavo: la verità è che le autorità ci temono alla follia. Sono consapevoli dei loro misfatti, e sanno bene che se la gente dovesse reclamare un'indagine, molti di loro perderebbero il lavoro, e alcuni andrebbero in prigione.

In risposta alla separazione dei fratelli afghani, abbiamo deciso di offrire assistenza legale assumendo un avvocato a difesa degli studenti in situazioni estreme. Il fratello di Rayi sarebbe stato il primo caso. Ma quando ci siamo incontrati con la procura di Samos per ricevere il permesso di rappresentarlo, le autorità lo hanno trasferito nel giro di una settimana.

Mi ero ripromesso di aspettare prima di rimettermi a scrivere. La creazione dei Dreamers, la lotta per la custodia, l'apertura di Mazì e il tour di *Bianco come Dio* mi avevano lasciato senza fiato, e desideravo godermi i frutti del nostro duro lavoro in pace per un po'. Quella notte, però, ho capito che se non l'avessi fatto io, ora, nessun altro l'avrebbe fatto, e gli innocenti avrebbero continuato a soffrire e i potenti a intascarsi i soldi e andare in vacanza e dormire in case confortevoli a spese nostre, dell'Europa e dei rifugiati.

Allora ho stretto i denti, ho preso un respiro, e mi sono messo a scrivere *Se fosse tuo figlio*.

Quel giorno abbiamo iniziato la nostra battaglia per la giustizia.

Quattro mesi dopo, vi porgo quella che sento essere la nostra unica, la nostra migliore possibilità di cambiare il sistema degli hotspot in Europa. Il sistema è disumano, agghiacciante, ma soprattutto è illegale, e per questo si può e si deve cambiare. Possiamo fermare la ruota – anzi, possiamo spezzarla. Possiamo costruire un nuovo sistema che renda obsoleto quello vigente: un sistema più giusto, un sistema migliore.

Come lo so? Perché questo libro non è ancora uscito, ma le autorità sono già in preda al panico.

«Se scrivi i loro nomi e cognomi» ha detto il nostro avvocato, «il sistema farà di tutto per ridurti al silenzio. Ti screditeranno. Ti daranno del bugiardo. Ti odieranno con tutta l'anima. Potrebbero farvi chiudere Mazì. Potrebbero persino metterti in carcere.»

Ma ho stretto i pugni, mi sono imposto la calma e ho annunciato la pubblicazione di *Se fosse tuo figlio* all'Italia.

«Stanno parlando di te alla centrale di polizia e in procura» ha aggiunto allora l'avvocato.

«La polizia potrebbe incastrarti mettendoti della droga in casa» ha commentato il nostro commercialista. «Purtroppo accade più spesso di quanto si creda.»

«E se il sistema volesse darti una lezione» ha concluso Costas, l'amico coordinatore di una delle ONG del campo, «potrebbero far sì che ti incarcerino fino a tre anni.»

Ecco perché so che questo libro ha il potere di portare i colpevoli davanti alla giustizia e cambiare ogni cosa: perché lo sta già facendo.

In molti mi chiedono se io non abbia paura. Certo che ne ho – sono terrorizzato. A volte fatico a dormire la notte. Ma la paura non mi impedirà di fare la cosa giusta.

Ci siamo mobilitati per tutelarci il più possibile: con il nostro avvocato stiamo raccogliendo le prove degli abusi perpetrati nell'hotspot, così da sporgere denuncia contro la Manager a nome di tutti i minori non accompagnati. Ho scritto alla Farnesina e all'ambasciata italiana per informarli dell'ostilità che percepisco montare intorno a noi. E soprattutto, mi sto confidando con voi.

Stiamo agitando le acque, e se ci succede qualcosa di brutto, voi – tutti voi – siete la nostra garanzia. Voi potete proteggerci semplicemente con il vostro sguardo, con la vostra voce. Voi siete il nostro scudo. Tenete gli occhi puntati su Mazì, sul team di Still I Rise e su questo libro. Finché noi abbiamo voi al nostro fianco, spero non oseranno farci del male.

Perché siamo noi tutti i veri fautori di questa storia. Questa storia non è finita, spetta a noi scriverne il finale: sarà lieto o triste a seconda del nostro operato.

Qui, ora, io vi lancio l'appello più importante della mia vita. Condividete questo libro il più possibile: acquistatelo, regalatelo, prestatevelo, non importano le copie vendute, importa che la verità arrivi davanti agli occhi della *gente* d'Europa, così da costringere i potenti a fare finalmente giustizia. Il nostro libro, e le storie dei nostri bambini, e i nomi degli innominabili hanno un enorme potenziale di cambiamento, ma solo con il vostro aiuto brandiremo quest'arma a difesa di chi soffre.

Da solo io non posso nulla, ma insieme possiamo tanto.

In più, il ricavato del nostro libro costruirà una seconda Mazì per aiutare sempre più bambini bisognosi. Aprendo una scuola in Turchia restituiremo la speranza ai minori senza futuro, quelli che non possono nemmeno permettersi di venire in Europa, salvandoli dalle grinfie dell'hotspot.

Non chiediamo lacrime. Non vogliamo soldi. Desideriamo solo che la vostra voce si unisca alla nostra: se diventiamo uno, ce la faremo.

Lo faccio per te, Hammudi, perché in questo mondo di

grande dolore e di straripante speranza, ogni bambino è figlio mio. Ogni bambino è figlio di tutti noi. E noi ci battiamo per tutti voi, Mays, Hesther, Soran, Omar e gli altri Dreamers e Achievers. Voi ci avete insegnato che, anche oltre la notte più oscura, ci aspetta sempre una nuova alba. Voi di cui abbiamo perso le tracce. Voi che vivrete per sempre in ogni frammento del nostro cuore orgoglioso.

Questo è per voi. Per voi.

Grazie a tutti i lettori che combatteranno per ciò che è giusto.

Nicolò
3 maggio 2019

Ringraziamenti

Se fosse tuo figlio nasce dall'amore e dalle lacrime di migliaia di persone le cui vite si intrecciano ben oltre la mia. La maggior parte di loro sono bambini, una minuscola frazione dei cinquanta milioni di profughi minorenni nel mondo. Oltre a ringraziarli dal profondo di me stesso, tengo a sfruttare questo spazio per lanciare un appello che li riguarda.

Possa questo libro essere l'inizio di una nuova presa di coscienza. Possa questo libro essere la scintilla di un'azione concreta. Possa questo libro muovere un primo passo verso i diritti all'istruzione, al riparo e alla sicurezza, così che i nostri bambini, un giorno, possano scegliere di tornare a casa e ricostruire i propri Paesi, o integrarsi nei nostri, e costruire insieme un domani migliore.

Ringrazio dunque tutti i bambini di Samos per la loro tenacia e il loro sorrisi. Meritate molto meglio di quanto vi stiamo offrendo. Ringrazio anche i miei fratelli in India per avermi insegnato ad aiutare – aiutare davvero.

C'è un altro bambino che desidero ringraziare. Grazie, Leonardo, per avermi insegnato a fare il fratello maggiore. Mi hai dato un'abilità che nessun'università al mondo avrebbe mai potuto offrirmi. E desidero anche chiederti scusa. Lo desidero da tanto, ma a parlare non sono un granché, e quindi te lo scrivo, come sempre. Scusa per aver mancato di incoraggiarti con costanza quando eravamo piccoli. Avrei dovuto, ma non l'ho fatto. Ti voglio un bene infinito.

Ringrazio i miei nonni, tutti quanti, per avermi cresciuto. Grazie Mariuccia, Vincenzina, Alberto e Giorgio per aver fatto di me una brava persona. Ho vinto la lotteria con voi.

Ringrazio mia madre, Cristina, con cui ho riscoperto un rapporto proprio durante il tour di *Bianco come Dio*. Scendevo dal treno e ti trovavo ad aspettarmi, uscivo da una libreria ed eccoti in attesa, e quando rischiavo di arrivare in ritardo all'ennesima presentazione, almeno tu eri con me. Mentre tentavo di toccare i cuori degli italiani, tu sei stata la mia compagna d'avventure. Grazie.

Ringrazio i miei zii Monica e Filippo per essere sempre al mio fianco. Quando le tenebre si chiudono intorno a noi, voi siete sempre pronti a tendermi la mano.

Ringrazio Joshua, il mio secondo papà. Mi hai insegnato a scegliere e lottare per ciò in cui credo fino all'ultimo respiro. Mi hai dato una seconda vita.

Ringrazio Nicoletta per avermi salvato quando stavo annegando. Se tutti gli insegnanti fossero come te, vivremmo in un mondo migliore.

Ringrazio Giulia, la mia roccia, la mia fonte d'ispirazione, la mia migliore amica. Sei la forza motrice di Mazì, e le parole non basteranno mai a esprimerti quanto ti sia grato.

Ringrazio Sarah, Brodie e Nina. Mazì è una delle scuole più belle al mondo, di questo sono certo, e lo è grazie a voi. Il vostro cuore batte nel posto giusto.

Ringrazio Tatjana, Mattia e Nicoletta. Avete iniziato come volontari per poi diventare parte integrante della famiglia, e ora dello staff. Il vostro talento e la vostra passione mantengono Mazì un gioiello, ogni giorno.

Ringrazio Riccardo, Patrizia, Manuela, Giovanni, Emanuela, Valentina, Elena, Vanessa, Elisa e Michele. La famiglia di Still I Rise in Italia cresce grazie al vostro costante impegno.

Ringrazio tutti i nostri volontari sul campo, Susie, Cristina, Léa, Francesca, Riccardo, Daniela, Robert, Elda, Nuno, Katrina, Nina, Marta, Caterina, Claire, Pietro, Alison, Daniela, Valeria e Francesca.

Ringrazio tutte le persone di Samos che, anche nella tensione generale, ci fanno sentire a casa. Non il mare, non i fiori e non il vino, ma voi rendete quest'isola bellissima.

Ringrazio Arianna, la mia editor, per avermi scoperto. Se

oggi riusciamo ad aiutare migliaia di bambini in difficoltà, lo dobbiamo anche te. Grazie di aver creduto nella mia voce.

Ringrazio Rizzoli per la preziosa opportunità. Poche case editrici pubblicherebbero la nostra storia e, temo, nessuna lo farebbe senza censurare le parti più scomode. Ma voi avete scelto la verità, e questo cambia tutto. Insieme, le nostre voci risveglieranno l'Europa.

E infine, ringrazio mio padre. Grazie, papà.

SIAE
DT 0105286109
SE FOSSE TUO
FIGLIO
GOVONI NICOLò
RIZZOLI
MONDADORI LIB

Finito di stampare nel mese di maggio 2019
presso Grafica Veneta – via Malcanton, 2 – Trebaseleghe (PD)
Printed in Italy